数字经济创新驱动与技术赋能丛书

Digital Mid-Platform

数字化中台产品设计指南

从战略到落地

张巍 著

机械工业出版社
CHINA MACHINE PRESS

本书是作者作为数字化转型顾问和多家企业数字化中台产品负责人的实践经验总结，兼顾方法框架完整性与实践有效性。对于数字化转型中的大中型企业，无论是业务中台、经营中台还是其他领域型数字化中台的建设，本书都能够提供全过程的指引。

本书分 4 篇 17 章，全面介绍了数字化中台产品的概述、建设方法、行业实践和产品团队打造，并在第 2 篇数字化中台产品建设方法部分深入探讨了数字化中台的框架选择与裁剪、战略选择、架构设计、体验设计、开发模式、运营框架以及方法论打造。

本书适合从事数字化中台以及大型数字化产品与系统建设的读者阅读。对于数字化转型企业的中高阶管理者来说，本书也是一本贴近实战和业务的数字化参考手册。初阶的数字化产品人才能够通过本书的学习获得方法论和视野上的提升，中高阶的数字化人才以及管理者可以梳理出自身业务与产品建设中的问题，并找到匹配的解法或参考案例。

图书在版编目（CIP）数据

数字化中台产品设计指南：从战略到落地 / 张巍著.
北京：机械工业出版社，2025.4. --（数字经济创新驱动与技术赋能丛书）. -- ISBN 978-7-111-77969-8

Ⅰ. F273.2-39

中国国家版本馆 CIP 数据核字第 20253JQ900 号

机械工业出版社（北京市百万庄大街 22 号　邮政编码 100037）
策划编辑：张淑谦　　　　　　责任编辑：张淑谦
责任校对：张亚楠　王　延　　责任印制：单爱军
保定市中画美凯印刷有限公司印刷
2025 年 6 月第 1 版第 1 次印刷
184mm×240mm・15.25 印张・270 千字
标准书号：ISBN 978-7-111-77969-8
定价：89.00 元

电话服务　　　　　　　　　　网络服务
客服电话：010-88361066　　　机　工　官　网：www.cmpbook.com
　　　　　010-88379833　　　机　工　官　博：weibo.com/cmp1952
　　　　　010-68326294　　　金　书　网：www.golden-book.com
封底无防伪标均为盗版　　　　机工教育服务网：www.cmpedu.com

前言 PREFACE

多年之前，我曾写过一篇关于数字化中台的文章，用来解答身边朋友的问题，诸如中台是什么、中台怎么建设等。我在写作过程中与Thoughtworks公司的王健老师深入地讨论过中台的概念、中台的发展和不同行业的中台建设情况，从直观的、零散的想法逐步转变为全局性的思考。之后的五六年时间里，我又服务了十几家来自不同行业、处于数字化发展不同阶段的大中型企业，我一部分是作为直接的设计者和执行者，更多的是作为外部顾问提供支持。在这个过程中，每当客户邀请我推荐一些书籍时，我都很难从现有的数字化中台图书中找到一本合适的，因为现实中数字化中台的建设远超互联网产品所关注的范畴，需要从业务战略到落地进行全链路、全局性的思考、规划、设计和交付运营，同时还要兼顾不同企业数字化团队、IT团队的现状和资源，由此我产生了写一本书的想法。

中台不仅是行业内炙手可热的概念，也是争议最多的概念，什么是真正的中台、正确的建设与运营方法是什么，都没有达成行业共识，随着"拆中台"等一系列事件的出现，数字化中台面对的挑战不减反增。但是，跳出单纯的理念之争回归行业发展，数字化中台反倒显得路径清晰、前途光明——随着各个行业、各类企业的数字化水平持续提升，数字化中台成为数字化发展过程中的必经阶段。在实践中更重要的问题不是理论上的定义和方法，而是在实践中如何建设，如何走好、走稳每一步。现实中有太多企业在缺少参照、缺少辅导、缺少支持的情况下摸索这条路，有的自己研发，有的外部采购，甚至有些公司只是把组织架构里的平台团队和后台团队改叫中台团队而已。至于中台建设成什么样、如何规划、设计并最终落地，则是听天由命，直到项目推进困难或者宣告中台建设失败，才回过头思考当初怎么做才会更好。本书尝试从客户的需求、行业的发展和自身实践的角度给出这些问题的答案，涵盖从服务互联网、电商到教育、快消、金融、制造等行业所积累、沉淀的经验、方法和案例。本书围绕数字化中台的建设过程展开，全面介绍了从战略规划到设计、实现、交付运营的全过程，还通过不同行业的实践帮助读者链接自身的业务实践与书中的框架和方法。本书还分享和讨论数字化产品所需要的组织与人才，更重要的是如何成长为企业需要、行业领先的数字化产品人才。

本书面向的读者群体除产品经理外，还包括数字化领导者、管理者和架构师，希望本书能帮助读者更好地建立从业务到数字化的连接，并推动数字化扎实落地；数字化团队和业务团队中的产品经理、数字化人才也可以通过本书提升产品视野，加速个人的成长。也欢迎广大读者通过出版社渠道和我个人的自媒体与我沟通交流，希望本书能够成为一本可以对话、赋能、常读常新的书。

感谢机械工业出版社的各位老师，特别是张淑谦老师；感谢王健先生在各个方面给我启发和帮助；感谢工作和生活中的朋友、同事和领导，我身上的优点和技能大多从他们身上习得；感谢浦东图书馆，本书超过一半的内容在浦东图书馆完成写作。

最后感谢我的家人和亲友。我的父母始终为我创造了一个能够自主选择、自我实现的环境，在30多年里默默地支持我。我的太太在我的人生、职业生涯的重要节点支持我选择自己内心的那条路，让我可以放心地前行。我的亲友也用他们的亲情温暖和帮助我与我的家人。

作　者

目 录

前 言

第 1 篇 数字化中台产品概述

第 1 章 数字化中台探真 / 2

1.1 那些看起来完全不同的"中台" / 2
    1.1.1 从金融到电商的"前"中台时代 / 2
    1.1.2 数字化中台的发展 / 5
    1.1.3 百花齐放的商业化中台产品 / 6
1.2 从中台到数字化中台 / 8
    1.2.1 通过"Middle Office"理解中台 / 8
    1.2.2 数字化时代的机遇 / 9
    1.2.3 数字化中台的价值 / 10
1.3 不必纠结的中台定义 / 11
    1.3.1 从企业级能力复用平台开始 / 12
    1.3.2 以"能力整合平台"定义中台 / 14
    1.3.3 中台价值的呈现 / 15

第 2 章 数字化中台产品全景与路径 / 17

2.1 企业级数字化中台 / 17
    2.1.1 从数字化产品到数字化中台 / 17
    2.1.2 "企业级"的投入和产出 / 18
    2.1.3 "企业级"的数字化能力成熟度 / 21
2.2 领域型数字化中台 / 22
    2.2.1 聚焦领域整合服务 / 22

2.2.2 区别不只是大小 / 23
2.2.3 星星之火终能燎原 / 25
2.3 中台化的服务与工具 / 25
2.3.1 服务与工具的"中台化" / 26
2.3.2 持续打造中台化能力 / 27
2.4 数字化中台的选择与路径 / 27
2.4.1 从业务战略到组织能力 / 28
2.4.2 持续迭代，步步为"赢" / 29

第3章 数字化中台的得失 / 31

3.1 "建中台"与"拆中台" / 31
3.1.1 中台从"建"到"拆" / 31
3.1.2 没能建起来的中台 / 33
3.1.3 与业务同行才能持续成功 / 34
3.2 理解数字化发展规律，打造数字化中台 / 35
3.2.1 业务发展和数字化演进 / 35
3.2.2 让数字化中台与业务同频共振 / 37

第2篇 数字化中台产品建设方法

第4章 从企业架构视角审视中台 / 40

4.1 通过经典方法理解数字化中台的建设 / 40
4.1.1 解决"新问题"的"老方法" / 40
4.1.2 拆解 TOGAF 架构框架 / 43
4.2 架构开发的过程与协作 / 46
4.2.1 通过 ADM 理解架构开发的过程 / 46
4.2.2 交付物不只是结果，更是协同 / 48
4.3 通过参考模型建立中台的直观认知 / 50
4.3.1 多角度学习参考模型 / 51
4.3.2 有选择地学习中台最佳实践 / 52

第5章 基于中台能力成熟度做好框架裁剪 / 53

5.1 理解中台能力成熟度 / 53
5.1.1 裁剪是框架落地的关键 / 53
5.1.2 客观认识组织的能力成熟度 / 56
5.1.3 中台能力成熟度的评估 / 59
5.2 理解框架，做好裁剪 / 61
5.2.1 从架构框架的关键特性开始 / 61
5.2.2 基于长短板做好取舍 / 62
5.3 基于反馈持续迭代能力 / 63
5.3.1 固化裁剪结果和架构能力 / 63
5.3.2 从反馈到认知持续迭代 / 64

第6章 围绕业务目标选择数字化中台战略 / 66

6.1 拆解业务战略，整合中台战略大图 / 66
    6.1.1 "五看三定"还原战略思考 / 66
    6.1.2 整合两种视角，呈现中台战略大图 / 71
6.2 澄清业务架构，定位关键差距 / 73
    6.2.1 基于架构框架呈现业务全景 / 73
    6.2.2 全面分析现状，定位关键差距 / 77
6.3 聚焦战略机会，选择中台建设路径 / 79
    6.3.1 根据战略与现状选择中台建设路径 / 80
    6.3.2 抓住关键角色，打造中台共识 / 81

第7章 "三板斧"简化产品架构设计 / 83

7.1 数字化中台产品架构设计的难点 / 83
7.2 产品架构设计的"三板斧" / 85
    7.2.1 产品架构设计"三板斧"——是什么、为什么 / 85
    7.2.2 兼顾业务与产品，澄清架构目标 / 86
    7.2.3 找标尺，做分类，梳理产品模块 / 89
    7.2.4 看关系，做整合，审视效果 / 93
7.3 产品架构设计的"中台味道" / 96
    7.3.1 我们做的还是中台吗 / 96
    7.3.2 "中台味道"的关键架构要素 / 97
7.4 产品架构设计的"数字化味道" / 98
    7.4.1 业务中台？数据中台？数字化中台 / 98
    7.4.2 提升中台架构的"数字化味道" / 99

第8章 数字化中台产品的体验设计 / 101

8.1 什么是数字化中台产品的体验 / 101
8.2 数字化中台产品设计的技巧和标准 / 105
    8.2.1 分层解答常见问题 / 105
    8.2.2 拆目标，拆角色，定度量 / 106
    8.2.3 基于业务流程和场景优化交互设计 / 109
    8.2.4 构建反馈闭环，推动持续改善 / 111

第9章 平衡业务与团队的迭代开发模式 / 114

9.1 数字化中台产品的开发必然是迭代的 / 114
    9.1.1 数字化中台产品开发的挑战和解法 / 114
    9.1.2 中台开发的产品迭代与能力迭代 / 119
9.2 从迭代到敏捷，找到演进节奏 / 121
    9.2.1 打造中台项目的敏捷实践 / 121
    9.2.2 再谈组织的能力成熟度 / 126

第 10 章　数字化中台的持续运营 / 127

- 10.1　靠前介入，设计运营框架 / 127
- 10.2　数字化中台运营的三大机制 / 128
  - 10.2.1　中台需求评估和决策 / 129
  - 10.2.2　中台的沟通与协同 / 134
  - 10.2.3　中台的价值度量 / 137
- 10.3　数字化中台运营的三个阶段 / 140
  - 10.3.1　中台建设期的运营 / 140
  - 10.3.2　中台稳定期的运营 / 141
  - 10.3.3　中台变革期的运营 / 142

第 11 章　沉淀中台经验与数字化经验 / 144

- 11.1　沉淀中台建设过程中的经验 / 144
- 11.2　沉淀数字化的经验和能力 / 150
  - 11.2.1　数字化的黄金法则 / 150
  - 11.2.2　从产品数字化到团队数字化 / 153

第 12 章　沉淀方法论，"超越前台" / 156

- 12.1　从服务到赋能，为何知易行难 / 156
- 12.2　从实践到方法论 / 157
  - 12.2.1　构建平台视角，打好基础 / 157
  - 12.2.2　聚焦、整合、沉淀中台能力 / 158
  - 12.2.3　从商业视角实现方法论升维 / 159

第 3 篇　数字化中台产品行业实践

第 13 章　平衡创新与管理的中台设计 / 162

- 13.1　飞速扩张的电商平台 / 162
- 13.2　平衡创新、效能与管理的难题与解法 / 164
  - 13.2.1　以"整合"作为核心解法 / 164
  - 13.2.2　"整合"作为产品架构特性 / 167
  - 13.2.3　"整合"的运营管理能力 / 168
  - 13.2.4　"整合"的中台组织能力 / 170
- 13.3　"不破不立"——中台架构的演进 / 172

第 14 章　关注效能与扩展的中台设计 / 173

14.1　做不完的服务和持续降低的预算 / 173

14.2　短期降本与长期增效 / 174

　　14.2.1　业务精细化与数据精细化 / 175

14.2.2　从"人工"到"人工智能" / 178

14.3　服务重构引导中台设计 / 181

第 15 章　聚焦经营智能的中台设计 / 185

15.1　真正的"数字化壁垒" / 185

15.2　经营的数字化 / 190

15.3　经营中台的规划与落地 / 193

第 4 篇　数字化中台产品团队打造

第 16 章　数字化中台产品团队的组织形态 / 198

16.1　数字化中台需要什么样的组织 / 198

　　16.1.1　标杆企业的中台组织方式 / 198

　　16.1.2　透视组织形态，推动持续演进 / 202

16.2　数字化中台组织的协作 / 208

　　16.2.1　数字化中台自研团队的内部协作 / 208

16.2.2　数字化中台与 IT 供应商的协作 / 210

16.3　数字化中台的领导者 / 214

　　16.3.1　数字化中台领导者的四个角色 / 214

　　16.3.2　数字化中台领导者为什么稀缺 / 218

第 17 章　数字化中台产品人才的成长 / 220

17.1　数字化对产品经理的挑战和机遇 / 220

　　17.1.1　产品人才面对的挑战 / 220

　　17.1.2　产品人才的数字化机遇 / 223

17.2　数字化中台产品经理的能力模型 / 225

　　17.2.1　数字化中台产品经理的职责与角色 / 225

17.2.2　数字化中台产品经理能力模型 / 227

17.3　数字化中台产品经理的成长与发展 / 230

　　17.3.1　数字化中台产品经理的成长 / 230

　　17.3.2　数字化产品经理的能力跨越 / 233

第 1 篇
数字化中台产品概述

2018年前后,关于中台的各种概念、实践、争论成为IT领域的热门话题,从早期关于中台的各种"神奇"故事、关于概念的思考与争论、关于方案的探索,到后来的"去中台"传言,中台似乎在短短几年时间里走过了其他IT概念十几年的发展路径。中台会不会昙花一现似乎已经不是问题,在众多标杆企业内,中台已经在持续发挥价值;中台是不是能够帮到"我和我的企业",是更多伙伴在工作中遇到的问题。通过本篇的阅读,希望读者能够收获以下问题的答案:

- 我正在做的这个产品/平台算中台么?
- 为什么我做的中台和几个标杆企业的看起来不一样?
- 企业规模不大,需要做一个中台么?
- 大型、中型、小型企业做中台有什么区别?

第1章

数字化中台探真

IT领域很多概念都经过了十几年甚至几十年的积累和沉淀，包括早年的MIS，后来的ERP、云计算等，而中台概念兴起的速度非常快，以至于很多人对中台的概念和价值还没有深入的探讨，数字化中台产品就已经开始商业化了，这也是围绕中台概念有这么多疑惑与争议的原因。通过这一章，笔者会为大家呈现以下内容：

- 中台在不同行业、不同场景的演进过程。
- 数字化时代与数字化中台的价值。
- 围绕数字化中台的定义和价值所展开的各种讨论。

1.1 那些看起来完全不同的"中台"

在中台概念迅速崛起的日子里，有很多关于中台的探讨，更吸引人的是那些或成功、或失败的中台故事，在这些故事中，中台似乎是一个很神奇的工具，要么让企业迅速成功，要么让企业走向失败，在现实中是否真正如此？中台是如何发展，又如何成为一股潮流的？我们可以历数过去到现在那些看起来完全不同的"中台"，一同探索这个趋势背后的真相。

1.1.1 从金融到电商的"前"中台时代

从搜索引擎的关键词热度上看，"中台"的热度始于2015年底阿里巴巴中台战略的发布，并且随之一路走高，随后以阿里巴巴、京东、腾讯为代表的标杆企业中台的实践，中台这个概念成为IT领域炙手可热的概念。

在回溯中台发展过程的时候通常都会听到这个故事：在2015年，芬兰著名的游戏开发公司 Supercell 迎来了一个中国企业家考察团，在参访完毕后，考察团中的两位企业家感叹这家当时只有 168 人的小公司却创造了 12 亿美元的年利润⊖。其中一位企业家史玉柱在 2015 年底巨人网络的年度员工大会上讲道："工业革命使公司结构得到大力发展，而互联网时代也必定会给公司结构带来一场深刻的革命。"比如，在第二次世界大战期间，美军以一个师或一个军作为作战单位；到了越南战争时期，美军的作战单位变成了几百人的营，总参谋部直接把命令下达到一个营去完成；等到伊拉克战争时期，美军的作战单位已经变成了一个班，而一个班真正的战斗人员只有不到一半，其余的人都是拿着对讲机或便携式计算机完成指令的。公司组织未来也可能出现和作战组织一样的演变趋势。另一位企业家马云的行动更为彻底，他在 2015 年以全员公开信的方式宣布了"大中台、小前台"战略，引发了之后的中台热潮。

但是如果剥去"互联网"和"数字化"的要素，中台真正的起点其实并不是 2015 年的互联网企业，而是金融机构的 Middle Office，即"中间部门"。在很多中文资料中都直接将其翻译成为"中台"。为什么金融机构最早建设了中台？或者用一个更准确的提问方式："为什么金融机构最早出现了前台、中台、后台的业务组织方式？"

金融机构的前中后台业务组织方式源自其业务特点，与生产制造企业不同，金融机构不需要考虑原材料的采购运输和工厂的选址建设，金融机构最核心的业务其实是构建在信息之上的，无论是资金、账务还是风险、交易，都是一系列的信息，记录在纸质的账本上还是记录在计算机存储上都不影响这个业务本质。所有金融机构都可以在距离客户最近的地方快速建立自己的分支机构，对于分支机构来说，承担营销、服务类的职能没有什么阻碍，但是涉及风控、账务、支付、行政等职能的时候就需要解决一系列问题：风控、账务天然需要全局信息的整合与管控，而且对相关人员的素质要求相对较高，无法确保分支机构也能招聘和留住对应的人员；支付的情况类似，虽然对于专业要求没有前者那么高，但是也有整合与管控的要求；而行政等支撑职能则是出于资源效能方面的考量，可以把人放在分支机构，但是由总部来管理和支撑，实现成本效益的有效管控。为了满足上面提到的各种要求和限制条件，金融机构逐步演变出前台、中台、后台这样的组织形式，前台负责营销，中台负责风控，后台负责支付以及支撑类职能，前台有灵活度，中台有整合度和管控力，后台有效能，既匹配

⊖ 参见 2015 年史玉柱微博内容中的数据。

业务的特性，又能最大化各个职能的优势。

正因为这样独特的业务特性，金融机构打造的中台模式并没有在大工业时代得到推广和发扬，因为在工业时代符合这种特性的业务太少，所以科层制组织、产品线/事业部制组织，以至于后来的矩阵式组织更容易被接受，并不是因为"先进"，而是因为更加"匹配"其业务特点。

中台第二次发展的代表则是以 Supercell 为代表的游戏行业，更准确地讲是手游行业。对比游戏与手游的差异，又可以看到中台的一些有趣的特性。前文提到金融机构的核心业务是构建在信息之上的，这种"轻巧"的业务使其能够应用前中后台的组织方式。游戏和手游的核心业务其实也是构建在信息之上的，或者说是构建在数字内容之上的。为什么游戏行业主流的组织方式是"工作室"，而手游的 Supercell 却因为自己的游戏中台获得了成功？

思考的视角要从内部管理转向外部竞争。传统游戏（主机游戏）行业的外部竞争与手游相比可以说是"聊胜于无"，因为产品开发周期和发布周期都比较长，长期依赖于卡带、光盘等介质来发行，其研发重点在于"自己一次成功"，游戏的差异性和体验的独特性至关重要，各家都希望产出"独一无二""划时代"的产品，也就是憋大招、拼精品，这样才能获得最大的收益，这时候围绕核心游戏制作人构建的工作室方式能够有更大的自主权、决策能力、容错性和开发效能，适合传统游戏的研发与运作。手游行业虽然也是做游戏，但是手游受到手机终端的限制，不会在体验上有颠覆性的差异，更多考虑的是玩法和机制设计。同时由于发行渠道是在线发行，可以快速发布更新迭代，所以手游行业的竞争方式从打造精品变成了"快速试错、快速迭代"，谁更快抓到了机会点，谁就能抢占先机、赢得竞争，这个场景下工作室这种松散管理机制就变成了"落后生产力"，一个能够支持小团队快速试错、快速迭代的组织方式才更合适。Supercell 通过内容、素材、技术底座的整合共享，让不同游戏开发小组都能够累积、共享、复用内容素材，用比竞争对手更快的速度发现、实现、测试、迭代各种主题、玩法和机制，更通过自己独特的经营方式让员工不只是共享资源，而是共享业绩，于是成就了一个 168 人达成 12 亿美元利润的神奇结果。在这个过程中，中台的作用是业务的孵化器和加速器，通过资源的聚合与分享让创新更快、更简单，形成独特的竞争优势。不过，Supercell 并没有试图输出这种业务模式、组织模式和中台产品，所以中台的第二次发展也就局限在了 Supercell 这个标杆企业之中。

电商领域的"数字化中台"可以算作中台的第三次发展，阿里巴巴的业务中台、数据中台，京东的供应链中台、腾讯CSIG（云与智慧产业事业群）的技术中台与数据中台，不仅让中台概念为人熟知，更是丰富了中台在不同行业、不同能力上的实践。随后，各种各样的数字化中台和数字化中台产品也持续浮现，所覆盖的行业从电商、供应链、社交扩展到生产制造、教育、服务，所涉及的能力也覆盖了业务、技术、数据、组织等方面，既有采用自研方式的，也有应用商业化中台产品或者组件的，有些中台的建设从战略出发深入到企业的方方面面，也有一些中台单纯引入了特定的中台产品或者技术基座。有成功，也有失败，但是所有这些努力和尝试让我们对于中台的价值和发展规律有了更明确的理解。从这个过程中可以发现，中台不是凭空出现的概念，而是业务需求、组织能力、外部竞争与战略选择多种因素的聚合，是发展过程中的必然阶段。

1.1.2 数字化中台的发展

在中台第三次发展的过程中，各种数字化中台层出不穷。按照行业细分，有零售、供应链、社交娱乐、教育等；按照所覆盖的能力细分，包括核心业务能力、公共工具能力、经营能力、数据智能等；按照数字化中台在企业内渗透的深度或者整合程度区分，有单纯使用技术基座的、有特定领域内整合的、有企业级整合的，其渗透度也各有不同。在这个过程中，数字化中台的发展线索也逐步显现出来，在行业、能力、整合度这三条主线上持续发展。

从行业视角看，数字化中台的发展是从数字化程度高的行业向数字化程度低的行业持续扩展。电商平台、社交娱乐、金融科技，这些在过往十几年已经充分信息化、数字化的行业，也是数字化中台最早生根发芽的行业，而生产制造、交通运输和建筑装修等行业则跟进较慢，大多数在特定领域进行尝试。站在行业内部，这种数字化"高低水位"的特点也非常明显，以零售行业为例，在行业内部最早进行数字化中台建设的，是面向消费者的营销领域和面向内部的经营领域，这两个领域都是行业内数字化程度较高的领域，而大多数企业都把供应链排在靠后的位置，一方面是其数字化程度偏低，另一方面是进行中台改造的价值外显更慢。因此不同行业的数字化中台建设问题并没有标准答案，而是要基于业务需求和自身发展给出适合当下的解决方案。

能力视角关注的是，在商业的全链路上哪些能力被中台化改造了，包括前面提到的核心业务能力、公共工具能力、经营能力、数据智能，细分下来，包含企业运营中常见的以下各种能力：从产品研发、基础设施建设、供应商开发到客户运营、供应链管理、服务运营的业务能力,以财务、人事、法务、行政为代表的管理能力,以经营分析、搜索推荐、规划调度为代表的经营能力等。事实上,在数字化概念出现之前,企业架构的各种框架与方法就是在持续讨论能力的话题,通过能力来刻画企业是如何运营与发展的,在数字化中台的语境之下,能力视角有助于透视数字化中台已经渗透到了哪些业务能力之中、其数字化程度有多高。在数字化中台建设的过程中,营销、经营这些数字化程度较高的能力大多有商业化的中台产品支持,也有丰富的中台建设经验沉淀,能够有效降低数字化建设的难度和成本。

整合度是三条主线中不容易被感知的那条,对于中台的讨论通常都集中在应对哪些行业问题、企业问题,选择怎样的解决方案,很少人关注所打造的数字化中台整合度有多高。这里所讨论的整合度是指数字化中台产品是构建在零散的工具层面的,还是构建在特定业务领域抑或整个企业层面的,整合度的高低反映了整个企业、整个组织的成熟度和一致性水平,数字化中台的整合度高,意味着整个企业能够在更高的水平上整合各方面资源来实现战略目标或者解决关键问题。回到具体的场景中,我们看到这几家能够构建企业级数字化中台的互联网标杆企业,能够整合全公司的能力与资源来推动业务创新、客群拓展、降本增效等;那些能够构建领域型数字化中台的企业,可以通过企业优势能力高效输出,推动场景的扩展、业务的转化,持续强化企业的竞争优势;那些可以整合工具型中台的企业虽然成熟度有限,但是至少具备中台建设的意识以及落地相关产品的能力,说明这些组织也在持续成长的路上。这就是整合度为什么是数字化中台发展的一条主线:这条主线在具体的业务之外度量着中台的发展,即数字化中台所对应的组织成长速度。

这三条主线也像标尺一样度量数字化中台的发展,在推动企业的中台建设时找到基准,做出更加符合企业现状的选择。

1.1.3 百花齐放的商业化中台产品

在数字化中台发展的过程中,引领中台实践发展的是行业内标杆企业的自研中台,因为中台的发展在很大程度上取决于各种商业能力的数字化与整合,所以走在前列的始终是各个行业的领军企业。这些企业拥有最前沿、最复杂的业务场景和挑战,有最优秀的业务专家和经营人才,有对于行业最深入的理解。与此同时,这些企业在产业数字化的过程中也投入了更多的研发资源,确保自己在行业中的优势。因此这些头部企业的数字化中台基本上代表了整个行业的中台发展水平。

与企业内部自研的各类中台相比，商业化中台产品聚焦领域通用能力的打造，同时为不同发展水平和业务需求的企业提供定制化的功能与服务。这些商业化中台产品覆盖了企业经营的方方面面，典型产品包括数据中台产品、行业型的业务中台产品，还有聚焦特定领域的营销中台产品、用户运营中台产品、供应链中台产品，以及各类技术中台产品。

从所谓先进性的角度来看，这些商业化中台产品未必是最先进、最前沿的数字化中台，但是对于广大中小型企业以及数字化转型中的大型传统企业来说，这些商业化中台产品是对自研团队的有效补充和支持。商业化中台产品对于建设数字化中台的企业有很大的意义：首先，商业化中台产品经受过各种行业、业务形态、业务场景的考验，能提供一个相对成熟的技术基座和产品基座，对于数字化转型中的企业来说，能够快速从零构建一套"相对完整、基本可用"的数字化中台产品，让团队体会到中台是什么、通过中台产品应当如何工作；其次，商业化中台产品也整合了大量行业的最佳实践，在采购商业化中台产品的同时，也在导入对应的工作流程、协作方式和经营理念。简言之，商业化中台产品能够让企业快速"体验"到中台产品及其工作方式。

但是，快速体验并不意味着快速建立数字化中台能力，事实上，商业化中台产品的采购大多要面临以下挑战：

首先，商业化中台产品是基于标杆企业的行业最佳实践来设计的，但是大多数公司采购数字化中台产品就是因为自身的数字化能力或者数字化基础不足，而且工作流程、协作方式也和最佳实践不同，那么，这些商业化产品在落地的过程中就要面临管理者不接受、员工学不会、流程不匹配、数据对不上等挑战，存在这些挑战并不是因为中台产品做得不好，而可能是因为在从采购到研发、交付实施的全过程中，没有对业务进行深度的调研，没有和团队深入沟通，没有达成改造的共识，或没有对中台产品进行必要的定制。

其次，商业化中台产品倾向于提供全套、标准的解决方案，而每一家公司都有自己的业务战略、业务重点和产品理念。在数字化中台建设的过程中，每一家公司的中台都是不同的，核心能力、重点功能、实施节奏的选择都要围绕业务和组织的特性来设计。商业化中台产品的解决方案并不能照顾每家企业的差异，而是尽可能提供一套通用的、完整的解决方案。尽管很多商业化产品可以通过定制、配置的方式对产品进行裁剪，但是也难以像自研产品一样完全贴合业务场景和人员特性。更难的问题是业务节奏是动态变化的，商业化中台产品大多以项目形式交付实施，很难做到全程陪伴和支持，所以采购落地商业化中台产品就需要接受商业化中台产品不完美适配,以及迭代节奏始终难以和企业同频共振的问题。

再次,商业化中台产品的研发团队大多是由行业专家、中台产品专家和专业的中台研发团队组成的,这种专业度是很多企业决定采购商业化中台产品的一个关键因素。但是中台作为企业级产品,特别是和企业的业务紧密相连的产品,产品理解掌握的复杂度、使用复杂度都远超其他产品,行业专家和中台产品专家在设计数字化中台的时候都很清楚背后的逻辑和前端的交互,但是这种知识并不会随着数字化中台的部署自动迁移到企业内部使用者、运营人员的头脑中。实际上,这些知识的迁移难度并不比产品设计、开发的难度低,对商业化中台产品的交付实施团队有很高的要求。客户在进行采购决策时需要深入考察交付实施的准备和能力,同时也要做好准备,即便数字化产品开发完成,也只是数字化中台的一个起点,距离数字化中台能被顺畅使用、发挥价值还有很长的距离。

总而言之,商业化中台产品为广大致力于实现数字化转型的企业提供了一套有价值的产品基座和技术基座,也在不同程度上为客户呈现了行业最佳实践,但是数字化中台不仅仅是产品或者系统,这些商业化中台产品的采购往往只是数字化中台建设的一个开端,中台的落地、运营、价值显现是一个长期的过程。

1.2 从中台到数字化中台

从 Middle Office 到现在百花齐放的中台,中台已经在众多行业和场景中扎下根来,在讨论中台的本质之前还有一个问题萦绕在中台建设者的脑海中:为什么中台这种看起来不错的模式没有在更早的时间被大家接纳,而现在可以?数字化中台为什么可以?

1.2.1 通过"Middle Office"理解中台

从传统金融机构的 Middle Office 到手游行业的 Supercell,回顾数字化中台之前的中台发展过程,可以发现驱动中台发展的几个关键因素——业务特性、人才结构、市场竞争,这些要素都与数字化的关系不大,而与商业的关系更加紧密。

那么为什么这些要素与商业的关系更加紧密?一个符合逻辑的回答是:站在商业的视角上,无论选择中台还是选择其他的解决方案,都是实现商业目标的途径或者手段而已,关键是回答为什么选择中台作为最适合的解决方案。通过这样的思考,我们可以离中台的本质和价值越来越近。

为什么要关注业务特性？因为业务本身如果不包含可以整合的要素，就无法应用中台这样的解决方案，换言之，业务特性决定了"是否可以"使用中台。前文通过金融机构与生产制造行业的对比，可以看到业务中能够整合的要素越多，越是容易通过中台这个解决方案创造更多的价值。

为什么要关注人才结构？因为中台之所以能够支撑前台，是因为中台具备了独特的能力，这些能力前台不具备或者成本高、效率低又由于和业务的关联度比较高导致后台不能做，后台强管理的特性不利于业务发展，这是中台存在的一个关键条件。正因为如此，中台的人才要么技能独特要么效能出众，如果当下的团队或者未来的团队没有这样的人才结构支持这样的能力，那么中台即便在业务上、组织形式上做到位了，也无法真正运转起来。没有合适的人才是很多数字化中台无法真正发挥作用的重要原因。

为什么关注市场竞争？因为这是是否用中台的决定性因素，企业选择怎样的业务模式或者组织形式并不是解数学题，而是应对市场竞争的动态选择：当竞争需要打造精品的时候，企业会选择工作室或者成立专门的项目组；当竞争需要降本增效的时候，企业会选择职能专业化；当竞争需要快速扩张、快速迭代的时候，企业会把中台作为重要的选项。

所以，如果用一句话来总结为什么企业最终选择中台，答案是：市场竞争让企业"需要"中台，业务特性和人才结构让企业"能够"使用中台。所有解决方案的出发点都是解决商业问题，中台也不例外。

1.2.2 数字化时代的机遇

那么数字化中台的出现意味着什么？数字化中台也是中台，依然是为了解决业务发展和市场竞争中遇到的各种问题，但是数字化中台与"前辈"相比突破了金融行业的限制，在不同的行业中，在不同的能力上都取得了成果，这背后的核心原因就是数字化发挥了巨大的作用。

数字化是什么？数字化并不是在原有的各种产业之外新增一个从未出现过的产业，数字化是将互联网、大数据、人工智能作为基础设施，提取各行业广泛存在的数据要素，加工、重组、应用并产生价值的过程，也是基于IT技术的持续发展和渗透积累大量数据资源，并让数据发挥更大价值的过程。

数字化对中台的价值是什么？数字化把传统行业中那些"困在"特定物理形式下的要

素转化成数据，而数据的特性是更便捷的存储、传输、处理和应用，在 Middle Office 时代，中台模式由于物理限制而不能被推广到其他行业的这个关键问题被解决了。无论是固定在工厂中的生产装备还是行驶在公路上的货运车辆，通过数字化的手段，这些商业要素都变成了持续不断生成、采集、加工、处理的数据，于是用中台聚合资源、集中管控、整合输出就成为可能。只要在适当的商业场景下，企业就可以选择中台来解决自身面对的商业问题与挑战。在数字化时代，越来越多的行业在进行数字化的转型，数字化中台的应用空间也随之扩大。

唯一需要顾虑的是数字化本身亦有其发展的规律，前文所呈现的数字化中台在不同行业的发展差异，背后是数字化在不同行业渗透速度的差异。回顾数字化中台在某些生产制造行业落地的失败案例，仔细分析原因，会发现越是数字化程度高的企业，数字化中台成功落地的概率就越高，而数字化水平低的企业落地数字化中台也相对困难，在后续的内容中我们会一步一步揭开背后的逻辑和影响因素。对中台建设者来说，尊重数字化发展的客观规律，尊重中台建设的客观规律，能让中台建设过程更加稳妥，更容易产生价值。

1.2.3　数字化中台的价值

商业竞争让企业选择了数字化中台，数字化时代的发展让数字化中台在更多行业成为可能，最终推动数字化中台发展的则是数字化中台持续为企业创造价值。在中台发展的热潮中有一个持续被人诟病但是又屡屡出现的场景，就是所谓的"为了中台而中台"，即并不思考解决什么业务问题、创造什么业务价值，而是单纯把做中台这个解决方案本身当作目标去建设中台，这种行为的结果也是可预见的，要么半途而废，要么做了却没有价值，最后回归老路或者尝试其他的解决方案，然后把责任一股脑归结为"中台不行，都是被吹出来的"。

中台的价值到底是什么？或者说，企业建设数字化中台究竟要解决什么问题？这些问题可以分别从传统中台和数字化中台展开来探讨。在传统中台模式下，中台为企业带来的核心价值叫作"集中"，集中业务和资源可以带来以下价值：

- 将业务链路中的某几个关键节点集中起来，有助于形成全局视图，可以对资源进行整体调配，提升整体的利用效率。
- 将业务链路中的某几个关键节点集中起来，有助于从全局角度进行管控，整体管控风险和业务的运行。
- 集中业务和资源可以对前端差异化的业务、场景、客户统一管理和操作，带来的一个副产品是关于这些业务、场景、客户的业务知识与技能不再是分散在不同业务、场景之中,而是统一沉淀在中台,并且借由中台被复用在其他匹配的业务、场景、客户之中,提升整体的效能和品质。
- 集中业务也有助于业务管理者和公司管理者获取全局的信息反馈,帮助管理者做出更加有效的经营和管理决策。

数字化中台也具有这些价值,因为数据天然具备便捷的存储、传输、处理、应用能力,数字化中台又可以更快捷地对中台上的业务和资源进行加工整合,对外提供整合后的服务与资源,这种服务和资源的提供能够以远超过传统中台的方式进行传输、复制和迭代。数字化中台能够为企业带来以下价值。

- 效能:通过业务、资源的集中提升使用效能。
- 管控:通过业务、资源的集中对业务运行和风险进行全局的管控。
- 复用:将中台沉淀的知识和差异化技能复用于其他业务、场景、客户。
- 萃取:将差异化的场景、业务知识进行抽象、结构化、系统化,从而更有效地用于多样化的业务和场景。
- 反馈:通过业务集中获得全局的信息反馈,辅助经营、管理。
- 集成:将运行在中台上的业务、资源整合后输出服务。

任何一个数字化中台的立项决策都需要从中寻找一个或者多个关键词,这并不是为了找到所谓的标准答案,而是寻找关键词的过程就是寻找中台价值的过程,找到了价值,才有必要选择中台作为解决方案,才能够避免"为了中台而中台"的问题。

1.3 不必纠结的中台定义

经过前面的讨论,关于中台的历史与现在、能力与价值都已经明确,但是我们自始至终都没有触及一个核心的问题,就是中台的定义,这恰恰是中台热潮中被讨论得最多的问题。一方面,即便经历了几年时间的探讨,行业内也尚未形成一个统一、公认的定义;另一方面,笔者希望在探讨所谓的定义之前能够把中台的相关历史、事实做个全面的梳理,有了这些思考之后,讨论定义才是有价值的。这个讨论的目的不局限于纯粹的概念解析,而是通过概念的讨论明确数字化中台的关键要素,以及如何通过这些要素在业务场景中创造价值。

1.3.1 从企业级能力复用平台开始

在数字化中台热潮的初期,有两种典型的定义。定义一:"中台是介于前台与后台之间的系统。"如图1.1所示,这个定义非常形象而且容易理解,在初期有助于中台概念的传播,但是它只展现了中台的表象,而没有涉及中台的关键要素,于是看到这个定义之后,大多数人会追问一系列的问题:为什么前后台之间要拆出来中台?什么样的功能应该被拆出来?而这个定义并不能解答这样的问题。

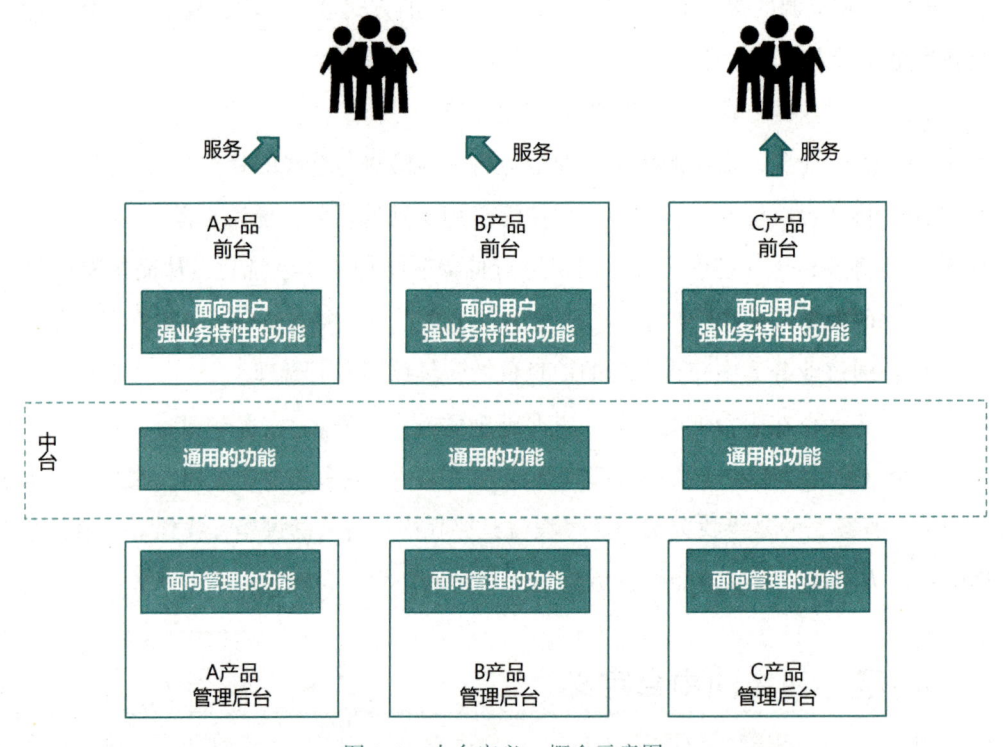

图1.1 中台定义一概念示意图

定义二:"服务于某个垂直业务的工具平台。"如图1.2所示,这个定义关注了中台的两个要素:中台专注于某个领域提供能力,这个能力可以为业务使用;提供能力的形式是平台,可能是平台产品,也可能是平台服务。定义二既描述了中台的形式,也介绍了中台的能力构成,但是满足这个定义的工具平台似乎在中台出现之前就已经存在了,比如很多平台业务公司的营销平台、开放平台就是其中的典型,所以定义二的描述比定义一更深入,但是并未界定中台的关键要素。

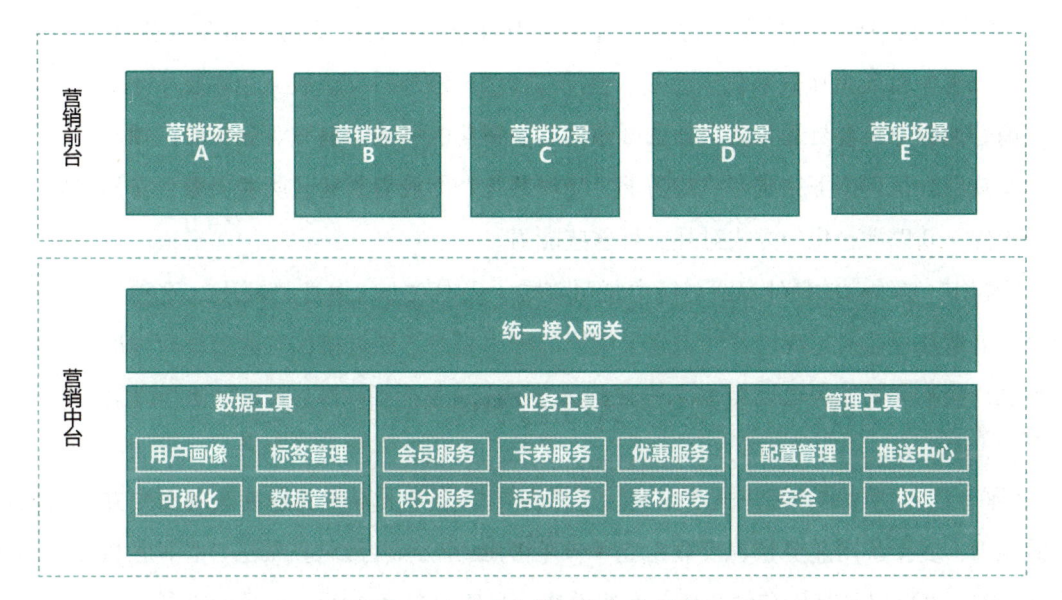

图 1.2 中台定义二概念示意图

著名咨询公司 Thoughtworks 的王健先生通过归纳抽象和经验印证给出了第三种定义：中台是企业级能力复用平台。这个定义浓缩了中台的四个核心要素：即企业级、能力、复用、平台，通过这四个要素完整地描述了中台的结构。王健先生对这个定义有自己完整的解读⊖，笔者从自己的实践和思考中尝试给出另一种视角的解读。

"企业级"是中台的战略定位，是中台定义的核心。这个定位把中台和大部分平台做了区分，企业内部其实是存在大量平台产品的，几乎每家企业都有自己的用户平台、营销平台、财务平台等，但是基本上不会把这些平台称为用户中台、营销中台或者财务中台，为什么？因为中台是企业战略的结果，企业如果没有推行中台战略，那么这些平台改叫中台并不会对它们的定位与职能有影响，建设中台意味着企业"选择"把自己的某个或者某几个优势能力/核心能力整合起来提供给多个业务团队，以实现优势能力的快速复制与业务模式的快速迭代。同时，这也引出了企业级的第二个含义，就是中台提供的能力整合范围也是企业级的。优势能力如果分散在若干个点上，业务复制和试错就不能做到快速、高效，所以中台

⊖ 参见微信公众号文章"白话中台"系列，王健。

对优势能力的输出也要覆盖企业内所有与这项能力相关的功能与服务。

"能力"是中台的基础和交付物。这个词来自企业架构的语境，但是无论在"非数字化"的传统中台还是在数字化中台里，业务能力都是中台的基础，这些能力可以是数字化的营销管理能力、会员运营能力，也可以是非数字化的风险控制、业务拓展，核心在于这些能力及其组合帮助业务完成客户的需求，交付最终产品或者服务。所以，中台必然以能力为基础构件，并以平台化的方式对外交付这些能力。

"复用"是中台的最佳实践。能力复用兼顾了成本效率，而且"复用"这种最佳实践在中台发展期是最容易呈现价值、说服决策层的理由之一。通过将已有能力进行标准化的建设和封装，让不同的业务可以低成本快速投入生产，这是中台可以给出的极具说服力的一种方案。

"平台"是中台的产品形式。中台为了服务多个业务，需要以高效低成本的方式提供自身的能力，支持不同业务快速交付。这个平台的服务方式可以是 IaaS，可以是 PaaS、SaaS 或者 API，也可以是直接交付产品粒度的模块，只要面向多业务、多场景或者多租户，就都是平台，平台提供的服务可以是统一形态的，也可以是差异化的，例如商业化的中台产品就力求服务的形态统一，以便于售卖和交付；自研中台就未必遵守这个方式，企业内部业务发展阶段的差异较大，自研中台不能像商业公司一样通过营销策略进行客户筛选，所以中台这个平台有可能提供从 IaaS 到 PaaS 甚至到 API 的多种产品/服务形式。

"企业级能力复用平台"高度抽象了中台发展标杆案例的要素，帮助行业更好地理解中台，应用中台。随着中台实践的深入和扩展，中台可以有更新的定义。

1.3.2 以"能力整合平台"定义中台

数字化中台经过几年的实践，各方参与者的重心已经从"中台是什么"转向了怎么解决自身在中台建设和运营中的问题，在这个时候恰好可以从实践的角度来重新审视到底什么是中台。实践中，相较于给出一个统一的定义，笔者更倾向于面向不同的群体给出不同反馈，这样才能够对实践给出更具体的指引，因为数字化中台的内涵越来越多样化，在不同的企业和不同的发展阶段也呈现出不同的价值。但是一个定义依然有必要，能够帮助我们理解中台的核心要素。

这个定义就是"能力整合平台"，这六个字关注了中台的三个关键要素：中台是由各种能力组成的，业务核心能力、经营能力、管理能力都可以成为中台的组成部分，对外呈现的就是业务中台、数据中台、组织中台等；中台是以平台的形式对外提供服务的，能够面向多业务、多场景、多租户提供差异化的服务；整合是中台实现价值的核心手段，通过能力的集中整合，中台可以实现效能、管控、复用、萃取、反馈、集成等商业价值。

为什么在这里不考虑"企业级"？因为企业级是中台整合的层次差异，虽然数字化中台的标杆企业可以做到业务能力的企业级整合与能力输出，但这不是中台的常态，或者说不是当下中台所能达到的常态，因此企业级可以被当作中台的标杆，但是并非中台的核心要素。

为什么在这里不考虑"复用"？因为中台的整合可以带来复用，但是并非所有能力整合之后都必然被复用，即便是标杆企业的中台，也存在接入了中台的业务能力仅仅被一个关键业务使用的情况。复用固然好，不复用也是有整合价值的，这个业务能力即便只被一个业务使用，只要整合在中台之内让中台具备了全局视图，也依然可以实现效能、管控等商业价值。所以，复用是中台非常有说服力的、很常见的最佳实践，但是并非中台必不可少的要素。

站在发展的角度，对于大多数希望通过中台推动业务发展的企业来说，能够选定突破方向，在某些业务领域落地"能力整合平台"，并通过能力整合平台输出优势能力、支撑业务发展就已经很有价值了；数字化程度高的企业也可以尝试打造"企业级能力整合平台"，全面整合企业能力，通过体系化的优势在市场上竞争。

所以，如果再次出现对于中台定义的探讨，无论是企业级的电商业务中台、供应链业务中台、企业数据中台，还是聚焦业务领域的营销中台、增长中台、财务中台，是或者不是中台都不重要，只要对能力进行了有效的整合并推动业务发展，就是有价值的。

1.3.3　中台价值的呈现

当我们对基本概念界定之后，就可以看到中台的价值是多样化、分层次的，找到自身业务现状和问题，并与中台解决方案相匹配，才是价值最大化的有效方式。

前文已经对数字化中台的价值进行了探讨，无论是从逻辑出发还是从直观的使用体验出发，我们都能够确认中台对于企业的发展是有价值的。对于中台建设者来说，主要的阻碍不是认同中台的价值，而是如何在企业内部形成中台价值的共识，毕竟伴随中台的价值而来的还有不可忽视的建设成本与运营成本。因此中台价值的呈现与共识的形成是中台建设不可或缺的前提。

效能价值的呈现是中台最容易度量的价值，研发交付周期的缩短、交付成本的降低等都是可以被度量的，也能够比较便捷地计算其投入产出比。通常，技术出身的中台建设者善于呈现这类价值。

管控价值的呈现则分为明暗两条基准线：明线是在业务层面上，中台通过整合让业务被集中管控，直接交付了一种管理能力，可以提升业务的确定性、灵活性并有效管理风险，尽管不容易度量，但是容易感知；暗线是在管理层面上，中台对业务的整合事实上改变了企业的管理结构，让更多控制权集中在中台，谁能掌控中台，谁就有了对业务的巨大影响，这种管理能力虽很少被提及，但是在企业内是真实存在的重要能力，管理出身的中台建设者善于挖掘这类价值。

复用价值的呈现是最容易被理解的，甚至不需要过多的度量，这些复用的案例或者规划只要呈现出来就很容易形成共识，只不过复用价值更需要计算其投入产出比，因为复用的价值太容易被看到，而复用要投入的成本容易被忽视。

反馈价值的呈现需要抓住关键角色，企业内部执行层面通常不会关注反馈价值，涉及经营、管理的角色才对这种价值有感知。因为反馈的价值体现在经营、管理的动作上，意味着这种价值的度量相对困难，所以这类价值的呈现要尽可能采用逻辑与案例方式。

萃取价值的呈现与反馈价值的呈现相似，需要中台有能力理解、抽象、解构、应用并打造最佳实践。这种价值不太需要体系化的度量，任何一次单点击穿的萃取实践都能够让业务层面感知到中台的价值。

集成价值的呈现也面临着相似的问题，集成本身是有价值的，集成需要对相关的业务问题和解决方案有深度的理解才能够通过整合提供集成的输出，创造业务价值，但是集成的价值并不直接作用在业务结果之上，导致其度量难度较高，与反馈价值一样，应尽可能通过逻辑与案例来呈现，形成共识。

大多数中台建设者的思维方式偏向于解决方案的设计，这在日常的产品研发场景中是有效的，但是数字化中台并非一个单纯的数字化系统，而是包含了业务战略、解决方案、组织配称和机制保障，从战略贯穿到具体落地的解决方案，因此中台建设者需要尝试新的思维方式，不仅要设计优秀的产品解决方案，还要学会挖掘商业机会、创造业务价值，最终呈现中台的价值。

第 2 章

数字化中台产品全景与路径

第 1 章在介绍数字化中台发展过程的基础上探索中台与数字化中台的本质，这一章则回归到具体的业务问题和场景，与读者一同探讨以下问题：

- 什么样的企业才能打造企业级数字化中台？
- 中小型企业的数字化中台路径如何选择？
- 数字化成熟度不高的企业如何迈出第一步？

2.1 企业级数字化中台

过往的几年时间里，不断有来自不同行业、不同企业的伙伴咨询笔者如何建设数字化中台、有哪些经验和技巧，而笔者在了解了相关背景之后，给出的反馈往往是目前不要做，因为其中很大一部分人都试图建设一个企业级数字化中台，试图全盘照搬互联网标杆企业的那套方案。但是对大多数企业来说，标杆企业的方案并不适合，甚至是完全不匹配企业的特性和需求。

2.1.1 从数字化产品到数字化中台

企业级数字化中台是目前中台应用的标杆实践，也是吸引众多企业引入数字化中台的重要动因，企业级数字化中台这样优秀的实践为什么不能广泛地应用在其他企业中呢？因为企业级数字化中台的建设，并不是企业自认为"要做一个企业级数字化中台"即可，而是在特定的环境下"需要一个企业级数字化中台才能解决问题"。

理解所谓的特定环境，就能够理解为什么企业级数字化中台是"被动"环境下的

"主动"选择，同时也理解为什么企业级数字化中台不是每一家企业都可以做、有必要做。数字化中台的元年可以回溯到2015年，这一年，IT领域并没有重大技术变革发生，但是在商业视角上，2015年正好是一个趋势的转折点。在2015年之前，中国互联网的根本增长动力来自互联网渗透率的提升（从1998年不到1‰增长到60%以上），巨大的市场红利使得"跑马圈地"成为互联网企业的核心策略，企业无须考虑太多效率、竞争相关的问题，与其争夺市场，不如开辟新大陆。在2015年前后，随着市场增速放缓，互联网的发展开始从发散走向收敛，几大行业龙头企业开始有意识地整合行业内的资源，提升商业效率、追求运营效率的红利。在扩张期，企业可以不断增加年度人员招聘预算解决发展问题，但是当下则必须采用成本更低、效率更高的方式占领更多市场，企业和企业的数字化产品开始进化。

对于企业来说，两难困境一方面来自市场的竞争强度丝毫没有降低，甚至愈演愈烈，另一方面来自企业对整体运营效能的要求越来越高，在IT领域不能无限制地投入，企业和数字化产品的进化方向也就越来越清晰了。市场进入头部企业竞争的阶段，无论是产品体验、产品功能还是运营策略、营销资源，竞争中的每个玩家都是既有资源又有业务能力的高端玩家，试图在某个点上突破来赢得竞争并不是头部企业之间的竞争打法，只有调动整个企业，甚至是关联生态企业的力量进行整体对抗才是根本解决方案，因此对于业务的整合、数字化产品的整合都要达到企业级。而企业对于整体运营效能的要求，又使得企业不能接受"摊大饼式"的投入，必须在现有数字化产品的基础上以低成本高效能的方式来支持业务，于是中台模式自然而然成了数字化产品进化的选择。

对于互联网巨头来说，唯一值得庆幸的是互联网企业从诞生之日起就是天然构建在数字化底座上的，几乎业务的方方面面都已经具备了数字化基础，当下的核心就是把这些零散的数字化产品通过中台有效地整合起来，为业务提供企业级的支撑与服务。

从数字化产品到数字化中台，看起来似乎是企业家的战略洞察，实际上是面对存量市场的激烈竞争，基于自身特性所能做出的当下最为有效的选择。

2.1.2 "企业级"的投入和产出

与离散的数字化产品相比，整合的数字化中台更能够建立起竞争优势，特别是长期的优势。但是这个解法并不适合所有公司，换言之，不是每个企业都能承担企业级数字化中台的建设成本。

盘点企业级数字化中台的投入,可以通过图2.1来做个简单的区分:在水面之上是我们看到的所谓数字化中台,而水面之下是企业各个领域的数字化产品,构建企业级数字化中台的成本就由这几部分构成。

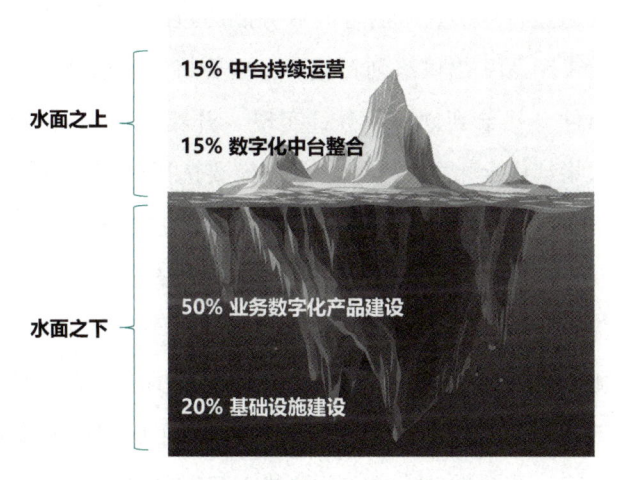

水面之上
- 15% 中台持续运营
- 15% 数字化中台整合

水面之下
- 50% 业务数字化产品建设
- 20% 基础设施建设

图2.1 企业级数字化中台的总成本

企业级数字化中台成本=业务数字化产品成本+中台整合成本+中台实施与运营成本

首先考虑业务数字化产品的投入。为了向前台提供企业级的整合服务,数字化中台需要企业在关键业务链条上都有相应的数字化产品覆盖和支持,于是公司的高管会发现,尽管过去几年时间每年都在数字化产品上投入大量成本,但是要做到关键业务链条全覆盖,依然是一笔不小的开销,这种"补课"成本就足以压垮一批企业。

其次考虑中台整合所需要的投入。这看起来就是把冰山以下的系统串联起来对外提供服务而已,但是这里面有两个隐性成本。第一是原有产品标准化的成本。企业从信息化时代到数字化时代所构建的各种MIS系统、ERP系统,以及面向客户的营销、运营产品,并不是天然可以被中台所整合的。如果不打算从零开始打造,那就要对原有系统进行各种适应性改造,确保老系统符合数字化中台的接入标准,并与其他领域的系统进行协同,这种成本并不比采购新系统的成本低。更让人头痛的是,很多系统甚至无法评估改造的成本有多大,包括财务成本、人力成本以及最重要的时间成本。很多企业为了业务的平稳运作选择在老系统上修改,而另一批企业在仔细评估了各方面的成本之后宁可从零开始引入新的中台产品,每一个选择都有自己的理由,关键在于评判的标准以及对成本的有效度量。第二是构建整合、集成体系的成本,或者更具体地说,是包含了整合、集成以及对外提供多样化服务的成本。没有企业级数字化中台建设经验的伙伴很可能有一种误解,就是只要各个系统对接到中台之上,就"自然而然"地会被各个业务、场景所使用。实际上,企业级数字化中台远不止于业务能力的对接,还要通过各种形式对已有的业务能力进行集成,例如一个电商业务中台,不只是把电商相关的几十个 API 提供给创新业务,更要将从底层 API 到可配置的业务逻辑,甚至前台基础的交互组件一并给到创新业务,实现"开箱即用"的效果。如果供应链业务中台也要实现类似的效果,中台上的某个租户仅仅需要选择供应链服务模式对接自己的上下游系统,至于 WMS、TMS 等系统之间的协同,则需要供应链中台整合完成。这种整合、集成需要的不只是财务、人力、时间成本,还需要站在供应链全局的角度构建相应的知识体系和运营体系,这些工作也需要大量成本。

此外,伴随数字化中台的交付和持续运营,前期需要围绕中台落地进行大规模的试点、培训、宣导、迁移等工作;中期需要围绕中台运营特点对组织架构和业务流程进行变革;后期还要有专门的团队持续运营并推动迭代,而这些也都需要成本。正如在传统行业升级一条全新的生产线,需要前期调研、驻点培训、制造安装、调试达产、落实机制等一系列工作,在数字化领域,数字化产品的逻辑更复杂,需要更多的投入。但是,大家往往会把目光聚集在产品的研发上,而忽视相关的交付运营工作与成本。

所以,构建企业级数字化中台,一方面要考虑是否适合企业当下的竞争环境,另一方面要考量企业是否可以承担对应的成本。对于互联网企业这种"数字化原生"企业,基于前期的投入和沉淀,领域内数字化产品的投入会相对较少,主要成本在产品的标准化与企业级的整合;而数字化转型过程中的中大型企业正好相反,有些业务环节的数字化产品要从零开始,在标准化和整合上的投入可以相应地减少。

与成本相对应的是企业级数字化中台的产出,前文围绕中台的价值已经进行了一些讨论,这里考虑的是投入与产出的比较,因为所有的投入都是可以货币化的,而产出一方面是远期的,另一方面是难以精准度量的,毕竟业务响应快不一定使业绩涨,管理能力强也不一定使得企业在市场上获得成功。所以,中台的投入产出比并不容易算出来,背后是对高层决策者的考验,就像所有的商业决策一样,是否选择中台、是否投入对应的成本都是在考验决策者在不确定的环境下的判断和勇气。

2.1.3 "企业级"的数字化能力成熟度

即便决策者决定建设中台,也匹配了相应的资源,企业级数字化中台的建设依然是个成功概率不高的项目。因为在投入产出测算之外,还有一个重要的因素——能力成熟度,这个因素既可以算作成本要素,也是过去几年大量企业建设企业级数字化中台过程中决定"成败"的关键因素。

什么是能力成熟度?简言之,就是一个产品研发团队交付产品的能力水平。最常见的评估方式是评估这个团队的过程能力成熟度,也就是这个产品研发团队是否能够通过对过程的有效管理稳定交付符合预期的产品。

为什么能力成熟度是中台建设的"成败"要素?用一句话解释——事儿是人做的,人不匹配事儿就难成。能力成熟度这个概念虽然关注的是过程,但是真正考验的是背后做事的人是不是具备建设数字化中台的能力。对于初次建设数字化中台的团队来说,能力成熟度上的差距比财务、资源、时间上的差距更难弥补,因为能力的提升几乎没有什么弹性,不会就是不会,不熟就是不熟,不能通过领导重视和资源支持来短期解决。

除了个体的能力提升,还包括整个体系的成熟与完善,数字化中台的建设就是数字化能力的整合,整合的一个前提是目前的数字化产品和对应的业务、组织具备了整合的基础。具体来说,就是对应的数字化产品、业务和组织已经能够稳定地输出业务结果,核心是"稳定"地输出。数字化中台建设过程中遇到的最难以跨越的问题并不是做系统、上新产品,而是我们试图开发若干个数字化产品,每个数字化产品又背后都有业务覆盖不完整、业务逻辑说不清、必须靠一两个老员工、做一个改动要填10个"坑"等问题。每个数字化产品的对外输出(产品/服务)都是不确定的,与此相比,系统不完善、工作量大之类甚至都算不上问题。在数字化产品现象的底层,是流程的成熟度不足——业务本身的流程无法被清晰、显性地表达出来;流程问题的底层是人的成熟度——大量的知识和经验还停留在少数人的脑子里面,业务的有效交付依赖于个体的知识和能力而非群体的知识。

所以企业级数字化中台虽好,但是投入大、要求高,如果没有坚实的基础、持续的投入和团队的数字化能力成熟度,这个解决方案并不适合所有的企业。

2.2 领域型数字化中台

前文围绕企业级数字化中台的讨论似乎是在给中台建设者们"泼冷水",对于大多数企业,企业级数字化中台就是一把"屠龙刀",适合的场景非常有限。所以对于更加"普适"的场景,占比最高的中小型公司或者数字化转型刚刚起步的大型公司应该如何使用数字化中台这种先进的解决方案来解决自己的问题呢?既没有面对生态级别的挑战,也没有互联网头部企业的数字化成熟度,如何能够享受数字化中台带来的价值?

2.2.1 聚焦领域整合服务

对于中小型企业或者大企业中的某个业务、职能团队来说,数字化中台的建设路径其实更简单,面对不那么大的业务挑战,也就不用选择企业级的数字化中台,而是选择领域型数字化中台。这个答案依然是从业务出发得出的,中小型企业所面对的市场竞争并不是头部企业之间生态级别的竞争,不需要用体系来对抗体系,中小型企业的竞争与发展更强调对市场机会的把握和自身优势能力的建设。

依然用电商行业的案例来探讨,这次讨论的不是平台型电商公司,不是上万人企业之间的竞争,而是一家专门做潮流服饰的电商公司。公司只有千人规模,通过与设计师品牌的合作打造了自己独特的品牌,通过5年左右的积累逐步拥有了一群喜欢潮流服饰也认同品牌价值的客群。但是随着市场规模逐渐提升,几个模式相近的企业也冲进了这个市场,一方面"挖角"设计师品牌,另一方面大手笔进行营销投放,快速提升销量和影响力。对于这样一个市场内的竞争,企业既没有企业级数字化中台所需的投入,也没有建设企业级数字化中台的必要性,那么解法在哪里?

这个案例本身不像MBA教学案例一样有丰富的背景信息,但是这家企业面对的问题很典型:企业面对的挑战似乎和数字化没什么直接关系,但是数字化团队也希望通过自身的努力和业务一同解决所面对的问题。从业务视角看,面对这种竞争,既可以在供应链上发力,也可以在客户端创新。如果设计师品牌是关键,那么设计师品牌的开发和运营就是业务的重要抓手。数字化团队要思考的是通过哪些数字化产品来提升服饰产品开发效能,提升运营表现,解决任意一个问题都是为竞争提供了一种解法;如果选择从客户端创新,则需要考量企业之前所积累的核心用户是否和企业形成了足够的粘性,是否能通过客户运营产品抓牢市场上最有影响力和最有购买力的用户。数字化产品为业务提供了解法，这些解法就是中小型公司在竞争中最常用的策略，在某个关键环节和关键领域取得优势，并持续扩大自己与竞争对手的差距，这个业务的解法也是数字化中台产品的解法。

常见的"增长中台""供应商中台""营销中台""App 中台""运力中台""出行中台"等领域型数字化中台的建设都是为了解决上面所提到的问题。从业务角度讲，如果不需要、也没有资源整合全公司的能力用于市场竞争，那么就围绕竞争中的关键领域和要素，聚焦企业中期竞争优势，通过数字化中台打造优势领域能力，并把这种能力快速输出，提供给组织的其他业务和场景。

回到前面的案例，可选的几个数字化中台解决方案包括：供应商中台，整合供应商拓展和管理方面的能力，帮助其成为拥有最丰富设计师品牌资源的电商企业，以产品的丰富度赢得竞争；运营中台，整合企业运营能力，确保有限的流量资源投入到最适合的品牌中，让品牌结构最优化，实现标杆品牌能打爆、中间品牌能吃饱、弱势品牌有成长，以强大的运营能力绑定品牌方赢得竞争；客户中台，整合客户运营的所有能力，实现用户全生命周期价值的最大化并提升客户粘性，通过绑定最优质的客户群体来赢得竞争。无论竞争对手选择挖品牌还是做投放，强化优势能力始终是赢得竞争的重要抓手。

这一类中台整合范围不大，但是选择领域非常重要，中台的决策者不仅要懂数字化产品，更要从商业角度理解自己的企业是怎么成功的，这样才能做出最优的选择；领域型数字化中台因为聚焦于某一类领域，业务逻辑比较收敛，在设计与开发上难度会更低；此外，因为战略选择的逻辑和中台的预期产出价值比较明确，其落地的成本和阻力也不会太高。因此领域型数字化中台对于中小型企业和数字化转型过程中的大型企业都是不错的起点，在取得了具体的成果之后，随着数字化程度的提高和竞争态势的变化，企业依然可以从领域型数字化中台演进到企业级数字化中台。

2.2.2　区别不只是大小

从领域型数字化中台演进到企业级数字化中台，是否只是数字化中台从小变到大的过程？在领域型数字化中台中所积累的经验会不会压根就用不到企业级数字化中台中？答案背后是两类中台的本质及其对应的能力。

领域型数字化中台和企业级数字化中台的差别是什么？从覆盖的业务能力范围来说，两者虽然是一个小一个大,但是要回答一个根本问题:领域型数字化中台小到什么程度,企业级数字化中台大到什么程度?领域型数字化中台的小,一方面是数量上的小,另一方面,其本质上是领域型数字化中台只整合同类型的能力,营销中台只整合营销,用户中台只整合用户,在中台内部所有能力都是围绕一个特定领域的,这种小带来的好处就如同学校把学生们分班,同一专业的学生放在一个班级,那么这个班级内部的沟通、理解就非常顺畅,如果组织他们做某件事情也比跨专业的学生要容易很多,即领域型数字化中台整合的是同类能力。这些能力最终体现为领域服务,能够以简单易懂的方式输出给上下游各种场景。这种小体现为差异性小、复杂性小,而数量上小的影响次之。企业级数字化中台也是类似的逻辑,企业级数字化中台的大虽然有数量大的含义,但本质上是异类能力的整合难度大。以电商为例,从商家、商品到交易、履约、服务,每个领域都有自身的产品、知识、流程、组织,商家关注全生命周期的运营,商品关注信息检索和确定性,交易关注流程风险可追溯,履约关注效率成本可靠性,服务关注体验成本扩展性等,甚至在不同的电商企业不同领域也有自己的差异,那么企业级数字化中台如何确保这些差异巨大的领域能够统一接入电商中台,更难的是这些差异化的能力以及背后的知识和流程如何集成起来简单交付给创新业务与场景?这种差异性和复杂性的大远超数量的大。

  回到最初的问题,做领域型数字化中台的经验能否支持企业演进到企业级数字化中台?从上面的分析看,似乎并不足以支持企业一步一步地演进,但是回归到能力成熟度的视角,我们又会产生一些新的洞察。做领域型数字化中台需要怎样的能力和怎样的成熟度?需要理解企业为什么选择这个领域作为突破口,需要交付怎样的价值;需要在特定领域内将流程固化、标准化,确保其输入输出与领域内的其他能力有效整合;需要在领域内构建能力模型和能力之间的关系,确保领域内部是清晰、可管理、可迭代的;需要定义领域对外服务的方式,是API还是产品模块。这些是做领域型数字化中台所需要的核心能力。做企业级数字化中台需要怎样的能力和怎样的成熟度?需要理解企业为什么选择中台作为战略突破口;需要从业务架构到产品架构的整体设计;需要设计异类能力的接入标准和服务约定;需要确定跨领域能力的整合方式和集成输出方式。虽然大小不同,但是解决问题的框架和思维方式是非常相似的。

  数字化中台的演进虽然在业务层面上差异巨大,但是建设数字化中台的能力却非常相近,所以如何回答本章开始的那个问题?从领域型数字化中台到企业级数字化中台,远不止从小到大这种简单的变化;在做领域型中台过程中积累的技能、标准却可以沉淀下来,让我们在建设企业级数字化中台的时候更加游刃有余。

2.2.3 星星之火终能燎原

站在当下看，未来五到十年，领域型数字化中台对绝大多数企业来说是现实和有效的选择，也是数字化中台建设的主流选项。这个判断不是单纯考虑数字化中台产品的复杂度与投入，更多是根据企业所面临的问题与挑战做出的。随着整个市场环境变化，平台企业之间那种体系对体系的竞争逐步退出舞台，中小型企业可以有更多的空间，通过自身优势能力的打造和独特价值的输出在细分市场上取得优势，而领域型数字化中台正好可以在这种情况下发挥其价值。

但是，企业一定要选择做数字化中台么？为什么不选择 ERP、低代码或者其他解决方案？事实上，企业内的数字化团队在过往十多年的时间里面尝试了很多新的 IT 概念、产品和解决方案，有些成功了，而有些没有达到预期的效果；而数字化中台不仅是一个本土原创的 IT 概念，也在中国的 IT 行业让大家看到"业务战略即 IT 战略"的实践，"中台战略即中台产品"，这是企业数字化负责人看到的巨大的机会。所以，虽然如今数字化中台的热度没有初期高，但数字化中台仍然是企业家和决策层最熟悉、最有认知的方案，也是数字化负责人最容易抓住的数字化升级与转型的机会。

站在数字化中台发展的视角上看，企业级数字化中台遍地开花的现状并不符合市场环境和企业的能力成熟度，但是领域型数字化中台有希望成为星星之火。在领域型数字化中台建设的过程中，会产生更多成熟的数字化产品，会沉淀更多优秀的实践，会培养更多优秀的数字化人才，这个对于企业来说是最实在的结果。更重要的是，在这个过程中，数字化中台的价值能够更快地被企业内各种角色看到，有了这样的基础，数字化中台就会在各个行业中生根发芽，并为未来可能的企业级数字化中台，甚至是基于中台的跨企业协同打下基础，星星之火终将燎原。

2.3 中台化的服务与工具

在企业级数字化中台和领域型数字化中台之外，还有不少被命名为"某某中台"的系统与产品，读者会发现将它们与前文讨论的各种定义和特性相对照，似乎无法对号入座：首先排除了企业级数字化中台，因为其整合范围并不大，只是聚合了一些服务与工具；其次排除了领域型数字化中台，因为既没有聚焦优势能力，也没有整合领域服务、有效输出价值。这些"中台"虽然不是前文定义的中台，但是这些实践真实存在，而且或多或少地使用了中台的某些理念，比如平台化服务、能力建设、集中管理等，这些数字化服务和产品有很多是"中台化"的服务与工具。它们虽然没有经历业务战略的选择和落地，但是也努力在用先进理念提升自身的产品和服务能力与价值，这些实践不是严格意义上的数字化中台产品，但是这些实践是有价值的。

2.3.1 服务与工具的"中台化"

企业内部始终有内在的"中台化"动力，也就是"整合"的动力，这也是服务和工具中台化的基础推动力。只不过，如果没有从业务层面或者架构层面进行牵引，这种整合就会局限在小范围内，借由产品经理和研发工程师的本能去做一些优化和改善。例如，把某些逻辑收敛管理，把模型规范一致，把服务统一接口，这都是自然发生的整合行为。那怎么做才能让这些"中台化"行为产生更大价值呢？

对于这些内部的服务和工具，根据自身情况有意识地选择某些中台建设的理念推动能力成熟度的提升，是成本低而效果非常明显的手段。典型策略包括相关能力的梳理、标准化、整合对外服务方式，这个过程事实上就是在"演练"领域型数字化中台的设计和建设。从现实角度讲，很多理念其实并非中台独有，但是在工作中很多"聪明的"产品负责人打着中台的旗号推动产品升级，这也是一个更容易、更可行的路径。

对于这些服务和工具的产品负责人或研发负责人，笔者建议即便是自发地做这些重构、整合的优化工作，也要尽可能按照本书介绍的框架和过程，从业务的理解到方案的设计，将整个过程和思考完整地串联一次，虽然涉及的能力范围要小很多，但是正如领域型数字化中台到企业级数字化中台的演进一样，应用完整的方法论框架能够加深自己对于业务和中台的理解。毕竟用直觉做出的判断和设计，即便成功了，也顶多变成经验；而用框架做出的判断和设计，即便没有成功，也可以复盘和迭代，复盘之后能够深化对框架和方法的认知，实现能力的提升。

通过这样的实践，这些零零散散的服务与工具就能够逐步呈现出"中台的味道"，不论名字是否带有"中台"的字样，这些服务与工具都是一致的、互通的、整合的。在这个过程中，自身的能力和整体的成熟度也同步得到了训练。

2.3.2 持续打造中台化能力

有理想的数字化产品经理与研发人员不会满足于这种"零敲碎打"的产品优化，这些伙伴会不断地寻找机会尝试在更大的层面上实践自己对产品、架构的设想。在实践中，企业数字化团队存在很常见的、看起来完全相反的两种倾向：一种倾向是持续在琐事中消耗资源与精力却无法脱身，另一种倾向就是每隔几个月就有推翻现有产品和系统重做的冲动。这两种倾向本质上都有同一个原因，就是没有找到数字化产品发展与业务发展之间的连接。数字化产品经理与研发人员不能从业务发展中找到机会以及能力应用的场景，所以只能按照日常工作的惯性或者自己脑中的构想来安排工作，推动产品发展，始终在"躁动"，却无处发力。

对于数字化团队，一方面要聚焦专业能力，持续打磨自身的数字化能力和意识，另一方面要有意识地把数字化发展和业务的发展连接起来，唯有这种连接才能够真正推动数字化持续的发展。当某个数字化的工具和产品模块推动业务取得成果之后，数字化就赢得了信任，就有机会去打造领域能力，参与到业务核心能力的建设上；当数字化推动业务取得行业领先地位时，数字化就具备了影响力，可以打造企业数字化能力整合，构建企业级数字化中台，甚至逐步超越形成更高水平的数字化体系。这些进步不会凭空发生，需要产品经理在分析需求的时候思考这个需求来自怎样的业务场景、能够带来怎样的业务价值；在设计方案的时候思考整体架构应该如何设计才更加合理，如何让对应的业务能力和产品能力更加标准化，更容易整合提供对外服务；写产品培训文档的时候不仅要列出操作步骤和注意事项，同时还要思考这个数字化产品沉淀了哪些业务知识和 Know-how[一]；遇到困难和批评时要复盘产品架构和技术架构是否具备优化的空间和重构的机会。当每一步都向这个方向靠近的时候，能力就会持续地构建，业务价值也会在持续积累中逐步呈现出来，为团队赢得更多机会和更大空间。

2.4 数字化中台的选择与路径

从中台的发展到中台的本质，从企业级标杆案例到日常的优化迭代，不同业务、不同规模、不同发展阶段的中台实践都在前文完整地介绍了，下面开始深入探讨一个问题——数字

[一] Know-how 指的是行业中的专门知识与技术诀窍。

化中台的选择和实现路径是怎样的，希望让读者了解的不仅是具体案例，更是通用的原则，这些原则不仅涉及数字化产品研发，更重要的是如何理解业务、组织，以及在不断变化的内外部环境中持续推动业务、中台的发展和进化。

2.4.1 从业务战略到组织能力

每个中台建设者面对的业务挑战和现状都有差异，任何一个案例都无法照搬到其他人的场景之中，所以数字化中台的选择和路径不会有一个标准答案，但是从众多数字化建设者的实践中可以看到应当如何选择、做一个怎样的数字化中台，以及大致的实施路径，如图2.2所示。

数字化中台被拿到高管团队的桌上进行讨论，很多情况下不是出于战略抉择与业务挑战的考虑，更多的是因为当前的数字化产品与系统无法支撑业务发展，被有意无意地投诉到了高管团队。数字化产品的负责人如果只是沉浸在问题处理上，问题永远是解决不完的，主动选择适合的整体解决方案才是出路。回到数字化中台实践中，无论是为解决问题而讨论中台还是为战略挑战而讨论中台，数字化中台的选择与决策起点一定是对业务的深刻理解，企业级数字化中台、领域型数字化中台抑或中台化的服务与工具，都需要从业务战略出发，明确企业当下需要解决什么关键问题，数字化体系在其中能够贡献什么价值，当下的数字化产品应当做什么/能够做什么，通过什么行动可以解决这些问题——这个思考的路径与要素，无论做数字化中台还是其他数字化产品都是必不可少的。

图 2.2 数字化中台建设过程

有了对于业务战略和关键问题的清晰认知之后，需要回看自身的能力成熟度以及可以调动的资源，从中定位数字化产品的发力点和机会点。最朴素的原则是"大问题"需要"大解决方案"，花小钱办大事并不是不可能，但是大概率会在解决老问题的过程中创造新问题，所以面对大问题要敢于给出大型的解决方案并且争取必要的资源支持；"小问题"未必选"小解决方案"，解决方案的大小并不是看数量和规模的大小，而是要深入拆解问题背后的复杂度和差异性，能轻量级地解决是最理想的，但是如果牵扯到了架构与模型的优化，也需要正视问题，提出平衡短期和长期的解法。

明确了业务战略和关键问题，找到了数字化的发力点和机会点之后，就可以参考企业架构的框架与方法，设计对应的业务架构和产品架构。在信息资源非常丰富的当下，针对每一种架构设计，基本都能够找到相关的标杆和参考，认真理解前人的设计思路，基于自身情况优化迭代，就能产出一个 80 分左右的设计方案出来。

在数字化转型的传统企业中，还有一个挑战是决策采用怎样的研发模式来实现产品，自研还是采购？瀑布还是迭代？在实践中受到需求和资源的约束，大部分企业的选择空间并不大，能自研尽可能自研，若不能自研，尽可能采购与自研混合开发。方案确定性够高，就更多地选择瀑布模式，需求不确定就选择迭代或者敏捷模式。在研发过程中，人们主观选择的余地是有限的，只要问题定义清晰，通常只有一两个可行的选项。

在随后的交付与实施过程中，与用户型产品和 SaaS 产品不同，数字化中台的交付实施不仅包含了人员技能的培训导入，还会伴随着业务流程的变更与调整，甚至是组织架构与人员能力要求的变化，其中大部分工作超出了数字化产品经理的日常工作范畴，但是如果希望自己做出来的中台产品能够真正产生价值，这些工作必不可少。

最终在数字化中台的持续运营过程中，还要围绕业务与产品构建匹配的运营体系、运营工具，对中台的产出和价值进行有效度量，并且基于数据和反馈推动数字化中台的持续迭代。

这个过程对数字化产品经理来说要求很高，但是对于数字化产品的成功来说也仅仅是基础要求，本书也会尽可能为读者带来完整的、可操作的知识和指引。

2.4.2　持续迭代，步步为"赢"

数字化中台的建设和落地如同传统行业升级一条全新的生产线，不同之处在于数字化中台从这条生产线开始设计和建造的时候就开始了持续的迭代和优化。传统的生产线设计会考虑建设周期、安装调试，但在建设过程中很难持续修改设计，也不会在安装调试的过程中对结构做出大的变更；而数字化产品可以相对快捷地进行调整和优化，于是在中台建设的几个月甚至几年时间里，中台要应对外部的业务发展和竞争变化持续地进行目标、设计、运营等各个方面的变更与迭代。对于这个过程，有个比喻非常形象，就是"一边开飞机一边换引擎"的过程。

数字化中台建设看似是从一个确定的业务战略开始到中台产品落地结束，而实践中是一个持续迭代的过程，每一步都要分析问题、解决问题，每一步都要有价值产出和度量，走好每一步才是关键。数字化中台的迭代包含三个典型的迭代，如图2.3所示。

- 业务发展迭代：中台所支撑的业务本身就是迭代发展的，从优势能力的探索到优势资源的积累以及能力建设，从能力建设到业务结果的反馈，从业务结果到经营策略的变更，整个过程是持续迭代的，中台不是存在于真空的环境，中台会时刻受到来自业务的需求与压力，推动自身的迭代。
- 中台建设迭代：中台产品建设周期相对其他数字化产品要长，因此中台产品的建设本身就是分段迭代、持续交付的。
- 中台运营迭代：从中台产品落地到中台价值的呈现，从价值呈现到产品优化，中台产品自身也在持续地运营和迭代，更新相应的工具、策略、机制等。

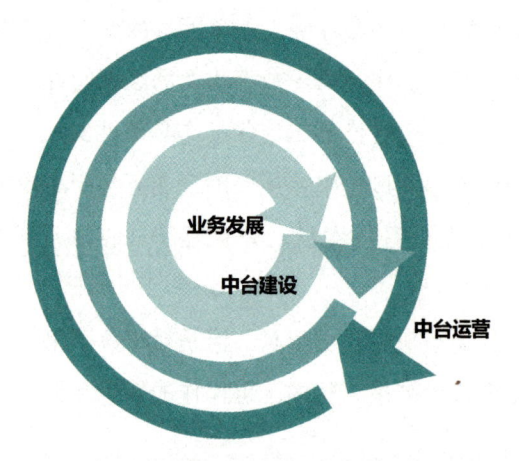

图2.3 数字化中台三个迭代的周期

这几个迭代互有交叠，本质上都是战略和组织的迭代，数字化中台看似是一个数字化产品，实际上是企业战略的落地，是企业发展的投影。企业有发展，中台就有发展；企业业务停滞，中台也不会独善其身。

第3章

数字化中台的得失

数字化中台的"美好故事"已经在前两章做了全景的呈现,通向未来的路径也做了初步探讨,在开始方法论学习之前,下面的几个问题建议读者深入思考,因为数字化中台的失败案例比成功经验更多,而关于中台如何成功的讨论太多,关于中台如何避免失败的讨论却太少。本章通过讨论回答这几个问题:

- 哪些企业不适合选择数字化中台?
- 没能成功的中台项目是因何失败的?
- 如何在自己的工作中规避主要的风险?

3.1 "建中台"与"拆中台"

以阿里巴巴为代表的电商行业标杆企业引领了中台建设的风潮,中台从战略、产品到技术的最佳实践大多来自电商行业,正在其他行业如火如荼开展中台建设的时候,标杆企业中传出了要"拆中台"的消息。站在一个长期的视角上,数字化中台早晚要被拆掉,十几年前构建的各种信息化系统早已经开始了这个进程,但是数字化中台的发展似乎刚刚起步,从"建"到"拆",是否意味着中台理念本身存在问题?这个"拆"能够给我们正在或者正打算"建"的伙伴们带来怎样的启示?

3.1.1 中台从"建"到"拆"

什么叫作"拆中台"?这个拆字容易让人联想到"拆除",但是在实际的工作中更接近"拆解",数字化中台还在,只是中台的运作方式从2015年建设期的集中统一管理开始转向更适合创新的方式。在中台建设的初期,为了能够快速整合电商领域的所有能力,所有业务研发团队都必须将自己已有的能力和新增能力在中台注册和接入,这种"强制性"的机制确保了中台能力的完备性,也快速打造了中台的管理能力和整合集成能力;但是在业务发展的过程中,大型企业非常容易出现一些非主营业务的创新场景,这些场景与主营业务相关,核心能力却并不在电商领域,于是出现了一种尴尬的情况:一个创新业务可能在视频、社交领域做出了不错的尝试,而且对应的细分市场在快速发展,需要这个业务能够快速迭代、持续跟进,但是因为新增能力必须接入中台,必须满足中台能力的管理规范,导致非电商类的创新业务被电商中台拖了后腿。这种情况是中台错了么?是创新业务错了么?其实双方都没有错,都是按照最适合自己的工作方式来推进。那么,出现尴尬的情况是因为哪里错了?问题的根本在于中台的运营方式没从建设期切换到运营期,原本为了推动电商领域创新迭代而建设的中台反而阻碍了非电商领域的业务创新,于是有了所谓的"拆中台"。

"拆中台"到底拆了什么?拆的其实是中台过于强硬的管理规范和服务方式。作为电商中台,其核心价值在于对企业内部与电商相关的所有能力进行整合输出,支持电商相关业务快速扩展品类和场景,通过品类、场景的扩张获取市场份额并为现有的消费者提供更加多样化的服务。整个产品研发团队也是按照这样的目标来设计数字化中台产品和对应的运营机制的,中台对电商各个领域的能力进行了定义,支持能力的接入、更新和使用,中台又可以整合这些能力,对外输出从API、流程到界面的全套解决方案,完整支持电商领域的业务创新和场景创新。但是企业在电商中台建设的过程中并没有考虑如果"某个业务压根就不是电商模式"应该怎么运作,或者如果这个业务里电商只起到支撑性的功能又该如何在电商中台上部署和使用。因此这些业务出现之后,前期只能让业务来"适应"中台,于是业务非常难做;当这一类非电商业务变多后,业务就形成了合力,要求中台来"适应"创新业务,适应的方案就是非电商能力不必遵循电商中台的规范,电商强相关的能力依然要遵守原来的约定。所谓的"拆中台"没有拆功能、没有拆职能,看起来好像没拆什么,但是拆掉了运营的部分规范和约束,实际上拆了阻碍业务创新的部分。

当把事实和逻辑完整呈现出来之后,所谓的"拆中台"似乎并不是什么大问题,建有建的道理,拆也有拆的道理。这其实就是数字化中台所要面对的:应对业务的持续发展和变化,始终在迭代的过程中。

3.1.2 没能建起来的中台

标杆企业的数字化中台从建到拆,反映的是数字化中台的运营与迭代,对于更多企业来说,这已经可以算作"甜蜜的烦恼"了,因为更多企业要面对的问题是中台如何能够建起来。经过几年的实践,从中台失败的案例中我们也能发现不少端倪。

第一类失败案例是因为企业其实不需要中台,这些企业可能正处在数字化的初期,各个业务模块还在从人工到信息化系统、从纸质表格迁移到电子记录的阶段,业务流程尚未稳定,从业务战略和市场竞争角度看也没有发现建设企业级数字化中台和领域型数字化中台的必要性。但是因为公司决策层了解了中台这样一种理念和各种标杆案例,于是拍板做了中台。这类企业建中台最"理想"的结果是"半途而废",所谓"半途"是过程中落地了一些数字化产品和系统,"而废"是过程中发现中台不适合或者自身不具备相应的条件于是终止了项目。能够意识到这些问题的这类企业是幸运的,既沉淀了一些数字化产品,又避开了自己不适合的中台解决方案。这类企业中比较"不幸"的结果是坚持到底,在企业并没有对应需求和能力的情况下持续投入,建设大型数字化中台,但投入产出完全不成比例,团队能力又与中台要求存在差距,这种坚持会导致更大的损失。

第二类失败案例是企业在业务需求上有中台建设的必要性,但是在数字化中台的选择上出现了偏差,比如某大型食品集团为了强化对渠道商的管理,选择建设数字化中台来实现对渠道更好的管控与运营。该企业在业务问题的判断上非常清晰准确,但是在方案选择上并没有聚焦渠道管理这个领域打造领域型数字化中台,而是将集团除了生产以外的所有领域做了一个打包的解决方案,定位为"整合营销中台",覆盖了品牌、市场、KA(大客户)、直营、渠道等所有与营销相关的职能。这种从领域型数字化中台跃升至企业级数字化中台的选择大大提升了解决方案的复杂度,同时削弱了数字化中台整体的 ROI(投入产出比),于是项目进行到一半的时候因为严重超支被紧急叫停。

第三类失败案例是企业有中台建设的需求,在方案选择上也并不激进,关注客户运营就做客户运营中台,要强化渠道能力就做渠道中台,但是为数不少的传统企业在数字化转型的过程中要面对数字化产品基础和能力基础过于薄弱的问题,即便目标聚焦、方案准确、领导支持,也存在有大量人才缺口需要补的问题。要么团队一边做一边学,要么外采数字化产品加速落地,但是这两种路径的项目周期都不会很快,长时间的开发和反复的延期会消耗决策者与执行者的耐心与精力，一旦过程中出现业务或者人员的调整，数字化中台就有可能成为夭折的项目。

第四类失败案例是企业有明确的中台建设需求，有方案、有资源，也有数字化建设的能力，但是对于产出的预期会随着外部环境持续变化：立项时的目标是渠道管理能力提升从而提升渠道业绩表现；过了几个月赶上渠道销售旺季、数据变好看了，就把目标变成渠道支持新品类的拓展；几个月后旺季结束，目标又变回上一轮。在持续的摇摆中，从产品方案到研发团队持续变更，最终中台项目不了了之。

成功的中台建设过程都差不多，失败的案例各有各的难题，在这里无法一一列举，我们能够直观感受到的就是中台建设的选择和要素是影响成败的核心因素，一旦出现问题，就很难弥补。

3.1.3 与业务同行才能持续成功

在了解了这么多失败案例之后，读者会不会选择对数字化中台敬而远之？倒也不必，虽然有这么多因素可能导致中台无法建成，或者在运营过程中不达预期，但是要规避这些风险也没有想象中那么困难，因为这些问题的本质其实都在于数字化中台能力与业务的匹配程度，抓住这条线索，就能够规避中台建设过程中的大多数风险。

什么叫作数字化中台能力与业务的匹配？在前面的案例中可以反复看到一个场景，当数字化中台的方向和方案确定之后，数字化团队或者企业的 IT 团队是否能够承接中台的建设或者采购落地，就显得至关重要。这种承接和落地能力背后是对业务的理解、对中台建设方法论的掌握、方案的设计能力和研发过程的管理能力，以及后续的交付实施与运营能力，可以说是成功的基础。什么叫作二者的匹配？就是在数字化中台能力范围内找准业务的问题和解决方案，在正确的方向上用足能力。

这个原则稍微有些抽象，在落地的过程中其实可以转化为一系列的问题，帮助思考与判断：

- 建设数字化中台，要做领域型的还是企业级的？业务成功需要哪个层面的突破？
- 建设数字化中台，要从哪个领域突破？业务的优势或者突破口在这里吗？
- 打造这个中台产品，数字化团队的研发与采购能力能够支持吗？
- 数字化中台产品上线后，需要如何运营才能有效支撑业务？

把所有的关注点都放在业务方向、业务现状与方案、能力的匹配上,并持续提问,就能够做到与业务同行,推动数字化中台有效落地,产出价值。

3.2 理解数字化发展规律,打造数字化中台

与业务同行并非一句口号,正如业务的发展要靠内部能力和外部市场,数字化和数字化中台的成功也是内外部合力的结果。数字化的内功修炼是数字化团队自身能力和成熟度不断提升的过程,数字化的外部影响是技术与市场的升级与发展。内外两种力量融合之下,带来的是一种更为底层和深远的变化,即数字化自身的发展规律,数据本身作为一种生产要素也有从原始到高级的演进过程,把握这个规律能够让数字化团队更清晰地把握自身能力建设的路径和外部技术与市场提供的机会,真正具备与业务同行的能力。

3.2.1 业务发展和数字化演进

理解业务与数字化能力的匹配可以规避数字化中台建设在业务和组织层面的各种问题,如果能够理解数字化演进的规律,就可以在中台建设过程中设计与现阶段匹配的数字化解决方案。"数字化基础"这个词在前文的讨论中反复出现,关注的就是数字化本身的演进。

从图 3.1 中可以看到,如同产品、市场一样,数字化也有自己的发展规律和阶段,在评估企业数字化基础的过程中,可以通过数字化演进的五个阶段来评估数字化中台是在什么样的基础上开展的。

图 3.1 数字化的演进过程

1. 积累期

数字化的基础是数据，没有数据的数字化只是表皮和骨架，无法发挥任何作用。有数据才有数字化，优质数据支持优质的数字化，垃圾数据导致垃圾的数字化。在统计学中有句关于数据价值的名言：Garbage in, Garbage out[①]。数据不是凭空出现的，数据是在业务运营的过程中持续积累的，这些数据包括关于用户、产品、供应链、财务、市场等各个方面的过程数据与结果数据。在数字化之前的信息化时代，大部分工作就是把原来记录在纸上的数据沉淀在计算机系统中，所以可以认为信息化时代的主要成果是完成了数字化的积累。

2. 管理期

业务运营过程中会沉淀各种各样的数据，有原始的文本、语音、视频，有经营过程产生的统计和分析数据，有业务专家制定的各种规则、指标、阈值等，如果只是存储，这些数据很快会占满所有的存储空间，等到使用的时候却发现不知道去哪里找，也不知道哪个数据满足条件和要求。因此人们在数据积累的过程中开始对数据进行管理，即对数据进行分类、定义、制定规范和标准，让数据不再是原始状态下的无序积累。分类、定义、规范、标准不仅是对数据的管理，本质上是还原数据的业务含义，让数据成为业务知识和管理工具。

3. 服务期

基于对数据的有效管理，可以通过分析数据本身的价值对外进行有效的输出，让数据呈现出具体的业务含义，例如月度新增用户6996人只是一个数据，与同期相比有79%的增长、比预期增速高31.02%，并得出结论"需要关注投放预算的使用情况"，这才是经过处理和分析的、能够输出业务含义的数据，让数据服务于上下游业务。

4. 集成期

在不同业务或者领域都具备数据服务能力之后，才会有数据应用能力的跨越式提升，可以集成不同类型的业务数据为业务提供更加全局的视图和更深入的分析，继续上面的案例，就是基于新用户增长、留存和转化等数据，可以对业务进行整体的评估和决策，通过应用海盗模型[②]定位关键环节，制定全局策略。当然在具体的业务场景中，集成的方式会更加多样，产出的价值也更丰富。

[①] Garbage in, Garbage out, 可以翻译为糟糕的样本导致糟糕的数据。

[②] 海盗模型, 由 Dave McClure 提出的增长业务模型, 也常称为 AARRR 模型。

5. 协作期

从零散的数据到集成的数据，随着数据应用的成熟度持续提升，从数据的采集、存储、加工处理到应用集成都会逐步标准化，通过产品或者服务的方式实现跨业务、跨领域甚至跨企业的数据协同，并创造更多的数据应用场景，服务更多人群。

数字化中台的建设要与业务同行才能持续成功，同样，数字化中台的建设要尊重数字化的演进规律才能落地。如果企业还在数据积累期，就需要把重心放在如何将业务流程的数据尽可能存储下来，并实现规范化，强化对数据的理解和应用，而非打造看起来"高大上"的数据大屏或者数据中台，没有扎实的数据基础，任何数字化产品都是空中楼阁，尊重客观规律，才能设计出有效果、能落地的数字化产品。

3.2.2　让数字化中台与业务同频共振

前文围绕数字化中台及其成败，已经呈现了不少素材，并挖掘了背后的要素、逻辑和本质，所有这些讨论都是为了能够让读者在自己的业务中建设有价值、高效能的数字化中台。无论成功的经验还是失败的教训，都有助于总结出一套方法、框架，完成这项复杂的工作。

对方法论的探索从信息化的时代就已经开始了，从早期的 Zachman 企业架构框架[一]到 FEA[二]，再到 TOGAF[三]，市场上已经有不少成熟的方法论，那是不是学一下 TOGAF、FEA 或者 Zachman 就可以了？

并非不可以，国外优秀企业架构框架经过几十年的沉淀更新和实践的打磨，蕴含大量有价值的知识、工具和理念，但是当下中台建设者们需要的可能并不是另一本需要几个月时间来学习的企业架构教材，而是一本操作指南。两者的区别是什么？

首先，企业架构是面向更广泛的场景、更通用的解决方案设计的，可以用在 MIS（管理信息系统），可以用在 ERP（企业资源计划）系统中，也可以用在 WMS（仓库管理系统）或者 MES（制造执行系统）等数字化产品中，而本书更关注数字化中台这个特定的解决方案。

其次，企业架构框架关注知识体系和工具的完善，而在实际工作中应用框架的时候又会发现框架体系太庞大，短时间内难以快速理解，也难以选择合适的知识、技能、工具。

[一] John Zachman 开发的企业架构基础框架和分类法。
[二] 联邦企业架构，美国联邦政府提出的企业架构框架。
[三] The Open Group 提出的企业架构框架。

落地指南的重点并不是框架的完善和内容的丰富，落地指南的关键在于让读者能够循着一个近似真实的场景和指引，了解实践者是如何思考、分析、设计、应用这些框架和工具的，并在自己的工作中取得成果。本书以数字化中台为线索，介绍一条中台从 0 到 1 的完整路径，让读者能够体会到如何"让中台与业务同频共振、有效落地"，真正发挥数字化产品的价值。将商业、企业架构、运营、管理串联起来，这是这本书最大的价值。

从本书第 2 篇开始，将围绕一个虚拟企业中的常见业务场景，呈现数字化中台建设从战略到落地的方方面面。

第 2 篇
数字化中台产品建设方法

数字化产品的建设并不是一个新奇的议题,在过去 20 年的时间里不断涌现的火热的互联网产品其实也是数字化产品,只不过互联网时代的数字化产品更关注消费者,更关注体验层面的方法和技巧。数字化产品的类型非常多样,比如面向用户和体验、面向商业化、面向成本效能、面向研发效率以及数字化中台所代表的面向业务能力的数字化产品。通过本篇的阅读,希望读者能够收获以下问题的答案:

- 建设数字化中台产品需要遵循怎样的框架?
- 如何做到"懂业务",能够围绕业务来规划产品?
- 如何做好数字化产品的架构设计和产品设计?
- 如何做好过程管理,让产品研发过程平稳落地?
- 如何设计让客户满意的中台产品体验?
- 如何依靠组织、机制,让中台能够高效地运营?
- 如何持续提升团队的数字化产品能力?

第4章

从企业架构视角审视中台

从本章开始，笔者将带领读者探索如何在自己的企业中落地数字化中台，并通过一家虚拟企业场景呈现数字化中台的落地，以及过程中的各种挑战与解法。而所有的工作从以下两个问题开始：

- CEO 说公司要做中台，应该如何起步？
- 企业架构框架能够给我们怎样的支持和引导？

4.1 通过经典方法理解数字化中台的建设

翻开经典的 IT 和数字化书籍，经常看到的场景是企业从战略出发，组建了一个由各职能专家组成的项目团队，稳扎稳打，完成 IT 和数字化项目的规划、设计与落地的全过程。但是在现实工作中，无论是国企还是民企，无论是大型企业还是中小型企业，似乎都很少出现书本里中规中矩的项目启动和实施过程，更多的是企业负责人外出开了会、参加了活动，甚至是和某个专家聊了聊就产生了建设中台的想法。对于落地执行的伙伴来说，如何应对现实中复杂多样的中台建设问题、书本上的经典方法是否适用等，都是需要解答的问题。本章将以"锦瑞食品"作为一个虚拟企业，带领读者体验真实的数字化中台建设过程中遇到的挑战，并给出关于数字化中台建设的建议。

4.1.1 解决"新问题"的"老方法"

锦瑞食品是一家发展中的消费品企业，之前的主营业务是为餐厅、面包房提供烘焙食品，在 CEO 老陈的带领下，锦瑞食品从食品加工的单一业务模式逐步发展，孵化出了自有品牌的预制食品，通过餐饮、电商和本地商超进行售卖，在多年持续努力下做到了每年 6 亿~7 亿元营收。公司规模中等，但是因为 CEO 老陈的意识比较超前，还是组建了一支 15 人左右的数字化团队。老沈的职务是 CEO 助理兼任数字化团队的负责人。老沈的经历比较复杂，早年做过研发工程师，后来在互联网公司转岗做了产品经理，还自己创业过，老陈觉得他能力比较全面，于是拉他进来一边带着经营分析的团队，一边带着数字化的团队。此刻，老沈从 CEO 办公室走出来，神情有些复杂，数字化团队的产品总监小彭就问了一句："老板有啥新想法了么？"老沈说："老板说我们要做个中台。"小彭沉默了一下，然后冒出来一句话："什么是中台？什么样的中台？之前没做过啊。"

"使命必达"是锦瑞食品从一个小型食品加工厂发展起来的重要能力，所以即便还不清楚中台是什么，老沈还是拉上产品总监、研发总监一起赶出一份"锦瑞食品业务中台与数据中台"的规划，把互联网上能够搜到的各种标杆案例和团队去年想做但是没资源做的需求都打包塞进了所谓的中台里面。汇报时间很短，因为还没怎么讲就被 CEO 劈头盖脸地教育了一顿："你们写的这个中台跟公司有什么关系？都是那些千亿市值公司做的东西，我们一年赚的钱全给你们拿去做中台都不够。你们画的那些架构图，一看也都不对，我们公司哪有那么多数据让你们搞智能推荐算法？你们问过业务团队么？他们愿意让你们切换这些系统么？去年上线的东西他们还用得磕磕绊绊呢。"汇报用了不到一小时的时间，CEO 批评了半个多小时。

会后，几个人先是吐了一下苦水，毕竟是老板让做中台的，却又把大家训了一顿。之后，产品总监小彭跟老沈说："靠我们几个没做过中台的人，可能一时半会搞不出来老板想要的东西，是不是找有经验的朋友参谋一下？"于是，外部顾问老张被邀请到了公司。

老张也不见外，来了之后就问大家三个问题：你们团队现在做过的规模最大、最复杂的数字化产品是哪个？有人研究过市场上的中台产品么？你们见过其他企业的中台是怎么做出来的么？

大家的回答很一致，做过最复杂的数字化产品是 ERP 系统，不过也是基于外部采购的系统进行二次开发的；没有深入研究第三方中台产品；也没有人见过其他企业的中台产品开发过程。

于是，老张说："那反倒好办了，我们就先讲讲中台是怎么做出来的。"

数字化中台概念从最初为人所知到炙手可热的速度太快，导致大多数人听到的中台故事都是：某个企业遇到了问题，他们做了一个中台，解决了"所有"问题。至于做了怎样的分析、怎样的设计、如何落地、如何使用,具体信息都是缺失的,似乎整个过程就是"需要一个中台",然后就"有了中台",导致大家在真正建设中台的时候,对于做什么、怎么做都是没有概念的。事实上,每家企业建设中台的过程都不大一样,因为每家企业所面临的问题、所选择的方案、各自具备的能力都是不同的,但是在这些差异化的中台建设路径背后,还是有一些通用的理念、理论和方法,能够帮助我们先建立正确的概念。

在数字化产品建设和演进的过程中,有大量企业做了各种尝试,基于成功经验和失败的教训,专家们总结了一系列行之有效的方法论框架,帮助缺少相关经验和能力的产品研发人员分析问题、设计产品并且研发落地,这套框架就是企业架构(Enterprise Architecture)的相关方法。虽然名字中没有与数字化关联的字眼,但是这一类方法都是用于数字化产品的设计和开发的。从数字化产品到企业架构方法,这些专家为什么把关注点从产品转向企业?我们可以先通过几个典型的企业架构定义来理解企业架构是什么。

- IBM 认为企业架构通过一系列原则,定义并维护了架构模型、治理和过渡方案,让团队向共同的业务目标和 IT 目标协同推进。
- Gartner 则将企业架构定义为通过识别与分析变更的执行过程,引导企业主动、全面地对变革性力量做出反应,朝着预期的商业愿景和产出推进。
- Wikipedia 选择的定义:企业架构是一个综合性的框架,用于管理组织的业务流程、信息技术、计算机硬件和软件、本地网和广域网、人员、操作和项目,并使其与组织的总体战略保持一致。
- The Open Group 作为知名的标准制定机构提出:架构在不同的语境中有两个含义,一是关于系统的或在组件层面指导其具体实现的具体系统方案的正式描述;二是组件的结构、内部关系和其治理与演进的原则与指引。

尽管这些定义在表述上有些差异,但是还是能从中看到一些共性的内容:

- 企业架构与战略目标和架构愿景是相关的,它确保事情朝着战略目标走。
- 企业架构体现为一系列的规范、原则或者模型、流程。
- 企业架构是一个演进的过程。
- 企业架构不只是 IT 架构,更是业务架构。

从中可以看到专家们从成功案例和失败案例中总结出来了什么:做数字化产品绝不是做产品或者系统那么简单,数字化产品始终是围绕业务、支撑业务构建的,引领这个过程的是组织的战略目标和架构愿景，落脚点是一组原则、规范、流程、模型以及数字化的产品体系，这个过程是持续演进的。

企业架构的框架与方法有很多，从早期的 Zachman、FEA 到现在比较流行的 TOGAF，都可以帮助我们理解数字化产品和系统的开发过程。以 TOGAF 为例，整个企业架构的框架包含几个组成部分：架构内容框架、架构开发方法、参考模型、架构开发方法指南、架构成熟度框架等。企业的各种数字化产品，包括数字化中台都可以参考 TOGAF 的框架来开发。了解了这些组成部分的作用后，即使是没有企业架构经验的伙伴，也能了解到什么是企业架构、怎么通过企业架构开发出符合企业要求的数字化产品。尽管企业架构框架都是有几十年历史的"老方法"，但是并不影响它们发挥方法论的优势解决数字化中台这个新课题。

4.1.2 拆解 TOGAF 架构框架

对企业架构没有概念的读者可以先尝试了解架构内容框架[⊖]，这样就能够知道所谓的企业架构能够产出什么，按照架构开发方法一步一步推进，就能够得到架构内容框架所包含的一系列产出物。如图 4.1 所示，产出物包括架构原则、架构愿景、架构需求、架构设计（业务架构、应用架构、数据架构、技术架构）、架构实现（解决方案、迁移规划、实施治理）。

在了解架构内容框架之后，可以进一步了解架构开发方法（ADM）。所谓的 ADM 就是告诉我们按照怎样的过程和步骤，能够一步一步生成上面所说的这些内容，并且推动数字化产品从概念、设计到应用、持续运营与迭代，如图 4.2 所示。

有了这两个部分知识做基础，大家就知道复杂的数字化产品，包括数字化中台是怎样一步一步设计和开发的，但是我们想要的那个产品到底长成什么样？如何设计出合格的数字化产品架构呢？企业架构的方法论中有一个工具叫作参考模型，即便企业中没有成熟的架构设计和模型，也可以通过参考模型来找到架构设计的基准，使用参考模型来辅助自己的设计。而且参考模型的范围并不局限于 TOGAF 标准中所介绍的综合信息基础架构参考模型（Integrated Information Infrastructure Reference Model，III-RM，见图 4.3），很多企业也会参考业务过程框架（Business Process Framework，BPF，见图 4.4）这种更贴近企业经营的参考模型，尽管 BPF 设计的初衷并不是描述企业架构。

⊖ 架构内容框架，简称 ACF，Architecture Content Framework。

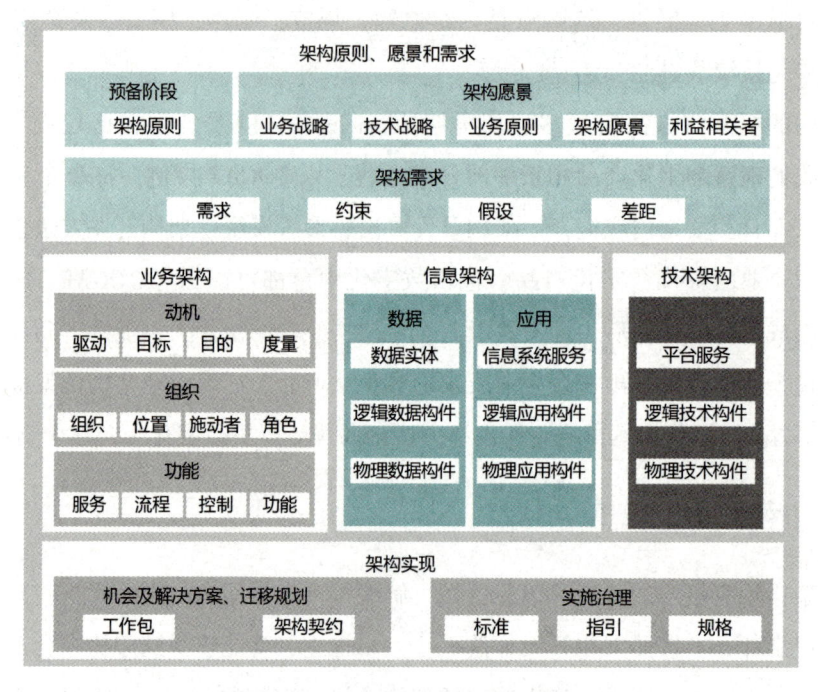

图 4.1　TOGAF 架构内容框架

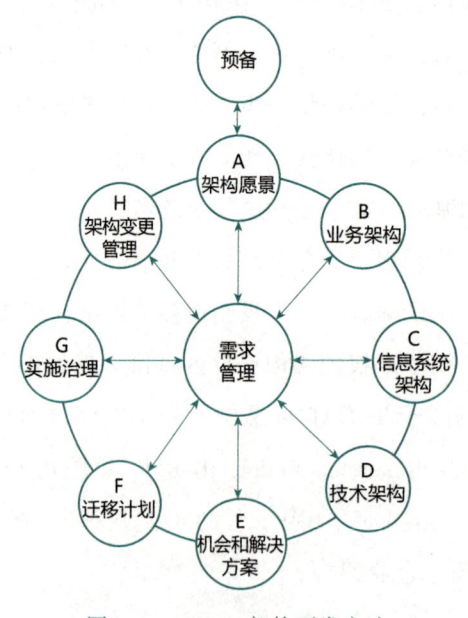

图 4.2　TOGAF 架构开发方法

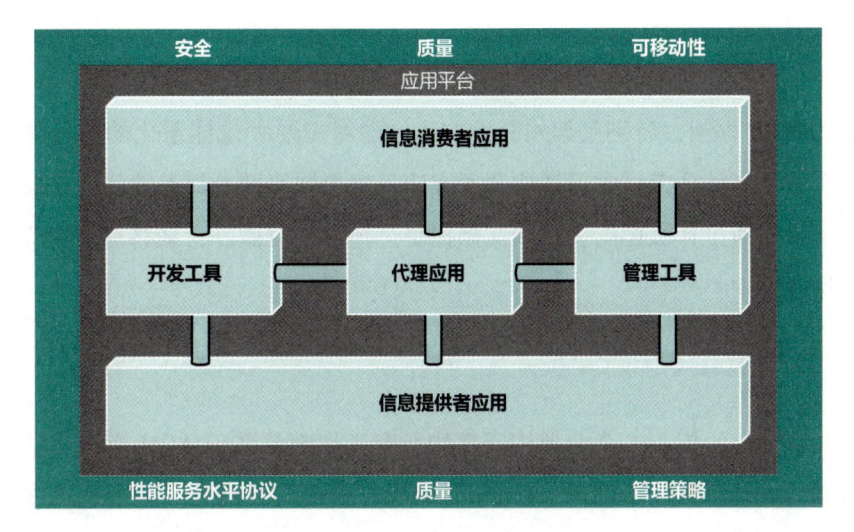

图 4.3　III-RM

图 4.4　BPF 参考模型(业务视图)

为了对架构开发过程和产出物进行有效管理，TOGAF 还有很多工具和方法来支持这些工作，但是为了便于理解，我们先不介绍架构库、企业连续体等概念，而是以 ADM 为核心专注于理解企业架构开发的过程。

4.2 架构开发的过程与协作

完整的 TOGAF 框架，特别是架构开发方法的学习需要大量体系化的学习和实践，出于数字化中台实践而非认证考试学习架构开发方法，就要回答两个简单的问题：按照什么过程一步一步做下来？通过什么样的工具和文档把每个环节做对做好，最终有效地落地在自己所处的企业和场景之中？

4.2.1 通过 ADM 理解架构开发的过程

ADM 是 TOGAF 的核心，企业架构开发的所有工作都是基于 ADM 所描述的这套过程展开的。TOGAF ADM 的示意图可以清晰展示数字化中台的建设过程。整个开发过程是一个持续迭代的过程，前期围绕业务确认企业架构所需的关键信息，之后围绕架构愿景进行持续的拆解和设计，并落地实现，通过运营过程中的持续反馈推动一系列的架构迭代，如图 4.5 所示。整个架构开发方法包含 10 个部分，数字化中台的建设与每个部分都紧密相关。从"我们要做个中台"到真正做出来，"只要"做好这 10 个部分。

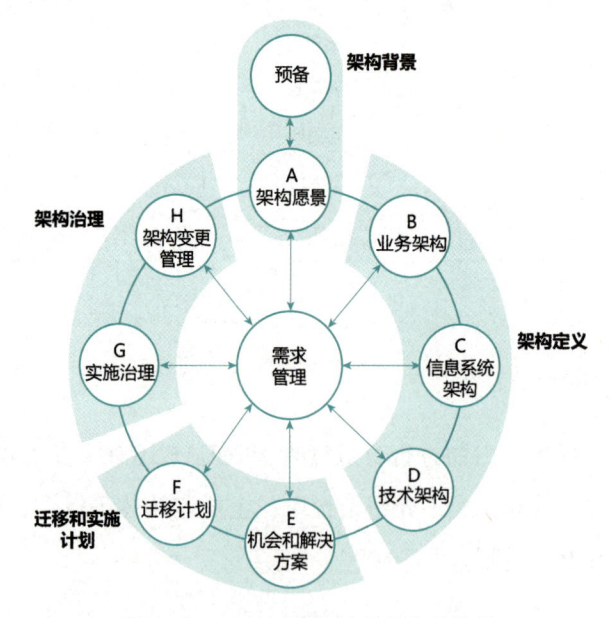

图 4.5 TOGAF 架构开发方法的结构

1）预备：要了解业务环境、高管承诺、明确基本原则、搭建团队、确认要使用的方法。具体落实在数字化中台建设上，就是要理解为什么决定做中台、高管是否确定要做、愿意付出怎样的资源、期望达成怎样的效果。有了这样的基础之后，中台项目负责人需要盘点核心项目组需要由哪些角色组成、采用什么原则和方法来开展工作。这项工作看起来不复杂，但是至关重要，任何问题和疏漏都会在后续环节造成十倍甚至百倍的影响，以至于整个中台项目返工甚至终止。

2）架构愿景：要确定范围、限制、期望、架构愿景以及后续的工作说明。落实在数字化中台建设上，就是确定哪些领域做中台、希望做成什么样子，并且与高管和业务达成共识。事实上，即便有了愿景共识，后面也可能会变，但是变化相对可控；而若没有愿景共识，后面一定会变，而且不知道会变成什么样子。

3）业务架构：从业务和组织层面描述业务的目标、架构、分工、流程、功能、服务等。本质上就是在描述"有中台"和"没有中台"两种情况下的业务运作方式有什么不同。相比于架构愿景，业务架构能够更清晰地呈现中台在业务上的改变和价值，也是后续架构设计的基础。

4）信息系统架构：包含了数字化产品(应用)架构和数据架构，描述产品如何支撑业务目标、对应的产品架构和数据模型。这是数字化中台产品最关键的设计，向上承接业务，向下影响技术方案和运营方式。

5）技术架构：围绕目标产品架构设计前后端、软硬件系统。

6）机会和解决方案：明确项目实施计划、开发方式选择。很多团队要在这里决策关键任务的优先级，采用自研、采购或者外包的研发模式，以及将任务划分到各方的标准等。

7）迁移计划：确定瀑布或迭代模式、节奏、依赖关系、相关风险预案等对于从零开始的数字化中台产品来说，这项计划相对轻松，如果存量系统比较复杂，那么这项计划本身的复杂度不比研发计划低，灰度、AB 测试等方法可能会成为选项。

8）实施治理：管好研发过程，确保代码质量；某些数字化中台团队还要管好外包或者供应商的交付进展和交付质量，并在过程中持续优化过程管理。

9）架构变更管理：中台上线后，甚至是上线前就会源源不断发来新的需求，对于哪些需要合并到中台项目中开发、哪些放在日常迭代、哪些会影响中台发展方向等，都需要有对应的反馈、评估、决策，避免中台迭代失控。在现实工作中，有的团队要么上线之后就不怎么变更,要么上线之后就不停地变更,中台团队需要在两个极端中间找到平衡。

10)需求管理:包括对需求的识别、分析、交付,核心项目组从成立开始,就要对各种需求进行处理以推进中台的规划和落地。

ADM 全面覆盖了架构开发工作,并且呈现了各个部分的关系。但是 TOGAF 也特意做了说明,ADM 并不强制要求这些步骤按照"瀑布"的方式一步接一步完成,而是要结合业务与产品的现状来安排。对于中台实践者来说,学习 ADM 的目的不是学会这个"知识",而是从方法论中理解数字化中台建设的关键环节和对应动作。

4.2.2 交付物不只是结果,更是协同

单纯了解这些架构开发的过程还不够,我们还要了解每个环节的产出物,表 4.1 所示的 ADM 常用交付物列表能够解答这个问题。

表 4.1 ADM 常用交付物列表

ADM 阶段	交 付 物
预备	裁剪的架构框架 企业架构组织模型(范围、成熟度、角色权责、约束、预算、治理和支持策略) 架构原则 业务原则 架构工作需求(方向、背景、资源、约束、团队等)
A 架构愿景	架构工作说明(架构项目的整体说明、架构愿景概览、角色权责、交付物、标准、过程、批准等) 架构愿景(问题、目标、需求、架构草案等) 沟通计划(干系人、沟通需求、机制、时间表等) 能力评估(业务能力、IT 能力、架构成熟度、业务转型准备评估) 架构定义文档(范围、目标、约束、原则)
B 业务架构	架构定义文档(业务架构部分-基线、目标、差距、影响、过渡) 架构需求规范(成功度量、架构需求、服务契约、实施要求、约束、假设等) 架构路线图(任务包组合、实施要素目录、差距和依赖分析、过渡架构、实施建议等) 架构构建块(功能、属性、接口/界面、关系、依赖等信息)
C 信息系统架构	架构定义文档(数据/应用架构部分-基线、目标、差距、影响、过渡) 架构需求规范(内容框架同上) 架构路线图(内容框架同上) 架构构建块(内容框架同上)

(续)

ADM 阶段	交 付 物
D 技术架构	架构定义文档 架构需求规范(内容框架同上) 架构路线图(内容框架同上) 架构构建块(内容框架同上)
E 机会和解决方案	架构定义文档(更新) 架构路线图(更新) 架构构建块(更新) 解决方案构件块(产品功能和模块定义、非功能性需求、设计约束、架构与解决方案的关系) 实施和迁移计划(实施和迁移策略、实施项目与任务拆解) 过渡架构(各个过渡状态定义、各个过渡状态下的架构设计) 实施治理模型(治理流程、治理组织架构、治理角色和权责、治理标准和检查点)
F 迁移计划	架构路线图(更新) 实施和迁移计划(更新) 过渡架构(更新) 实施治理模型(更新)
G 实施治理	实施治理模型(更新) 架构契约(背景、需求、一致性要求、过程管理、度量、交付物、协作、时间等约定) 变更管理(变更描述、理由、影响评估、版本管理) 符合性评估(项目进展和状态、架构与设计、已完成的架构检查清单)
H 架构变更管理	实施治理模型(更新) 架构契约(更新) 符合性评估(更新) 架构工作需求(更新) 需求影响评估(对变更的评估、架构变更建议等)
需求管理	架构需求规范(更新) 需求影响评估(更新)

- 预备阶段一方面收集业务相关的信息，另一方面要考虑整个架构过程遵循怎样的原则，是敏捷迭代还是瀑布式推进，是聚焦流程还是关注数据，是全员参与还是精准突破等，这些原则会影响整个数字化产品的架构过程。
- 架构愿景阶段的交付物则是帮助数字化产品的利益干系人厘清愿景、推动所有相关方看到完整大图，理解彼此的关注点。

- 业务架构、信息系统架构、技术架构阶段，所有的交付物都在各自的层面上，多视角、多维度地描述实体、过程、生命周期，并层层递进，引导后续的设计，直至最终的落地。
- 机会和解决方案阶段的交付物则聚焦于具体的行动和选择，基于前面的架构设计明确在什么阶段、以怎样的优先级、交付怎样的解决方案。
- 迁移计划阶段的交付要确保架构设计和解决方案能够完整、有序地落实到 IT 系统中，保质保量地交付实施。
- 实施治理阶段的交付物确保系统上线不是所有工作的终点，而是架构持续演进和优化的起点，能够通过各种机制和流程确保架构与业务匹配、持续有效。
- 架构变更管理的交付物则是针对运营过程中产生的产品需求/架构变更进行的有效评估，从而引导后续的架构迭代和产品迭代。
- 需求管理作为一个专注于识别、存储相关需求，与其他各阶段交互的过程，其核心的交付物就是保持对架构需求和变更进行持续管理、更新、存储，从而推动架构开发过程的进行。

尽管交付物列表中的几个文档能够让人清晰了解 ADM 的 10 个部分是如何与其他环节有效"协同"的，如果把这些交付物单纯看成架构工作的结果，架构工作确实会让人精疲力竭；但是如果把这些交付物看作不同工作之间能够遵循的标准"接口"，推动工作的持续进行，那么这些文档就是必不可少的工具，是推动跨团队协同的利器。所以，ADM 交付物的核心价值是说明在企业架构开发过程中如何将设计从头脑中转化到"纸面"上，从而实现业务、产品、研发之间的高效协作。

4.3 通过参考模型建立中台的直观认知

如果用绘画来理解企业架构的设计，架构开发方法的作用在于说明绘画要先选择主题、材料，然后构图创作，最终交付一幅有主题、有层次、有细节的作品，而参考模型的价值在于说明要画的一座山应该是什么样的，要画的一棵树是如何构成的。换言之，架构开发方法说明过程框架结构，而参考模型说明其行业要素和内涵，即带有行业属性内容的长成什么样子。对于刚刚接触企业架构和设计的伙伴来说，参考模型就是临摹前人画作的过程，让我们胸有成竹，最终绘出那幅画。

4.3.1 多角度学习参考模型

无论是Ⅲ-RM、BPF，还是金融领域的银行业架构网络（Banking Industry Architecture Network，BIAN）参考模型，都是各个领域的业务专家与数字化专家基于行业的经验与理论抽象出来的模型，其目的在于让架构设计人员能够基于各自的架构愿景和企业现状，有选择地基于参考模型来设计自己的业务架构、产品架构、数据架构与技术架构，但是在具体场景中如何选择参考模型、如何应用参考模型是更为关键的工作。参考模型的初衷是提升架构设计的"底线"，通过一套相对通用的模型进行调整和优化，但是如果不能深入理解参考模型，那么大概率还是会失败的。

要学习参考模型，需要从不同的视角来理解模型背后的"为什么、是什么、怎么做"。

首先要理解参考模型的意图，每个参考模型都有各自的架构目标，比如TOGAF的Ⅲ-RM试图构建一个"无边界的信息流动"架构，让不同领域的数据能够有效地互通；BPF的关注点是电信企业的"运营与管理"，强调流程的作用；BIAN的目的则是"降低银行业务的复杂度"。所以没有所谓"通用"的参考模型，每个模型都有自己的意图和理念，离开意图看模型无异于盲人摸象，只能看到各种细节，但是把握不到整体的逻辑与思路。

其次要理解模型所适配的行业，尽管大多数参考模型都致力于更加通用化，但是通用化与针对性是天平的两端：一个过于通用的模型大概率会成为"有用的废品"，难以在具体的行业和场景中得到应用；而一个有明确行业特征的参考模型又很难在不同的行业之间参考和迁移。对于参考模型的使用者来说，并不是一定要选择自己所在行业的参考模型，完全可以借鉴"他山之石"，不过在应用的过程中要注意到行业差异带来的实体、流程等方面的不同，避免强行套用。

再次要理解模型适合的领域或者业务类型，比如Ⅲ-RM相对适合"门户类"产品，这里的"门户"并非我们熟悉的互联网资讯类网站，而是企业内部不同领域、不同产品的统一门户。在这里，不同系统的信息能够得到有效的整合、处理、分发，实现跨领域跨产品的协作。而BPF覆盖的业务类型相对多样，既有面向客户提供服务的前台产品，也有围绕资源管理、服务管理以及企业经营的中后台产品。

能够关注到以上的特性与差异点，在学习参考模型的时候就能带着问题进行学习，判断参考模型的哪个部分可以应用在自己企业的架构设计中，哪个部分只能参考其理念和逻辑，哪个部分是完全不适合的，从而最大程度地吸收参考模型的价值，应用在自己的工作中。

4.3.2 有选择地学习中台最佳实践

在行业中流传的各个标杆企业、各种中台的架构图、故事与传闻，或者叫"最佳实践"，也可以被当作一种参考，就像业界成熟的参考模型一样，在学习这些最佳实践的过程中同样需要带着问题多角度地进行学习。

以虚拟企业锦瑞食品为例，作为一家消费品企业，最理想的方式是找到一个业务特性相近的企业，学习其中台建设的成功经验。但是摆在锦瑞食品中台建设者面前的问题是：同行业的案例几乎没有；同行业企业的发展水平都比较相似，各家的数字化程度都不高；最容易找到的资料永远是那几个大型互联网企业或者其他行业头部企业的中台建设资料。那么，如何能够从中找出有价值又匹配自身的内容呢？

前一节提到的三个要点依然有效：首先，每个中台标杆案例都源自企业自身发展过程中所遇到的具体问题，无论这家企业做的是业务中台、数据中台、技术中台还是营销中台、供应链中台，最终都要围绕企业的问题来做，所以学习任何最佳实践的第一步，必然是了解这个中台的设计是服务于什么业务问题的，如果这个问题不清晰，那么方案越详细就越可能误导我们的判断；其次，每个中台最佳实践的背后必然有这个行业的特性在影响方案设计，电商行业的数字化程度高，导致其中台方案侧重高整合度，快消行业的数字化积累丰富，导致其数据中台的落地更加轻松，工程建设企业现场管理非常复杂，导致其中台建设偏重相对可控的中后台而非一线；再次，每个中台最佳实践也要考虑对应领域的特点，做自营品牌的电商系统就不适合平台电商的参考模型，做专业供应链解决方案提供商的供应链中台也必须选择性地学习自有供应链公司的建设经验。

归根结底，外部的成熟框架和案例都是帮助我们提升基础水平、确保架构设计"底线"的工具和支持，最终产出物的效果取决于我们自己对于外部框架、案例的认真学习和仔细选择，在此基础上结合企业的特性，以实现数字化中台的价值最大化。

第5章

基于中台能力成熟度做好框架裁剪

企业架构框架能够帮助数字化产品的建设者厘清思路,理解如何从零开始一步一步地建设数字化中台这类复杂的数字化产品,其关注的焦点是企业架构的开发和设计方法。那么,不同的企业、不同的产品研发团队是不是都可以遵循这一套框架来完成数字化中台的设计与落地?本章继续以虚拟企业锦瑞食品为例,回答这样四个问题:

- 不同的团队应该分别选择什么样的方式应用架构框架?
- 如何评估不同企业的中台能力成熟度?
- 如何让企业架构框架适配不同的业务与团队?
- 如何持续提升产品研发团队的中台建设能力?

5.1 理解中台能力成熟度

数字化中台建设有各种各样的挑战,无论是业务问题、组织问题、数字化问题,最大的挑战都是团队是否具备解决问题的能力,以及能否基于自身的能力选择最有效的工具和路径。企业架构对应的架构开发方法和众多参考模型是非常优秀的工具,在实践中大型团队、中小型团队必须基于自身的能力寻找那个最适合的使用方法,才能够真正起到正向的支撑作用。

5.1.1 裁剪是框架落地的关键

通过对各类框架的学习,了解企业架构框架的知识后,整个小组迅速从第一次汇报的挫折感中走了出来,甚至有人提出要尽快向CEO做第二次汇报,把学到的这套方法套在数字化中台产品上,毕竟之前汇报的内容都是产品方案和技术方案,没有从业务战略、架构愿景开始,讲到架构设计、解决方案乃至研发落地与治理。小组成员迫不及待要证明自身的能力。

但是顾问老张又给大家泼了冷水:"TOGAF 这类大型框架,你们真的能做到么?团队有多少人、能力水平怎么样大家心里都有数吧? TOGAF 交付物那么多,文档能画完、画正确,可能半年就过去了。"做产品的小彭有点儿不服气:"如果不能用,那学 TOGAF 做什么呢?难道只有上万人的公司才能用完整的 TOGAF?"老张也不生气,回答道:"上万人的公司也很少会用到完整的 TOGAF 框架和方法,事实上,大多数公司都是基于自身的能力成熟度和中台建设需求来裁剪企业架构框架,然后才应用这些框架的。"老沈这时候插进来一句:"你这一句话又冒出来三个新概念,我们跟不上啊。"老张说:"其实道理很简单——事儿是人做的,我们要搞清楚自己的能力能做什么、不能做什么,怎么做更加有效;老外有句话叫作 Walk in your shoes,字面意思是'用你的鞋子走路',翻译过来叫作'设身处地',在架构框架落地的场景下这句话特别形象。我们现在学的架构框架是别人的鞋子,真正落地的时候只有自己的鞋子才是最适合的。"

如果只是评价方法的完备性和有效性,TOGAF 这一类企业架构框架可以得到不错的分数——其包含了完整的架构开发方法、参考模型、架构内容框架、架构能力框架,覆盖了企业架构从概念到工具,从启动到治理的方方面面。但是企业架构不是一个学术行为,企业架构是通过企业架构框架这样的方法论来帮助企业建设数字化产品、重塑业务模式,最终实现客户价值与商业价值,对企业来说是一种投资行为。落地一个更加全面的框架就意味着需要更多的成本和资源投入,对于企业来说,数字化的投入是必要的,但不是无限的,归根结底都要评估投入产出,所以到底怎样使用企业架构框架,一方面能够充分利用框架提供的各种便利,另一方面又能避免付出不必要的成本,这是企业架构框架落地不可避免的一个课题。

在成本上的考量之外,还需要关注团队的能力水平。一套完整的企业架构框架落地,意味着项目组成员要学习一套全新的知识体系,要掌握一整套分析方法和工具,要消化吸收参考模型,要产出一系列文档交付物,对于团队能力成熟度较高的产品研发团队都尚且不易,对于大多数处于数字化转型初期的团队来说,这种学习门槛和交付要求更难。

此外,从业务的匹配上看,企业架构框架为了适配更多行业和业务场景,提供了多样化的工具，包括矩阵、图、表和分析方法，但是回到具体的业务场景中，绝大多数业务场景并不需要应用这么多工具来进行分析和描述，试图在架构设计过程中应用所有工具只会给自己带来更多工作量和困扰。

因此在企业架构框架落地的过程中，"裁剪"是一个必不可少的动作，裁剪也非常形象地描述了这个过程的目标与方法。裁剪不是一个简单删减的过程，而是一个类似服装裁剪的过程：首先是围绕特定的服装款式进行裁剪，无论裁掉多少，都要确保款式没有发生变化，一套西装裁剪之后还是西装而非T恤，对于企业架构框架，就是一套架构框架裁剪完毕之后还要保持这套框架的关键特性；其次裁剪要符合团队自身的特性，如同服装要匹配客户的体型一样，企业架构框架的裁剪要适配业务和团队能力成熟度；再次，裁剪要扬长避短，优秀的裁剪能够让服装凸显个人优势、弥补体型上的不足，在架构框架的裁剪上，好的裁剪能够让团队充分发挥自身优势，利用已有的资源，同时弥补团队在能力、资源和机制方面的不足，最大化团队的效能。

那么，如何有效地进行架构框架裁剪呢？以下几个方面是关键。

第一，深入理解架构框架：找到框架中的关键要素和特性，例如TOGAF为什么能够提供统一的标准、业务导向、可扩展性、开放性和全过程的管理，为什么BIAN架构框架能够为银行业的应用提供针对性的参考等等。只有满足这些特性、应用了这些特性，对架构的裁剪才没有远离架构框架的初始意图和设计逻辑。没有架构愿景，就称不上TOGAF，没有面向服务的理念，就不是BIAN。

第二，对自身有全面的评估：对当前的业务情况进行评估，如业务复杂度高低、业务分析和梳理过程中可能遇到的困难与问题，以及当前的团队在能力上有什么优势和不足等。

第三，对企业架构框架的要求：在保持框架核心特性与关键要素的前提下，思考我们希望实现怎样的裁剪目标，要强化哪些部分、要弱化什么要求、要确保怎样的产出等。

第四，实施框架裁剪：围绕裁剪的目标对架构框架的方法论、工具、交付物、参考模型等要素进行选择、调整、补充或者弃用，从而达成裁剪目标。

第五，固化裁剪结果：架构框架的裁剪是一项系统工程，裁剪后的架构框架依然是一整套方法论、工具、交付物和参考模型，如果不能对这些内容进行有效管理，裁剪的结果是无法真正用于工作的，所以需要将这些内容沉淀在流程、工具、知识库等形式中，才能有效利用。

第六，持续收集反馈迭代裁剪过程：在架构框架应用的过程中持续收集各方的反馈，并基于反馈更新裁剪目标，持续优化对架构框架的裁剪。

5.1.2 客观认识组织的能力成熟度

能力成熟度并不是一个新奇的词汇，能力成熟度模型（CMM）在软件工程领域已经有超过 30 年的历史。最初，能力成熟度模型的目的是帮助政府部门遴选软件外包服务商，确保政府项目能够保质保量落地。卡内基梅隆大学提出了最早的能力成熟度模型，初始版本是关于关键成功因素的一组清单，经过持续的实践和修订之后，能力成熟度模型成为评估组织过程成熟度并指导过程改进的一套指南。从最初的软件研发能力评估到其他主题，能力成熟度模型的应用范围远超软件研发本身，围绕数字化中台产品的开发同样可以借用能力成熟度模型。

数字化中台的能力成熟度模型有助于在数字化中台的建设和运营过程中评估哪些能力是具备的、哪些能力是缺失的，并基于这种评估来规划数字化中台的建设，帮助明确自己的团队需要承担哪些工作、有什么外部资源可以导入、有哪些工作可以外包、有什么系统需要采购等。

笔者基于学者迪奥戈·普罗恩萨（Diogo Proensa）和约瑟·博尔宾哈（José Borbinha）总结的企业架构能力成熟度模型，结合不同企业中台建设的实践，归纳得出表 5.1 所示的中台能力成熟度参考模型，总结出中台能力成熟度评估需要关注 3 个方面、11 组能力的成熟度水平。

表 5.1　中台能力成熟度参考模型

链接业务	沟通和通用语言 （Communication and Common Language）	a. 能够形成前中后台可以有效沟通的语言体系 b. 有规律的沟通机制和有效的沟通方式
	业务驱动方法 （Business-driven Approach）	a. 能够理解业务战略、业务场景 b. 能够抽象业务关键要素 c. 能够将业务关键要素与中台架构要素映射 d. 能够抽取业务中的数字化要素 e. 能够定义数字化要素对业务的驱动力
	承诺/投入 （Commitment）	a. 能够取得利益干系人的资源投入和承诺 b. 能够将相关业务专业人员引入架构开发过程中发挥作用

（续）

建设能力：设计与实现	开发方法论和工具支持（Development Methodology and Tool Support）	a. 具备业务建模的能力 b. 具备领域建模能力 c. 具备建设企业级解决方案的能力
	企业架构模型与交付物（EA Model and Artifact）	a. 能够找到与业务、目标架构匹配的参考模型 b. 能够以规范化形式输出建模产出物
	项目和模块管理（Project and Program Management）	能够管理跨领域的中台建设项目
	IT投资和采购战略（IT Investment and Acquisition Strategy）	a. 能够评估中台建设的人财物资源投入 b. 能够选择适当的手段获取所需的IT产品、服务（自研或采购） c. 能够匹配中台建设的时间节点和质量要求
	熟练工以及培养（Skilled Team, Training and Education）	a. 有对应以上职能的专业团队 b. 能够针对团队的情况招募相应的专业人士或者采购专业服务
运营管理	检验与评估（Assessment and Evaluation）	a. 能够对中台建设过程以及交付物质量进行评估 b. 能够对中台投产后的ROI进行评估 c. 能够对中台团队成员的能力进行评估
	企业架构治理（EA Governance）	a. 能够管理中台架构变动 b. 能够围绕中台的远期架构持续迭代
	组织文化（Organizational Culture）	a. 鼓励成果共享的文化 b. 提供社区共治的机制 c. 激励平台共建的策略

第一组链接业务是中台建设至关重要的一项能力，直接影响到中台建设的方向、中台设计的有效性和中台落地的可行性与最终效果。

- 沟通和通用语言：关注前台和中台能否有效传递关于业务、需求的相关信息，以及解决方案设计的相关理念、逻辑、计划，并在后续的交付、运营过程中有效沟通。如果这个维度的能力缺失，出现的典型问题就是数字化中台的设计无法切中业务中的关键点，后续的交付与运营也会出现业务与产品研发脱节的情况，这种脱节会导致企业的IT投入无法充分产出业务价值。
- 业务驱动方法：强调数字化中台的规划与设计都是围绕业务来进行的，从业务战略的拆解到产品解决方案的设计、交付，始终是围绕业务目标达成、业务能力提升来开展的,确保数字化中台的业务价值是明确的。这个维度的能力缺失会直接导致数字化中台建设缺少正确的方向,很容易陷入产品研发团队"自以为"的价值中,投入大量资源和时间、憧憬一个"完美"的结果,但是最终无法落实在业务场景中产生业务价值。与前一个维度相比,"脱节"影响的是业务价值产出,而缺少业务驱动会导致数字化中台缺失业务价值。

- 承诺/投入:关注两方面的承诺与投入,一种是来自相关方、管理层的投入与承诺,能够提供相应的时间、资源和预算,支持数字化中台的建设;另一种是来自业务方的承诺与投入,以补齐数字化团队在业务知识和业务洞察上的缺失,只有业务方的专家和骨干投入到数字化中台的建设中,才能共建一套符合业务特性、支撑业务发展的数字化中台产品,并且在后续的交付、运营环节得到持续的支持。

第二组建设能力是数字化团队的核心能力,也是众多数字化转型团队要面对的问题,现实中能够组织起一支庞大的产品研发团队、完全靠自身能力建设数字化中台的企业是少数,通过对建设能力的诊断,那些没有大型产品研发团队的企业也能够找到一条适合自己的数字化中台建设路径。

- 开发方法论和工具支持:就是本书大部分篇幅所讨论的内容,包括建模能力和解决方案的设计能力,各种公开资料非常多,难点在于如何把资料中的知识转化为团队的能力,最快捷有效的方式是招聘有相关经验的专家,其次是在实践中以用促学。如果缺少有效的方法论和工具支持,非常容易出现打着"中台"的旗号却做出"四不像中台"的情况,方法论和工具支持可以保证规划、设计和实现的品质"底线"。
- 企业架构模型与交付物:侧重模型的选择和"文档"的编写,是对架构工作产出结果的要求。
- 项目和模块管理:考量的核心是能够有效管理跨业务、跨领域的数字化中台项目,这对于过往经验局限于 CRM、WMS 等单一领域产品研发的团队来说是比较大的挑战,其复杂度的差异是指数级的。
- IT 投资和采购战略:该战略与数字化中台的解决方案设计、资源调配、研发模式和研发过程管理都有密切的关系,涉及哪些工作可以外包、哪些系统可以外采等关键问题,对中台团队的视野、规划、决策能力都有很高的要求,并且会极大影响中台的研发进展与质量。

- 熟练工以及培养：一方面考察团队当前的能力水平，另一方面考察团队的人才引进能力和人才培养能力，数字化中台需要能够理解业务、规划方案、管理过程、推进交付运营的专业人才。如果无法组建一支强有力的团队，再完美的计划也难以落地产生效果。

第三组运营管理能力是数字化产品价值最大化的关键，只有通过持续的运营才能确保数字化中台在业务发展中持续产生价值。

- 检验与评估：关注数字化中台产品和团队的价值度量，只有有效的度量才能推动数字化中台产品和团队的持续优化与迭代，无法度量的数字化产品不能真正迭代。这方面的能力在数字化中台立项的时候经常容易被忽略，而一旦缺少这方面的能力和相关设计，数字化中台的运营和迭代就很难开展，其价值也难以呈现。
- 企业架构治理：是对需求与架构变更的管理，确保中台的设计与实现能够与业务发展保持同频，避免架构的腐化和混乱。尽管每个数字化产品在设计的初期都是为了提升业务效率，但是随着业务的发展变化，缺少治理的数字化产品又大多演变成为业务发展的瓶颈，所以治理工作是能力成熟度非常重要的组成部分。
- 组织文化：本质上就是行为规范，让组织内的每个团队和个体都能够按照"中台"的理念进行工作。中台的核心是整合，所以中台的建设与运营过程中，相关的人和事都要符合"整合"所需要的行为，避免画地为牢，避免重复造轮子，避免自建标准规范，这样才能确保中台可以顺畅地构建出来，并且顺畅地运营。

5.1.3　中台能力成熟度的评估

理解了中台能力成熟度之后，关键动作就是通过中台能力成熟度的框架对团队进行有效的评估。事实上，只要理解了上面介绍的内容，大多数读者就能够客观地对自身所在的团队与业务进行有效评估，因为这些维度的含义与"及格线"都相对容易评估——链接业务的能力就看能否理解业务、有效沟通；建设能力就看是否掌握相应的技能、储备对应的人才；运营能力就看能否有效评估持续迭代、构建匹配的氛围。

但是在组织内部，能力成熟度的评估不是某个人就能完成的工作，这个评估必须成为组织的共识才能真正发挥其作用。只有业务认同当前"承诺"不足，才可能有更多的资源承诺；只有产研团队认同"能力"不足，才可能招聘优秀人才，提升团队能力；只有运营认同"标准"不清晰，才会认真思考评估标准和行为准则。所以能力成熟度不是单纯地做试题、写答案，而是形成组织共识的过程。

软件能力成熟度模型集成有一套完整的能力成熟度评估方法，即标准的 CMMI 过程改进评估方法（Standard CMMI Appraisal Method for Process Improvement，SCAMPI）。这套方法提供了 A、B、C 三类评估方式。

- Class A 类评估：是正式的标准过程，目的是获得评估等级，评估过程中须执行所有的评估步骤，包括组建正式评估小组，由授权的评估师领导评估组进行评估，通过文件审查和人员访谈产出评估报告等。

- Class B 类评估：更适合组织内部的评估，做好前期诊断以便改善过程，可以只收集部分信息，但必须包括通过访谈方式获得的信息，评估负责人可以是授权评估师，也可以是组织内部有经验的成员，不需要最终产生组织的成熟度级别。

- Class C 类评估：是一种非正式评估过程，组织快速浏览过程，不需要授权评估师给出组织成熟度级别。一般是针对特定少数项目或一个项目，或针对少数过程或一个过程在组织中执行的情况进行评估，目的是辅助组织的提升与发展。

站在中台建设的角度，Class B 所代表的评估方式更适合组织内部评估形成能力成熟度的共识，通过组建一个包含多种职能和角色的评估团队，在有经验的外部评估师或者内部专家的带领下，全面评估 3 类 11 组能力是否满足中台建设的要求，是最为经济可行的评估方法。在评估的过程中针对不同能力项，评估的依据也有不同。

- 过程有效：关注是否为对应能力构建了相应的流程与机制，这些机制要能够有效运行并稳定产出结果，覆盖的能力有沟通和通用语言、业务驱动方法、承诺/投入、项目和模块管理、IT 投资和采购战略、熟练工以及培养、检查与评估、企业架构治理、组织文化。

- 工具完善：关注对应工具的开发和使用，要能够通过工具完成相关工作并产出合格、稳定的结果或者交付物，覆盖的能力有开发方法论和工具支持、企业架构模型与交付物、项目和模块管理、IT 投资和采购战略、检查与评估、企业架构治理。

- 行为合格：主要评估个体和组织在指定的规范下是否能够执行对应的行为，覆盖的能力有组织文化。

- 资源具备：关注对应的资源是否足以支撑目标的达成，包括人力、财务等方面的资源，覆盖的能力有 IT 投资和采购战略、熟练工以及培养。

评估小组针对这些能力项评估对应的流程、工具、行为和资源，就可以基于统一的标准形成对组织中台能力成熟度的评估共识，并以此为基础推动架构框架的裁剪以及能力提升等一系列工作。

5.2 理解框架，做好裁剪

能力评估是框架裁剪的重要起点，同时也是一个艰难的起点，因为在进行能力评估之后会发现团队有太多的短板需要补齐，但是数字化中台的建设并不会等着团队用一两年时间提升能力后再开始，而是要在每个阶段做好当下最适合的选择和裁剪。

5.2.1 从架构框架的关键特性开始

为数不少的团队在完成能力成熟度评估之后都会陷入自我怀疑与反思，因为大家本以为做数字化中台只是一个稍微复杂的项目，实际上却发现了产品研发团队在很多能力上的问题，这种状态既是风险也是机会。从风险的角度看，可能会让团队陷入不必要的负面情绪，影响后续的工作；从机会的角度看，则能够促使团队更专注地思考如何裁剪企业架构框架，更好地补齐短板，提升能力。团队走向哪里取决于中台建设的领导者如何牵引方向。

企业架构框架的裁剪始于对架构框架的深入理解。以 TOGAF 为例，在使用 TOGAF 架构框架的初期就要去理解 TOGAF 因为哪些特性而与众不同，与其他的架构框架 Zachman、FEA 和 BIAN 有怎样的区别。只有理解了这些关键特性，才能够判断 TOGAF 是否适合所在的行业与企业，才能够判断经过自己裁剪的 TOGAF 是否还是 TOGAF 的本意。

与其他的架构框架相比，TOGAF 有以下几个关键特性。

- 全局统一：覆盖企业架构全过程，统一的术语、概念和内容框架，有助于企业内部标准和语言体系的建立。
- 面向业务：TOGAF 是围绕业务目标、业务战略设计架构的一种方法论，所有的解决方案服务于业务战略的实现。
- 全生命周期管理：从架构设计到演进，TOGAF 不仅从方法上覆盖了全过程，而且要求对全过程进行管理，确保整个过程是可控的，知识是可管理的。

- 可扩展性：TOGAF 支持其他框架的集成使用。
- 可定制性：能够根据企业的需求自定义架构。

所以 TOGAF 的关键在于其全局统一、面向业务、全生命周期管理，同时灵活支持企业定制和其他框架的集成。前面三个关键特性是 TOGAF 框架裁剪过程中需要重点关注的，而后两个特性是 TOGAF 为框架裁剪提供的便利。事实上，多数标杆企业对于 TOGAF 框架的引进和裁剪也采取了同样的策略，选择 TOGAF 就是看中了框架的可扩展性和可定制性，能够与企业内部已经沉淀的各种框架和工具有机结合，减少修改和替换的成本，同时通过 TOGAF 在企业内部形成一套全局统一的架构标准和语言体系，让企业架构能够围绕业务持续迭代和演进。

5.2.2 基于长短板做好取舍

从标杆企业回归自己的企业现状，裁剪的过程和原则也是相同的：一方面要保持架构框架自身的关键特性，另一方面要结合企业的实际来进行裁剪。标杆企业因为能力成熟度高而且内部沉淀了大量工具和框架，所以以 TOGAF 为主框架进行集成，那么，其他企业应该如何做好裁剪工作呢？最实用的原则就是围绕组织短板"取"，围绕业务特性"舍"。

正如前面提到的，架构框架的裁剪不是一个单纯的删减过程，而是裁剪过程，既有删减的部分，也有补充和调整的部分，那么就需要明确哪些要删减、哪些要补充和调整。通过表 5.2 可以看到裁剪原则背后的逻辑。

表 5.2 架构框架取舍原则

	业务关键特性	业务非关键特性
组织能力长板	使用现有工具和方法	裁剪框架相关要求
组织能力短板	通过框架增强组织能力	仅了解相关工具和方法

业务需求和组织能力是两个核心的考量因素。对于架构设计需要考虑的业务特性，如果现有能力足以支持，没有必要引入新的工具以免新工具带来复杂性，这时候可以围绕现有方法进行调整，使之能够与架构框架有效集成。对于现有能力无法支撑的部分，果断通过框架进行补齐。如果框架提供的方法和工具尚且不足以解决问题，就从外部"取"到更多的资源和工具，这是"取"的核心逻辑。架构设计中并不是非常重要的业务特性，则可以分情

况进行"舍"弃：如果是组织能力长板能够有效覆盖的，那么裁剪过程中可以果断删减，原有的组织能力也可以保障；如果恰巧也是组织能力的短板，可以根据团队当下的情况选择是跟进学习还是暂缓评估，看业务的发展和变化再考虑是否引入。

架构框架的裁剪本质上并不复杂，所有重要的工作都集中在前置的任务中，即对框架的深入理解，对组织进行全面、客观的评估。最终裁剪完毕之后会得到这样一组成果：

- 裁剪后的架构方法。
- 裁剪后的架构内容(交付物等)。
- 研发运维相关的工具。
- 与公司治理和其他框架之间的接口和约定，包含业务规划、企业架构、产品管理、项目管理、开发管理、运维管理等。

这些成果将帮助我们以更高的效能推动企业架构的开发过程。

5.3 基于反馈持续迭代能力

事实上，完成了裁剪工作之后就可以开展具体的规划设计工作了，但是围绕框架裁剪的工作和讨论尚未结束，因为每一次裁剪工作都要面对"还有些没做好，还有些不确定，还有些缺少工具和支持"等问题，这些问题会出现在中台建设的各个阶段。因此所谓的裁剪其实只是一次阶段性的体检和诊疗，对团队来说，更有效的是持续地固化成果、持续地优化能力。

5.3.1 固化裁剪结果和架构能力

企业架构框架的裁剪一方面对自身能力进行诊断，一方面通过架构框架的取舍给自己开出了"药方"，前景非常美好。但是有"药方"不意味着一定能够改善，关键在于这个"药方"能否真正推动改变的发生。

TOGAF 框架在这方面给出了非常具有可操作性的指引，覆盖了需求管理、交付物设计、知识库沉淀等方面，结合标杆企业的经验可以关注以下方面。

1. 知识的管理

无论是框架的裁剪还是具体的设计、交付、运营，在过程中都会沉淀大量关于企业架构的信息、知识、经验，如果缺少有意识的沉淀和管理，这些信息就只会存储在参与者的脑中，而无法形成企业、组织的能力。因此全过程中各种需求（包括架构需求和业务需求）都应当被完整记录，各种交付物应当被有效存档，各种承诺/约定/标准都应当被准确归档，各种模型和方法都应当有效分类存储，有效地管理这些知识是固化能力的基础。

2. 工具的构建

在知识的基础上，需要努力把方法、标准转化为相对固化、可复用的工具，确保对于架构框架、业务、产品、系统的知识和理解不只是存储在脑中，而是外化到工具，能够被不同背景、不同水平的人使用、分享，并持续优化，这种有生命力的知识是能力固化的重要工具。

3. 流程机制的建设

在工具层面之上是流程和机制的建设。从架构的规划设计、落地交付与运营、变更与迭代，所有这些工作以及对应的知识最终应当变成组织的新能力，这些能力的终极固化方式是变成未来的工作方式，固化在流程与机制中，实现"昨天的最好实践是今天的基础要求"，这样也就实现了组织能力的持续提升。

所有这些工作中，知识的管理是最为烦琐的工作，在数字化的背景下，最佳实践始终是把能力固化在工具和流程机制中，固化在数字化的产品之内，变成规则、模型、流程、界面、接口，这些是能力固化与提升的终极解法。

5.3.2 从反馈到认知持续迭代

架构框架的裁剪是一个重要节点，但是这个节点既不是开始也不是结束，因为裁剪的结束就是应用的开始，而应用的开始也是架构框架优化迭代的开始。

在企业架构从规划到落地的过程中，中台建设团队必然会收到各种关于框架、方法、工具等方面的反馈，对于小组来说，反馈和投诉正是能力成长的驱动力。如果发现认知有短板，就尝试挖掘和建设新的方法论；如果发现工具有短板，就通过采购、自研等方式优化工具；如果流程有短板，就推动流程的优化；如果机制有短板，就尝试构建机制；如果文化有短板，就要与管理者一同评估判断，找到问题根源，推动组织的变革和文化的落地。

这种迭代并不会自然发生，而是需要中台建设团队主动建设一套反馈、复盘、优化迭代的机制，按照周、月、季度的节奏或者项目进行的关键节点主动分析反馈、挖掘原因，并推动变化的发生。大家对一个问题的解决可能感知并不强烈，而问题的持续发现和解决可以让所有人感知到组织的能力是真真切切在发生正向变化的，每个参与者也会更主动地推动变化的发生。

锦瑞食品的中台建设团队基于架构框架裁剪的方法对 TOGAF 框架进行了深入分析，然后诊断了组织的中台能力成熟度，发现团队的能力和他们要做成的大事之间存在着不小的差距。顾问老张对略显沮丧的团队说："这个结果正常得不能再正常了，大家是否还记得当初从 CEO 办公室走出来时一脸茫然的样子？其实团队的能力和当时是一样的，现在我们只是在方法论上有了新的学习，团队的能力并没有发生根本变化。但现在是很好的起点，我们至少知道需要在哪里发力了。"于是，团队从低落的情绪中迅速走了出来，进入框架的裁剪流程。在裁剪过程中，他们欣喜地发现情况似乎也没有那么糟，尽管能力成熟度表现一般而且资源也相对拮据，但是之前公司学习的 BLM⊖、LTC 流程⊜，以及 CBM⊜、BPMN⊗ 和项目管理的机制都能够集成到 TOGAF 框架之中。团队又恢复到了之前兴奋的状态，只不过这次的兴奋更有底气，更有针对性。

⊖ BLM，Business Leadership Model，业务领先模型，源自 IBM，华为在 2009 年引入。
⊜ LTC，Lead To Cash，从线索到现金的流程管理。
⊜ CBM，Component Business Modeling，组件化业务模型，由 IBM 提出的建模方法。
⊗ BPMN，Business Process Model and Notation，业务流程建模标注，由 BPMI 开发。

第6章

围绕业务目标选择数字化中台战略

从完整的企业架构框架到基于能力成熟度裁剪的框架,数字化中台建设者要一步一步把中台建设的每个动作都做扎实、做到位,所有这些动作的起点就是回答数字化中台最关键的几个问题:

- 为什么要做数字化中台?数字化中台能够带来什么价值?
- 未来的业务、数字化重构的业务应该是什么样的?关键的差距在哪里?
- 我们最终"选择"怎样的中台战略?
- 这个中台战略是公司内所有人都想要的那个么?

6.1 拆解业务战略,整合中台战略大图

尽管很多数字化中台的起点可能是企业负责人的一句话或者一个想法,但这并不意味着成功的数字化中台可以单纯地基于一句话、一个想法就设计出来并且成功落地。相反,越是模糊的起点,越是需要清晰地分析和规划,对于数字化中台来说,清晰的愿景、目标,以及对于业务战略的分析和拆解才是真正有效的起点。

6.1.1 "五看三定"还原战略思考

对企业架构框架进行深入探讨和裁剪之后,团队对数字化中台怎么建设这件事情已经有了底气,不过,"纸上得来终觉浅",最终还是要看结果,所以数字化中台小组已经在准备第二次汇报了。第二次汇报不仅有CEO老陈参加,董事长老王也要参加,团队面临的挑战不仅是让CEO看到他们对于数字化中台有正确的理解,还要说服不懂数字化但是特别会算

账的老王，告诉他数字化中台是有价值的，以及价值有多少。

对于第二次汇报，老沈的预期是与老板们围绕数字化中台的价值和愿景达成共识，如果讲得顺利，就捎带着把整个建设过程讲一下；如果不顺利，就探索一下老板的预期以便调整。顾问老张的建议是第二次汇报关注中台与业务的关联，要尽可能用管理层熟悉的语言和逻辑来阐述，避免变成外部理念宣讲会，某些老板喜欢听新概念，但是老王这种有几十年经验的生意人更喜欢听业务相关的内容。于是，小组选择了之前公司组织学华为时引入的"五看三定"。一方面，"五看三定"的工具简单有效，另一方面，公司管理层熟悉"五看三定"的框架和术语，能够更加高效地沟通。

"五看三定"是常用于战略制定的工具，虽然 CEO 已经明确了要做数字化中台这个战略方向，但是为了深入理解战略，确保数字化中台的产出符合企业的业务和战略，"五看三定"也可以作为一个"理解"业务战略的工具，帮助还原企业战略的选择思考和相关事实。数字化团队未必能够真正参与到业务战略的制定过程中，但是产品负责人和研发负责人需要具备战略的理解能力，这样才能将数字化规划和业务方向有效结合。

参见图 6.1，所谓的"五看"关注要素与信息的收集和处理，确保战略的思考是全面的；"三定"关注业务的决策，确保决策是有效的、清晰的、可度量的。

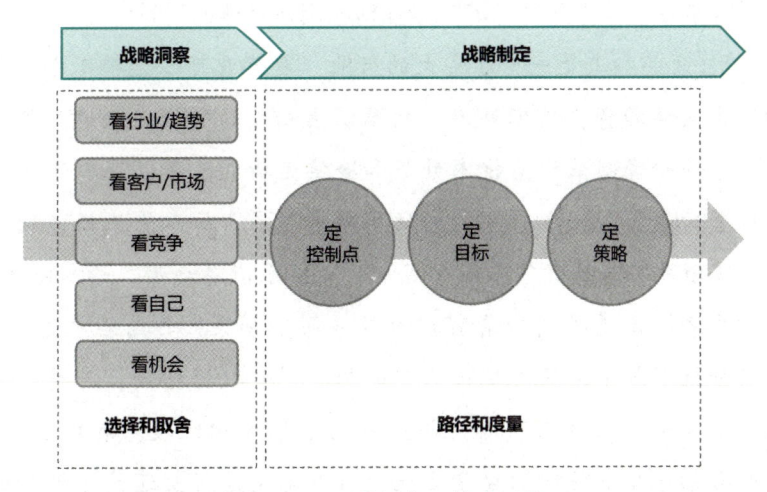

图 6.1 "五看三定"战略工具

- 看行业/趋势：对行业的现状以及未来发展趋势有清晰的认识。
- 看客户/市场：看市场规模、发展趋势、市场需求、客户痛点。
- 看竞争：对竞争对手进行分析，包括直接竞争对手和间接竞争对手。
- 看自己：对自身的商业模式、经营状况、内部运营能力进行分析，清晰定位自身的优势与劣势。
- 看机会：围绕外部竞争和自身优劣势寻找机会点。
- 定控制点：战略控制点是一种竞争优势，这种竞争优势很难轻易形成，对手也很难轻易赶上。有了战略控制点，企业就有可能长久、持续盈利。战略控制点就如同战场上争夺的高地，有了控制点就能够抵抗风险，取得竞争中的优势。
- 定目标：制定可量化的目标，围绕业务特点、关键因素设定目标、拆解指标，以及确定目标达成的时间节点。
- 定策略：制定具体的方案和阶段里程碑、实施策略，包括技术与平台战略、质量策略、成本策略、交付策略等。落实在数字化中台上就是具体的设计方案、落地节奏和运营策略。

"五看三定"的逻辑和内容非常清晰，核心在于如何通过这样的工具获得关于业务、战略的洞察，其中涉及如何把"五看三定"的每一步做到位。对于"锦瑞食品"这个具体的行业和案例，可以体会一下"五看三定"是如何应用在具体的场景中的。

看行业/趋势：食品加工是一个非常大的行业，看行业可以选择三个视角。最底层关注食品行业的技术发展趋势，我们可以看到预制菜相关的领域在快速发展，原来受限于加工技术、物流条件的预制菜随着技术升级和冷链运输的发展，可以覆盖到更多的消费场景；中层看经营的趋势，由于行业内的玩家越来越多，核心能力的差别又不大，导致行业内部竞争愈发激烈，普通玩家只能比成本；上层看消费趋势，原本以 ToB 客户为主，随着冷链运输的发展，有更多消费者可以直接购买预制菜，作为在家烹饪的一种选项。对行业和趋势的分析不是单纯从外部报告里面摘抄一些数据结论，而是找到影响行业发展的长期因素说明未来的机会与风险。与其他几个维度相比较，看行业/趋势相对更容易，因为长期趋势都是非常关键的要素变化，所以无论是行业还是学术领域都能找到可信度比较高的分析与判断。

看客户/市场：对客户/市场的研究分析很容易流于形式，不过，产品经理在这个环节有

更多优势，因为市场和客户背后的关键都是需求，需要了解市场和客户背后的需求特征与场景分布。锦瑞食品原有的客户主要是面包房、餐厅、酒店这种企业客户，需求的品类、频次和交付方式都相对稳定，品类更新也有特定的周期，这是 ToB 业务的需求特点；公司新近投入的预制菜领域则要面对两个不同的客户群体，一类是餐厅、外卖店这类企业客户，另一类是消费者，餐饮选择预制菜主要是考虑综合成本，外卖店希望预制菜可以扩展品类、提升单均价，而消费者对于预制菜的选择还没有形成稳定的习惯，有些用在早餐场景是为了省事省时省心，有些是为了减少做大鱼大肉这种"大菜"的时间，有些则是为了体验新的口味和菜式，所以消费者的需求相对分散。

看竞争：围绕市场和客户的需求，市场上的竞争对手有很多，锦瑞食品原有的本地餐饮企业客户相对稳定，主要竞争对手也都在本地，需要关注竞争对手在品类、价格和渠道方面有没有重大的变化；而预制菜业务的竞争对手需要放眼全国，某些细分品类上已经有了龙头企业，锦瑞食品需要判断自己是否要进入这些细分品类，以及哪些竞争对手可能与自己竞争相同的品类。

看自己：对自己的分析是最简单也是最难的，简单的地方在于自己的信息相对充分、透明，难点在于如何客观地对自身进行评估。一种评估的倾向是低估自己能力，这种倾向通常出现在公司的中层管理者身上，因为看到公司日常经营出现的各种问题，所以容易在评估过程中放大企业的劣势，忽视自身的优势；一部分公司的高层管理者则是由于远离一线，对实际场景中的问题了解不多，反而容易低估风险、高估自身。对于自己的分析最终会落在优势和劣势上，就像锦瑞食品的优势在于高管战略意识领先，很早就做了数字化建设和新产品孵化，在数字化过程中公司内部的标准化水平、专业化水平和综合效能远高于同类企业；但是由于公司做了大量超前的投资，导致利润情况不理想，在日常经营中非常关注利润和现金流，因此在营销费用上的投入属于行业内同等规模企业中垫底的水平。

看机会：所谓的看机会不是单纯收集信息，而是综合上面四个维度的信息来判断哪些地方存在中长期的业务机会，而且是"自己能够把握住"的业务机会。从锦瑞食品的情况来看，这个机会就在于公司偏重的西餐、预制菜、面向直接消费者这几个要素的集合，通过自身成熟的流程和数字化系统能够快速对外部需求进行响应，追着市场热点跟进生产。在预制菜快速发展的这段时间只要能够跟住风口打出几个爆款产品，后续就有可能成长为特定品类的龙头。因此业务上的机会点在于"特定品类""面向消费者的快速响应和爆款跟随""爆款打造"。

有了对于业务机会的定义，下一步就是基于三定的框架来设计如何实现对应的目标，也就是围绕机会点生成策略。

定控制点：所谓的控制点就是关键能力与关键资源，并在其上持续积累。锦瑞食品围绕自己定义的业务机会点，需要关注三个关键要素：新品研发能力、面向消费者的渠道建设、对市场变化的响应能力。其中新品研发能力要落实在业务知识的积累、人才培养和相关生产能力的建设上；面向消费者的渠道建设涉及拓展与运营，并在渠道上持续积累客户资源；对市场变化的响应能力需要构建数据的收集和分析能力，落实在响应的产品上，同时打造内部协同机制与迭代机制，确保这种响应能力可以持续提升。

定目标：从控制点的选择到目标的设定，对管理者的能力要求非常高，考察的是管理者能不能选择一个正确的目标和恰当的指标，好的目标能够反映出制定者的目的，好的指标能够引领执行者正确地执行。锦瑞食品关注的三个关键要素落实在业务上，可以体现为新品研发的综合响应时间（按照品类区分）、各个渠道累积的潜在客户和成交客户数量、新品占比和货品动销情况（综合考虑新品和日常销售的货品），并基于业务发展的情况确定具体数值。新品研发能力涉及非常多的因素，包括品类的差异、过往的积累、相关的测试验证以及工艺的变化，但是必须有指标能够对能力的发展进行评估，所以从提出需求到可以投产的综合响应时间相对适合用于考察变化；渠道的建设也是类似的逻辑，渠道的数量、质量，以及渠道自身都在持续变化，评估差异巨大的多个渠道也是比较困难的，那么，一方面要考察蓄客能力，一方面要考察转化能力，从而相对全面地评估渠道建设水平；对市场的响应是一个比较抽象的定义，那么就更要落实在一个或者多个具体指标上，时间可能并不是关键的要素，爆款数量又相对难以控制，那么控制新品的占比推动新品研发，同时监控整体的动销情况就相对平衡了各方面的影响。

定策略：这是一项非常具体的工作，就是围绕目标来设计整体方案，包括爆款业务策略、产品策略、技术方案，甚至会影响到组织架构的设计。数字化产品的研发团队需要在其中找到自己的发力点，找到数字化中台背后的那个"为什么"。从锦瑞食品遇到的问题看，数字化产品应当服务于研发响应能力、市场响应能力和渠道管理能力。对这三种能力进行简单的分拆，可以看到新品研发一部分是预制菜产品[一]的定义能力，一部分是预制菜产品的研发能力，研发能力是现有的，定义能力需要打通前台业务，实现更好的信息分享与流程整合；渠道能力包含渠道的拓展开发、持续运营和经营，是一个非常完整的业务领域，需要基于之前打造的数字化产品进行迭代和整合，推动效能的进一步提升；市场响应能力主要落在相关数据的收集、处理、分析上，要求业务运营团队能够和（预制菜）产品研发团队有效协同，提升整体的响应速度和销售业绩。可以看到其中一部分涉及能力的建设，一部分涉及能力的整合，而整合的范围也有差异，渠道管理只是领域内部的能力整合，而研发响应能力和市场响应能力都需要跨领域整合才能有效地发挥作用，那么锦瑞食品需要怎样的数字化中台，答案也呼之欲出了——整合渠道能力，打造领域型渠道中台，整合研发和经营能力，打造企业级运营中台。

6.1.2 整合两种视角，呈现中台战略大图

通过"五看三定"能够跳出单纯的数字化产品研发视角，使用业务决策者的思维和语言来理解建设数字化中台的必要性，对于数字化产品的产品与研发人员来说是巨大的进步，同时我们也要理解，这个巨大的进步在业务决策层看来，是指产品研发团队具备了和他们进行对话的能力，并非提供了自身独有的价值。产品研发人员的独特价值来自两个方面：一是构建体系化的解决方案能力；另一种是对具体场景、具体问题和背后对应的需求深入洞察的能力。在构建中台战略大图的时候，第二种价值可以发挥出超常的效果。整合自顶向下视角与自底向上视角形成中台战略大图，是数字化产品人员撬动高层资源的有效工具。

大多数高层管理者长期做经营管理相关的工作，距离一线比较远，所以在向管理者汇报的过程中，一方面要有全局视角和业务视角，另一方面要尽力提供他们所未曾见到的"事实"，这些有助于佐证我们的业务思考与判断，完善中台战略大图。如果你对CEO说需要做数据治理，他会不厌其烦地问你有什么数据和逻辑证明数据治理的必要性；但是如果你对CEO说具体场景，比如同一个"销量"在公司几个部门有6种数据口径，经营分析每周需要3个人用一整天时间等，他马上就能理解数据治理的必要性。

[一] 这部分提到的产品主要指锦瑞食品的各类食品，而非数字化产品，需要读者注意。

这些事实主要是业务导向的具体问题、故事与场景，包括以下内容。
- 业务能力：能力缺失造成的损失。
- 业务协同：缺少互通带来的阻碍。
- 业务运营：缺乏运营导致的低效。
- 经营管理：缺少管理引发的混乱。
- 保障机制：资源保障和制度缺失的问题。
- 组织架构：岗位设置和组织架构的问题。

从这些问题中选择最为典型的案例融入对业务的思考，数字化中台的战略就不会是单薄的逻辑推导和数据验证，而是一个可以真正打动人心的图景和故事。大多数人能被逻辑说服，而不能被逻辑打动；大多数人只能被图景和故事打动，但是不会被这些说服。将两种思维整合在一起，"理性思维、感性表达"才能全面影响并引导管理者的决策。这些场景的选择也不能仅仅是日常琐事，本质上必须指向业务战略，能够让人清晰地从业务场景联想到业务战略，比如渠道拓展能力的缺失（问题）导致在需要快速扩张的时候没有充分的资源支持（场景），要能够与战略上的市场占有率增长（战略）有明确的连接；抑或缺少供应链运营（问题）导致时效与确定性不足（场景），这个场景也要和弹性供应链发展（战略）有明确的连接。

所以在锦瑞食品讲述这个故事的时候，叙述的过程可以是：锦瑞食品的成熟业务目前运营稳定，但是区域内也出现了新的玩家试图打入我们原有客群中，尽管我们有长期合作的基础，但是对方为了获取新客户也提供了非常有吸引力的条件，很可能从小的品类切入，逐步蚕食我们的份额；并辅以具体案例说明某几个优质客户已经在考虑试用竞争对手的产品，对老客户来说，提供多样化的产品、保持相对的价格优势是维护基本盘必不可少的工作，现有的经营体系下各种成本已经分摊得差不多到极限了，除非新业务能快速增长，否则老业务的产能利用会非常有限，效能提升的空间也不大。新业务目前发展速度很快，但是要面对来自全国的挑战，前期聚焦西餐预制菜品的策略是有效的，但是最近市场上也有同类的产品出现，新品刚刚打出声势可能就要进入价格战了。我们的预制菜研发能力并不算强，但是我们现有的供应链能力是比竞争对手要好的，所以中长期最适合的打法是紧跟新品，快速铺货，以快取胜，以量取胜，我们某一款新品A就是跟进了最近的流行趋势迅速成为爆款的。但是新品A从立项到上架有几个偶然性，以此引发决策层兴趣之后，铺开来讲述从渠道反馈到产品研发的延迟、从产品研发到生产之间的过程阻碍等，最后落实在数字化中台所提供的能力。这种能够串联起完整逻辑和鲜活场景的方式，能让相关人感知到数字化中台的必要性，同时期待锦瑞食品能够成为全国领先的"快口味"食品供应商。

6.2 澄清业务架构，定位关键差距

通过讲故事把决策层和数字化产品连接到一起就已经成功了一大半，但是在画产品架构图和原型图之前还有一个至关重要的环节，就是澄清业务架构。数字化中台或者说绝大多数数字化产品并不直接创造业务价值，而是整合输出业务能力、数字化能力，这些能力在具体的场景中被使用，才会创造业务价值。清晰描述业务架构，即业务的运行方式，是中台产品设计的重要前提。清晰的业务架构能够帮助数字化中台产品的设计者找到产品价值发挥作用的关键点和成功路径，也能够让业务和产品站在同一个视角上进行沟通与协作。

6.2.1 基于架构框架呈现业务全景

数字化中台的价值最终体现在业务场景中，所以在设计产品架构之前必须清楚这些产品在怎样的业务环境中运行。业务架构是全景式的，要求不同领域、不同背景，甚至零基础的人也能理解：前台人员看到业务架构能够理解中台的职能，中台人员看到业务架构能够理解前台的流程。所以业务架构的设计过程不是单纯的自顶向下逐层设计，而是把不同视角拼成一张全景图。

但是视角差异又容易让这个全景图拼得四不像，所以业务架构设计过程中需要一组"经纬线"，让不同领域、不同背景的人能够在同一个坐标下绘制业务。这个坐标体系至少要覆盖三个关键的方面。

- 人：角色、驱动力。
- 事：产品/业务、流程、职能、事件、位置。
- 管理：机制、约定、度量。

数字化中台就是要为特定的角色提供能力，在管理制度的约束下，落实在具体的流程、职能和事件中，实现具体的客户价值和商业价值。

与 TOGAF 框架惯用的以目录、矩阵、图作为梳理和交付的方式相比，源自 IBM 的组件化业务模型（CBM）更便于操作。第 4 章提到过，每一种模型背后都有其理念和应用，CBM 的核心理念就是通过各个模块的专业化降低整体业务的复杂度。从模型本身来讲，其最大的优势在于能够在一张图上呈现业务的全局，引领后续的分析，如图 6.2 所示。

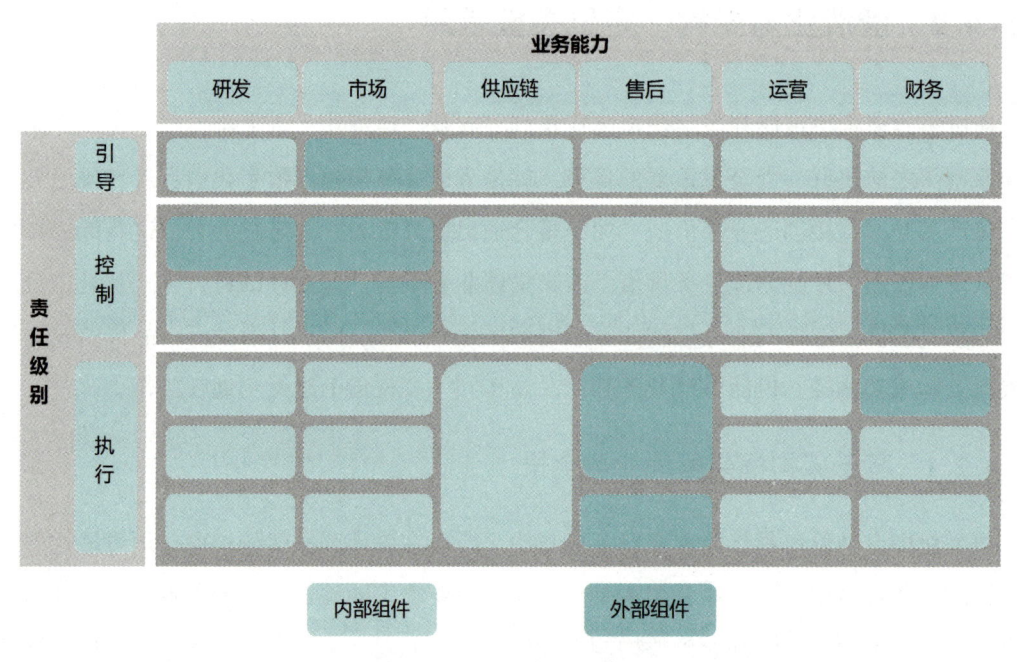

图 6.2 CBM 的概念示意图

CBM 通过对企业的业务进行组件化建模，形成企业的业务架构大图，在一张图上直观显现出企业的业务全景。横向坐标是业务能力，把企业价值创造过程中的不同贡献进行划分，分解到各个维度上，确保客户价值与商业价值创造的相关工作都被覆盖到。纵向坐标是责任级别，角色的责任级别分为战略/引导层、管理/控制层、业务/执行层。战略/引导层主要关注战略、方向、策略和跨组件的协同；管理/控制层负责控制进展、管理风险、指导执行层面的工作；业务/执行层负责具体的业务行动来实现业务功能，创造直接的价值。

CBM 通过横向业务能力和纵向责任级别对企业的所有业务进行矩阵式定义，并且给出了参考原则，在具体的企业中需要根据企业自己的业务流程和特点对业务能力维度进行划分，在划分的时候需要特别注意：业务能力的划分与业务流程有关联，但是并不需要完全对应业务流程；业务能力的划分重点是创造价值过程中各个部分所贡献的价值差异，特别是专业视角上的"采购、设计、制造、销售、管理"等都是业务能力，各自提供了企业内部具体的价值；另外，业务能力的划分和组织架构有关联，但也不需要完全对应组织架构，因为组织架构的划分有职能、产品线、矩阵、平台等多种方式，但是 CBM 的核心关注点是业务能力本身，更是有意地避免现有组织方式对未来业务架构的影响，所以在做业务能力划分的时候，要回归能力与专业本身来进行划分。

纵向责任级别的划分原则，可以通过以下两个标准来综合评定：如果这项工作的产出是某种规划或者机制，影响范围在公司、业务或整个职能层面，就属于战略/引导层；如果这项工作的产出与管理、控制相关，例如审批、评价、规则、标准等，都属于管理/控制层；如果这项工作的产出是交付特定的产品、服务，无论是内部的还是外部的，那么这个工作都属于业务/执行层。

CBM 用所谓的业务组件描述业务，能够概括描述企业整体业务及业务间的相互关系，另外避免流程方式的复杂性。CBM 用业务组件规避了原有业务流程中的组织架构、业务系统等现有基础设施的限制，让业务的全景更加清晰，便于摆脱历史包袱，设计面向未来的业务架构、业务大图。这些新业务系统的建设会拆解为一个个新的业务能力单元的建设，从建设初期就避免形成孤立的业务系统，实现由业务能力单元按需灵活组装成业务应用，避免模糊的系统边界和烟囱林立的状态。

在锦瑞食品，通过 CBM 描述业务架构可以清晰地看到当前业务在各自业务领域内部实现了专业化，并沉淀了相应的数字化产品，但是并没有哪个模块承担了整合与协同的工作，这种"整合"能力就是业务"割裂感"的来源，也就是为什么在面对多变的外部竞争环境时会出现各种反应的延迟、协同的滞缓。在实际操作中，为了清晰呈现新老产品线之间的能力差异，团队没有完全照搬 CBM 的标准画法，而是通过拆分总部和产品线的业务能力，尽可能将现状清晰地梳理与呈现。梳理出来的现状也是架构设计的一个重要基础——"基线"架构。图 6.3 所示为锦瑞食品的 CBM 业务架构图(基线)。

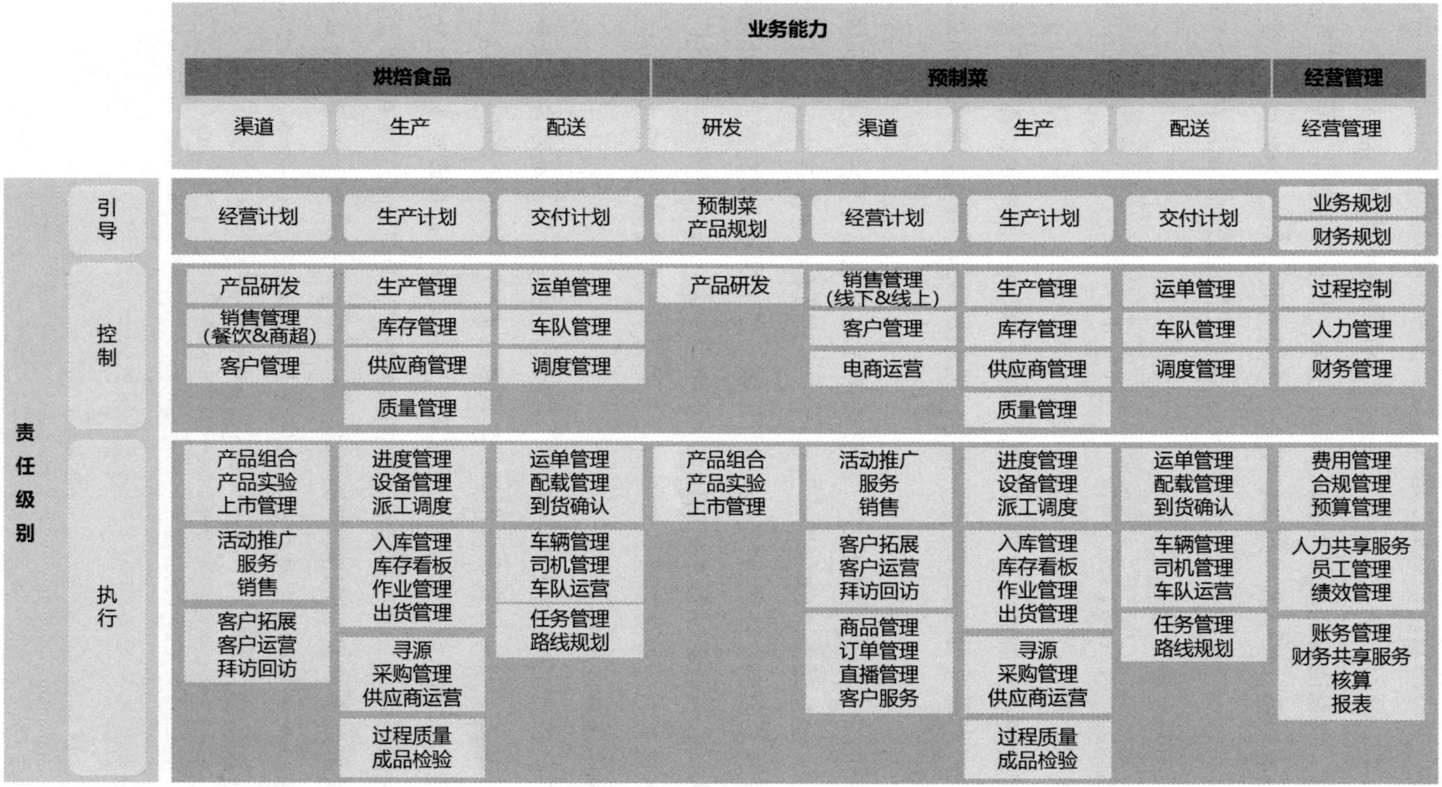

责任级别	烘焙食品			预制菜				经营管理
	渠道	生产	配送	渠道	研发	生产	配送	经营管理
引导	经营计划	生产计划	交付计划	经营计划	预制菜产品规划	生产计划	交付计划	业务规划 / 财务规划
控制	产品研发 / 销售管理（餐饮&商超）/ 客户管理	生产管理 / 库存管理 / 供应商管理 / 质量管理	运单管理 / 车队管理 / 调度管理	销售管理（线下&线上）/ 客户管理 / 电商运营	产品研发	生产管理 / 库存管理 / 供应商管理 / 质量管理	运单管理 / 车队管理 / 调度管理	过程控制 / 人力管理 / 财务管理
执行	产品组合 产品实验 上市管理 / 活动推广 服务销售 / 客户拓展 客户运营 拜访回访	进度管理 设备管理 派工调度 / 入库管理 库存看板 作业管理 出货运营 / 寻源 采购管理 供应商运营 / 过程质量 成品检验	运单管理 配载管理 到货确认 / 车辆管理 司机管理 车队运营 / 任务管理 路线规划	活动推广 服务销售 / 客户拓展 客户运营 拜访回访 / 商品管理 订单管理 直播运营 客户服务	产品组合 产品实验 上市管理	进度管理 设备管理 派工调度 / 入库管理 库存看板 作业管理 出货运营 / 寻源 采购管理 供应商运营 / 过程质量 成品检验	运单管理 配载管理 到货确认 / 车辆管理 司机管理 车队运营 / 任务管理 路线规划	费用管理 合规管理 预算管理 / 人力共享服务 员工管理 绩效管理 / 账务管理 财务共享服务 核算 报表

业务能力

图6.3　锦瑞食品的CBM业务架构图（基线）

6.2.2　全面分析现状，定位关键差距

梳理当前业务可以让我们知道从哪里出发，更重要的是知道如何创造未来，这个环节还是围绕 CBM 的框架来操作，只是业务组件的作用从描述现状变为展望未来。如果要成为一家全国领先的"快口味"食品服务商，企业创造的价值并没有本质的变化，但是创造价值的方式和能力的强弱组合就会有明显的不同。从"五看三定"的思考结果出发，我们依然需要渠道管理能力、经营能力、产品研发能力，但是对于业务组件的要求出现了明显的差异。

以渠道管理为例，现有的渠道管理就是销售渠道管理和烘焙产品的研发，由预制菜业务团队拓展售卖渠道，业务发展初期主要是拓展本地的线下精品超市，目的是验证预制菜这个品类是否适合中高收入的用户群体，随后从线下拓展到线上，确定几个头部主播，配合整体的销售节奏进行渠道铺货；未来渠道管理的重点依然是渠道拓展，但是要从单纯的拓展变成渠道整体运营，并整合新老业务渠道实现渠道能力与资源的复用，激发原有渠道客户的意愿和合作动力，从整体上提升渠道的表现。在渠道之外，经营分析需要发挥更大的分析、整合、推动改进的作用，一方面为产品研发、经营提供完整、高效的数据支持，一方面将优秀的洞察和经验落实在业务中，推动"快口味"愿景的达成。伴随着业务模式的变化，部分职能的组织方式也会发生调整，例如，原来隶属于烘焙食品渠道中心的食品研发团队要独立出来，成为烘焙业务下独立的食品研发团队；烘焙食品业务的渠道团队与预制菜的团队整合到总部，从组织上重组为渠道中台。图 6.4 所示为锦瑞食品的 CBM 业务架构图（目标）。

围绕"目标业务架构"，我们很容易发现某些业务组件存在明显的差距，这些组件就是CBM 框架中所谓的"热"组件。当然，这里的"热"不是单纯从差距的大小来进行评估的，热组件通常要满足以下基本要求：这个组件对于企业相对重要，能够促进企业形成竞争优势或者差异化；这个组件对于企业的商业化能力有重要影响，能够帮助企业持续获得营业收入和利润；这个组件对于降低成本或者优化成本与资产结构有重大的影响。识别出这些热组件，也就确定了数字化产品建设在各个能力、各个业务组件中的落脚点。

此外，还要通过差距分析矩阵，全面列出在产品和系统层面需要完成的工作，具体的梳理方式是以目标架构（横坐标）作为基准对照原有的业务和系统，盘点是否匹配、需要做哪些增减和改动，并将具体的差距记录在矩阵对应的交点上，如表 6.1 所示。

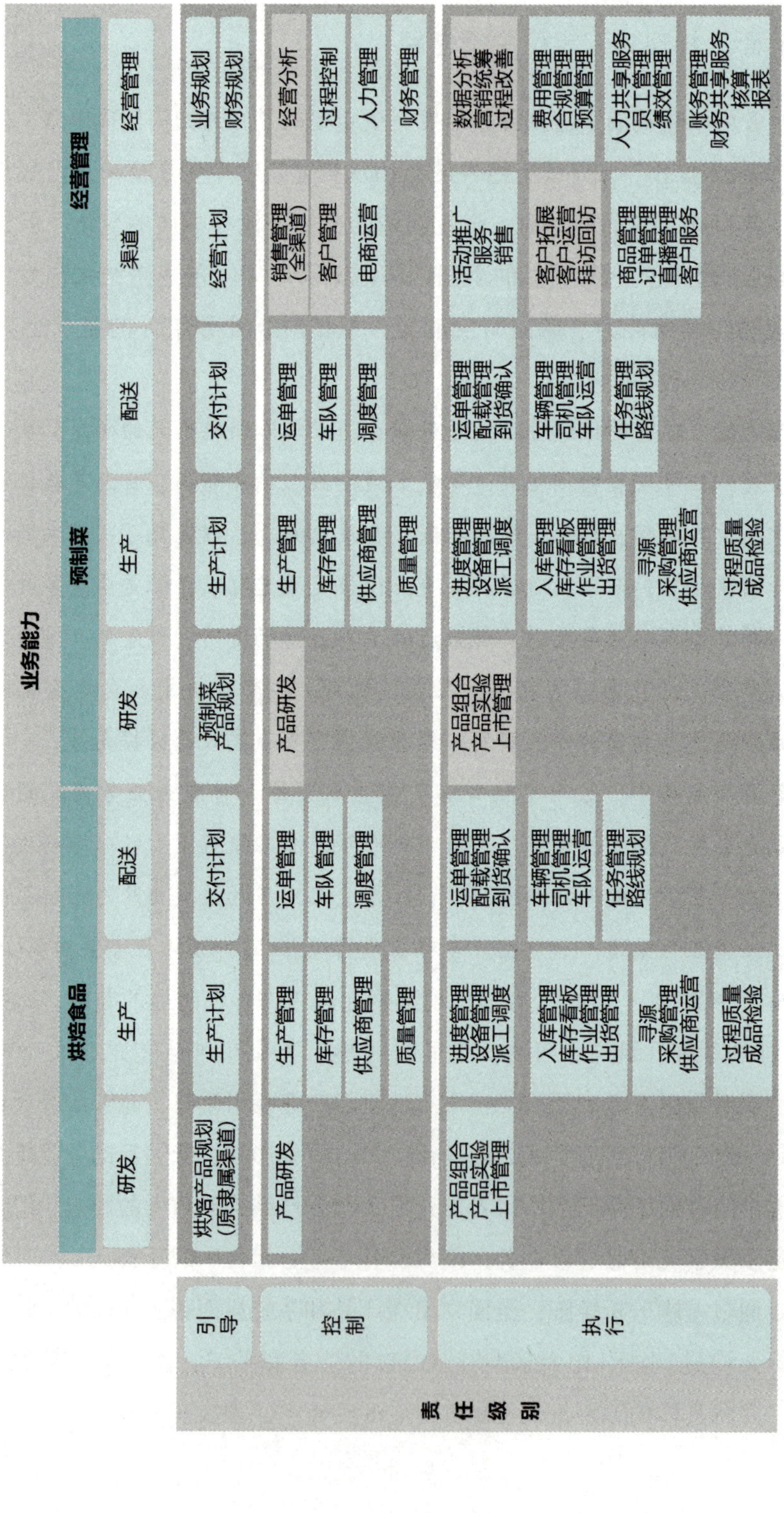

图6.4 锦瑞食品的CBM业务架构图（目标）

表 6.1 差距分析矩阵

基线架构＼目标架构	研发	生产	配送	渠道	经营管理	关停↓
研发	差距：从 ERP 拆分独立的产品研发相关模块					
生产		基本匹配				
配送			基本匹配			
渠道				差距：整合原有两个业务的流程和规则为渠道中台 强化客户拜访与回访的管理与支持		
经营管理					包含原有能力	
新增	对接渠道中台	对接渠道中台 对接经营中台	对接渠道中台 对接经营中台	增加全渠道管理 增加渠道客户全生命周期管理	数据大屏和报表分析工具 过程改善管理系统	

通过差距分析矩阵，可以定位到从当下的基线到目标需要增加哪些能力、调整哪些能力、删减哪些能力，并围绕这些差距评估各自的重要性和紧迫程度，从而指引后续数字化中台的建设路径。

6.3 聚焦战略机会，选择中台建设路径

看到了差距，也就看到了产品机会和需求列表。对于数字化中台团队来说，处理和实现业务上的上百个需求可能并不是最困难的部分，如何在正确的节奏下优雅地完成需求才是数字化团队追求的目标。所谓的正确和优雅意味着这些需求在恰到好处的时间点上被交付出来，给业务带来了最大化的价值。说起来轻松，但是在现实中，无论是业务、产品，还是人与人的沟通和协同，都是数字化团队要面对的挑战。

6.3.1 根据战略与现状选择中台建设路径

经过一系列分析，特别是差距分析矩阵出来之后，做产品研发的同事瞬间就清醒了，发现自己的需求列表上又多出来100多个需求。但是和之前的被动接需求不一样，这次大家能量十足，特别希望马上开始做产品设计和需求开发。这次没有等到老张说话，老沈就把大家拦了下来："这么多事儿要做，得做多久？老板能给我们这么长时间么？"老张听了很开心，于是又补了一句："我们半年之内要交付什么出来？一年之内要做到什么状态？两年之后老板可以看到一个什么样的数字化中台？"

这几个问题虽然问的不是具体的项目计划，但是每个人都知道这背后其实就是数字化中台的路线图。按照 TOGAF ADM 的要求，架构路线图是伴随业务架构、产品架构、数据架构和技术架构设计迭代生成的，但是在向管理层汇报的过程中又不能缺少整体路线图的设计，因为如果没有整体节奏的设计，管理层也无法准确判断数字化中台所能产生的价值。

面对复杂的业务和有限的时间，生成完整的数字化中台架构路线图是不大可能完成的任务，但是至少要明确中台建设的几个关键节点分别是什么。节点设定的基础是不同模块之间的依赖关系：如果先做渠道中台，需要依赖哪些工作的完成，如果先做经营中台，需要哪些前置的工作或者资源；之后是最为关键的，对业务发展的预测，以及基于业务发展节奏制定的数字化中台落地节点，明确在不同的时间点分别要为业务带来怎样的价值。

对于锦瑞食品来说，由于数字化团队的人员规模和专业能力都不能支持数字化中台的全部工作，所以在数字化中台的建设过程还需要考虑哪些部分从外部采购、哪些部分涉及外包、哪些部分自主研发。经过小组内产品、研发负责人的讨论，首先把数字化中台的产品分为几个部分，用于评估采用哪种获取方式：渠道中台可以基于现有 CRM 扩展，由供应商定制开发；经营中台的核心部分是多个业务系统的数据整合，所以产品底座可以采购外部成熟的数据中台产品，由自己的开发人员与外部供应商一起对接；经营中台涉及一部分预制菜产品研发相关的模块，业务逻辑比较特殊，但是开发难度不大，由自己的研发团队进行开发。

由于涉及产品的采购、部署、开发等工作，考虑到资源安排和业务节奏，数字化中台小组决定分为 3 个节点来完成数字化中台的整体建设。

第一个节点：数据中台产品选型与采购完毕，对接 ERP 系统和 MES 系统，实现订单数据与生产系统的数据对接，通过数据大屏和报表工具支持业务开展。

第二个节点：渠道中台整体完成，对渠道的全生命周期进行管理，并在数据中台产品中打通，实现渠道运营情况的全链路可视化。

第三个节点：包含渠道中台、经营中台的全部功能，能够实现渠道反馈的快速响应、预制菜全链路的数据采集和经营管理，原 ERP 系统中与产品管理相关的模块独立为产品管理，并与 MES 系统连通，实现渠道、产品和生产的有效串联。

对于数字化中台团队来说，这三个节点确保了不同模块的依赖关系，更重要的是每个节点都围绕业务发展的节奏交付了明确的业务价值。第一个节点虽然只是外部产品采购和对接，但是通过引入外部成熟的数据中台产品和对应的方法论，能够让产品研发团队熟悉中台产品并理解产品背后的方法论，实现产品采购的同时做好能力迁移。从业务角度看，则是在原有系统的基础上丰富了数据应用的方式，能够对不同渠道、不同产品进行实时监测、深入分析。第二个节点完成渠道中台的整体建设，一方面让渠道扩展更为便捷，适应各种新兴线上渠道的拓展，另一方面对渠道的管理更加精细化，实现产品和渠道之间的高效匹配。此外，通过对渠道的全生命周期管理能够对渠道本身和渠道运营人员的工作进行准确评估，促进人效和业绩的增长。第三个节点达成了数字化中台的目标，为企业提供完整的渠道管理能力和面向渠道的快速响应能力。

6.3.2　抓住关键角色，打造中台共识

到此为止，至少在战略层面和业务层面上，数字化中台的建设小组已经能够讲清楚中台背后的为什么、是什么、怎么做了，项目组现在非常有底气向高管团队做汇报。这次团队主动找到了顾问老张，问他还有什么需要注意的问题。老张这次没有多说，就问了一个问题："我们改 CRM、改 ERP、改 MES，虽然我们觉得业务价值都挺清楚的，但是业务的负责人都认同么？对业务的影响，他们认同么？"

对于企业战略级别的项目，数字化团队通常认为高管团队同意就好。实际上，全面的利益相关人管理在任何一个层面都是需要的，数字化中台与高管、业务团队、产品研发和运营团队都有紧密的关联，重大事项都需要与利益相关人进行有效的沟通。而数字化中台这个方案对业务有相当大的影响，更是需要和利益相关人形成共识。在不同企业中、不同的场景下，共识的形成也需要采取不同的方法。

1）如果利益相关人对于"要不要做"缺少共识，要解决的核心问题就是评估价值的标

准或者思维模式转变，这时单纯讲解方案效果不大，即便高层同意，也未必能够让利益相关人转变看法，解决问题的关键在于让对方感受到商业、组织和团队方面的压力：如果不做，就无法应对竞争、应对增长压力、解决组织困局、实现团队发展。在内外部压力的基础上，才有可能推动思想的变化和共识的达成。这种场景下勒温⊖的组织变革理论是我们最有力的工具，其通过三阶段变革过程模型中的"解冻"过程，先打破、解除固化的思维模式，然后让人认识到过去的办法已经不能解决未来的问题。

2）如果利益相关人对于"做成什么样"缺少共识，这意味着目标和愿景不够清晰、形象，需要引导利益相关人用自己的语言描述对数字化中台的愿景，并通过产品经理的"翻译"变成相对一致的场景化描述，最终整合成为公认的架构愿景。可以使用"共创会"等组织发展工具帮助大家打通认知、形成共识。

3）如果利益相关人对于"怎么做"缺少共识，意味着对问题和解法缺乏共识，需要清晰定义长短期面对的问题，定位原因，找到解决问题的关键点，对重大事件或者问题进行复盘。深入挖掘根本原因能够帮助团队看到应该选择怎样的路径。

4）如果利益相关人对于"先做什么、后做什么"缺少共识，则是对于业务和产品的优先级标准缺少共识，常见原因是各方都站在自己业务、自己团队的角度来评估，而解法是跨团队的目标和任务分享，通过拉通信息与评价标准实现跨业务的共识。

当解决了一个又一个业务团队的问题，让相关方在思维、目标、愿景、问题、方案和节奏上达成了共识之后，数字化中台才算"搞定"了业务，可以正式开始产品的规划与设计了。

⊖ 库尔特·勒温（Kurt Lewin），社会心理学研究者，提出了组织变革理论模型。

第7章

"三板斧"简化产品架构设计

通过拆解业务战略、梳理业务架构，数字化中台的目标价值和路径逐步清晰，随后，产品经理需要将业务规划转化为产品的规划设计，这其中最重要的动作就是产品架构的设计。通过产品架构设计，建立起从业务规划到产品规划的桥梁。进行数字化产品的架构设计时需要回答这样几个问题：

- 如何一步一步完成架构设计？
- 什么样的产品架构设计是好的架构设计？
- 什么是好的中台产品架构设计？
- 什么是好的数字化中台架构设计？
- 如何设计一个自己还没有充分理解的产品架构？

7.1 数字化中台产品架构设计的难点

前期的充分准备和思考让中台小组的汇报得以顺畅进行，尽管高层管理者提出了各种问题与挑战，但是数字化中台的方向与价值取得了高管认同，在团队提供的具体案例场景的激发之下，几位高管又从自己的角色出发提出了一些新的期望和要求，项目组也承诺会在后续的设计中充分考虑管理层的期待，争取能够全面、高效地完成渠道中台和经营中台的建设，达成高管的预期。随着中台战略对焦完毕，项目马上就要进入设计和实现的过程，前期的业务梳理为产品设计提供了充足的素材，数字化团队的总人数虽然不多，但是好在产品人员比例不低，而且大多数是从业务线选出来的老业务骨干，所以在业务问题的理解上没什么问题。但是这些伙伴普遍没有架构设计的经验，平时的主要工作就是日常需求处理、界面流程优化,所以这次数字化中台的架构设计需求传达过来,大家有些不知道从哪里入手。

产品架构设计的学习一直存在学习材料少的问题。事实上,产品架构设计和应用架构设计背后的原理是一致的:确保有充足的能力支撑业务目标的实现,在设计产品与客户、产品与产品之间的交互方式上实现更好的体验与更高效的协作,并努力让架构实现稳定、可控、可扩展等特性。

其背后的原理并不复杂,但是在设计的过程中存在两个难题:一个难题是自身能力和视野的不足;另一个难题是架构设计并非单纯的"工程问题",它既有基于逻辑的推导,也有基于现实和未来的取舍,带有"手艺"的性质。所以产品架构设计的学习要考虑到如何突破这两个难点。

自身能力与视野的不足主要体现在很多伙伴在平时的工作中并不会高频次地接收产品架构设计方面的需求,也很少有机会了解外部的架构设计案例,缺少对于产品架构的整体、直观感受。这种感知缺失容易让产品架构的设计者遇到"只见树木不见森林"的问题,在产品架构设计的过程中每一步都是按照规范来操作,但是完成的架构设计却有些奇怪。要解决这个问题,需要我们在日常工作中或者产品架构设计之前充分学习外部的优秀实践和标杆设计。那么,如何有效学习外部实践与标杆设计就成为产品架构能力学习的第一个课题。

第一,在学习外部优秀设计之前要确保所选择的设计和实践是符合业务要求的。如果要设计电商产品的产品架构,标杆的选择就包括自营电商、平台电商、社交电商等不同类型的产品架构,从中找到电商产品架构设计的共性和差异,理解不同业务形态下业务需求的差异和产品架构设计的侧重;如果要设计客户管理与运营的产品架构,就需要从传统的 CRM 产品到流行的 SCRM(Social Customer Relationship Management,社交化的客户关系管理),从会员运营工具到会员运营中台全面地学习和分析,理解在不同行业、不同业务场景,特别是不同客群特性下应该如何打造客户管理与运营的产品,其中又有哪些共性、差异。

第二,对于选定的标杆设计要从全局到细节逐层拆解和分析。先观察架构设计的总体结构,分析各个模块之间的关系;再深入模块内部分析其功能组成,对照模块之间的关系,厘清从能力到协同的设计逻辑。

第三,总结架构设计的关键特性,基于全局到细节的拆解与分析,围绕结构设计的特点、能力的组合,归纳整理架构设计的关键特性。

第四，回溯业务策略和经营对于产品架构的要求与目标，通过公开信息和自己的分析，明确标杆产品架构是在怎样的业务环境下设定的架构设计目标，希望通过产品架构达成怎样的效果等。

第五，评估架构设计与目标的匹配程度。尽管我们选取的案例都是标杆案例，但是不代表这些标杆产品架构百分百满足业务和产品架构要求，所以还是要围绕前面分析的架构设计目标，对照架构设计的关键特性来分析二者是否匹配，确定哪些目标达成了，哪些目标未能达成。

第六，对标杆产品架构进行修改和调整。这个环节是对自己提出的更高要求，不仅是理解、发现，同时也开始了另一种形式的设计——优化，完成这一步在一定程度上超越了原设计的思考。

有了这样完整的学习和思考，就能够有效吸取外部优秀经验，强化自身对于不同行业、不同场景下产品架构设计的理解。看得懂并不意味着自己能够做出来，但是至少能让自己知道好的架构设计长成什么样子，这已经是非常重要的一种能力了。那么，当自己负责产品架构设计的时候，如何从零开始完成设计？这将成为下一节的核心话题。

7.2 产品架构设计的"三板斧"

产品架构设计不是可以轻松掌握的一项技能，由于数字化产品涉及的行业众多、类型复杂，试图通过一种方法覆盖所有产品也容易陷入过度抽象或者过度具象的陷阱。所以，"产品架构设计的三板斧"在方法设计的初期就聚焦在常规的产品架构设计和最常见的几种产品架构上，争取通过20%最关键的知识和动作覆盖80%的工作场景，并通过一系列的设计原则和案例解读覆盖其他特殊的场景与特殊的产品架构。

7.2.1 产品架构设计"三板斧"——是什么、为什么

产品架构设计的三板斧分别是：明确产品架构目标、梳理产品能力、整合模块关系，通过三个步骤从 0 到 1 生成满足业务和产品发展需求的产品架构，如图 7.1 所示。为什么在复杂的产品架构设计方法中抽取这三个环节？核心逻辑是：通过"明确产品架构目标"，确保产品架构的设计方向是正确、产品架构的交付标准和价值是明确的；通过"梳理产品能

力"，确保能力的组成是完备的，能够支持业务目标和产品目标的实现；通过"整合模块关系"，确保产品与客户、产品与产品之间的协同是高效的，从而实现整个架构的效能最大化。这个方法的优点在于通过三步工作实现目标、能力、协同的整合，而且在三步中可以进行自主扩展，通过增补不同的工具来提升这个过程的全面性、有效性。与其他复杂方法相比，产品架构设计的三板斧聚焦在目标产品架构的生成上，对于产品与组织、产品与角色、产品管理以及细化的流程、接口设计是相对缺失的，这种取舍主要考虑到在数字化产品设计的全过程中，相关的工作可以在产品功能设计的过程中逐步细化，所以在架构设计阶段聚焦在目标产品架构的生成上，能够让整个工作更加清晰、可控。

第一步：明确架构目标
- 目标是什么
- 业务目标包括什么
- 非功能性目标包括什么

第二步：梳理产品能力
- 明确梳理标尺
- 遍历产品能力
- 聚合产品模块

第三步：整合模块关系
- 顶层关系与协同
- 逐步细化结构设计
- 围绕目标评估优化

图 7.1　产品架构设计三板斧

7.2.2　兼顾业务与产品，澄清架构目标

产品架构设计的开始不是设计，而是对架构目标的澄清。可能会有读者感到疑惑：在前面不是已经讨论过数字化中台做什么了么？产品架构目标又是一个什么样的目标？如果用一个公式来定义，产品架构的目标就是业务能力目标和基础架构目标的集合。图 7.2 能够帮助理解这两个目标之间的关系。

图 7.2 中，上面这一组分类主要用于界定产品架构的业务能力目标，下面一组分类用于界定基础架构目标。业务能力目标的含义是这一类产品架构目标用于描述产品架构如何提供产品能力，支持业务目标的达成。这些能力基本上覆盖了企业运作、经营和管理的各个方面，可以通过"REACT"这个首字母组合帮助记忆。基础架构目标的含义是这些目标并不

直接影响产品能力的构建和使用，但是能够引导产品的架构设计使之更加健康、有效，几个常见的基础架构目标分类的首字母组合可以记作"SCRIM"。

```
业务能力目标
  ↑
  │  R业务营收型   E体验关系型
  │
  │                A赋能业务型   C降本增效型   T加速上市型
──┼──────────────────────────────────────────────→
  │  S可伸缩性    C连接性    R可靠性    I集成性    M可维护性
  │
  ↓
基础架构目标
```

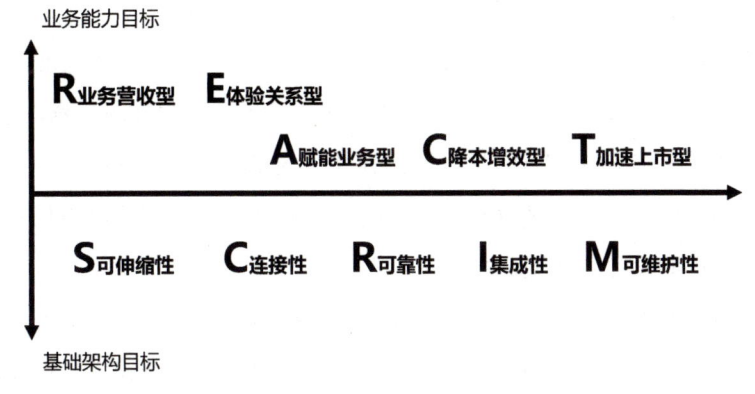

图 7.2　产品架构目标分类

业务能力目标分类的关注点如下。

- R 业务营收型（Revenue）：通过产品推动业务营收和利润的增长，包括订阅、广告等商业化产品以及与商业化相关的策略型产品。
- E 体验关系型（Experience）：通过产品强化与用户的连接，提升用户的体验和满意度，包括用户的直接触点（App、小程序等）、客户服务与运营产品等。
- A 赋能业务型（enAble）：为业务过程提供业务能力支持，包括核心业务系统和支撑能力，例如供应链管理、交付履约等产品和系统。
- C 降本增效型（Cost-saving）：通过产品持续优化经营效能，特别是与人效相关的产品与系统，例如客服运营管理与智能客服、费控系统等。
- T 加速上市型（Time-to-market）：通过产品提升产品、服务的交付速度与质量，包括企业核心产品和 IT 产品，例如产品管理系统、研发管理系统、运维平台等。

五类业务能力目标落实在产品架构设计中，主要影响前中后台的功能、协同相关设计，而五类基础架构目标的关注点就有明显的差异。

- S 可伸缩性（Scalability）：通过产品和架构设计使得产品架构能够在不改变基本结构的情况下应对业务规模和压力的持续扩张。
- C 连接性（Connectivity）：基于良好的规划和设计，通过标准、接口等方法实现数据、信息在产品架构中的顺畅流动，并快速应用于业务系统中。
- R 可靠性（Reliability）：通过架构的设计和机制确保系统稳定运行，并确保在发生问题之后能够在可控的时间内恢复。
- I 集成性（Integrability）：通过架构设计和机制使得产品与产品之间能够在相对较低的成本和风险之下被集成，无论是在预期内的场景还是预期外的场景。
- M 可维护性（Maintainability）：通过架构设计让系统更容易维护，提升维护的效能。

五类基础架构目标尽管看起来没有业务能力目标复杂，但是其达成更依赖架构设计和机制设计，本质上对产品设计者有更高的要求。

回归到架构目标的设计，"REACT"分类法和"SCRIM"分类法都是通过参考分类帮助数字化中台的设计者思考自己的中台产品要实现哪些价值。通常情况下，产品架构目标都不会集中在单一的一类目标上，而是多个目标的组合，而这也恰好反映出经营的本质：要通过某个核心指标牵引方向，同时要兼顾各个方面的均衡发展，产品架构本身就承担了"均衡支持多目标"的责任。为什么要通过两套目标分类来支持产品架构目标的设计？因为在产品规划与架构设计的过程中，经常容易出现两种极端：一种极端是只看产品不看业务，一门心思做功能，试图打造"完美产品"；另一种极端是紧盯业务做产品，不关注长期发展和健康度。前者的问题更容易被人发现，只要提升业务意识和商业思维就能改善，而后者反倒容易被隐藏，甚至因为和业务紧贴在一起而被表扬，于是产品的发展只看业务方向和变化。这两种极端其实都有各自的生长环境，也无须评价哪种好、哪种不好，对于数字化产品的建设者来说，关键是确保自己在做相应规划和架构设计的时候能够看到全局，一手抓业务，一手抓产品，既支持业务的发展又推动产品的优化。

回到具体的业务场景中，以渠道中台为例，从业务战略出发，渠道中台需要整合渠道能力，支持业务的快速扩张，并通过渠道的持续运营提升渠道的经营表现。切换成"REACT"的语言，意味着渠道中台主要支持业务营收的扩展，不过，在判断之后并不是马上就把这个目标定为渠道中台的架构目标，而是通过"REACT+SCRIM"参考分类逐项判断是否还有自己没有关注、有遗漏的地方：
- 是否要强化与客户的关系，改善客户体验和满意度？渠道中台似乎也要承担责任。
- 是否要扩展能力或者赋能其他业务？似乎渠道中台也要联动其他职能。
- 是否要降本增效？目前还没有看到此类需求。

- 是否要提升产品上市速度？不是自己的主要目标，不过大概率要做一些配合的工作。
- 是否需要可伸缩性？在当前的业务模式下不需要。
- 是否需要高可靠性？有需求，但是要求不高。
- 是否需要可集成性？如果渠道中台和经营中台进展顺利，后面大概率要打造企业级全链路的业务中台，所以可集成性需要被考虑。
- 是否需要可维护性？渠道业务本身有一定复杂度，在设计的时候需要考虑后续的可维护性。

梳理后的这些目标可以形成一个架构目标列表，如表7.1所示。

表 7.1　渠道中台产品架构目标列表

核心目标	• 通过扩展渠道提升经营水平，实现业务营收的扩展
关注目标	• 提升客户满意度 • 为其他职能提供渠道能力支持 • 确保渠道业务的可维护性
辅助目标	• 协助新产品研发与测试，提升上市速度 • 考虑未来可能的系统集成，提升可集成性

通过上面的案例可以发现，对于某些产品，在架构设计初期，几乎所有人都认为只要完成特定的一两个目标即可，但是通过方法的指导可以在其中挖掘出之前忽视的目标，并通过目标的梳理和分级明确架构设计产出。这些架构目标要结合业务现状尽可能定性或者定量描述，便于设计完成后进行检验评估，并引导后续的持续运营。

与前文的战略生成过程一样，产品架构设计的目标也需要数字化中台相关各方达成共识，确保与业务人员的预期相符合、和研发人员的理解相一致，这样在后续的过程中才能真正落地到位。

7.2.3　找标尺，做分类，梳理产品模块

围绕设定的产品架构目标，可以开始产品架构设计的第二个重要环节：对产品能力的梳理。这个梳理工作的输入信息是产品架构目标和业务架构设计，而产出结果服务于最终的整合工作。对于梳理工作最关键的评价标准就是覆盖全面，颗粒度一致，以及便于管理。

业务架构是产品能力梳理的重要参考，理论上，如果业务架构设计得足够细致、完备，完全可以只通过业务架构遍历就梳理出所需的产品能力和模块，但是这对业务架构的要求比较高，适合能力成熟度高、架构管理完备的企业。对于大多数处于数字化转型中的企业来说，细致完备的业务架构文档是一种奢望，而且完全依赖业务架构作为输入也容易放大业务架构设计过程中的问题与疏漏。所以在产品架构梳理的过程中，需要在业务架构之外找到一个适合产品架构的梳理标尺，确保梳理工作是有章可循、清晰完备的。

对于不同类型的业务和产品，并没有哪个标尺可以应对所有的情况，常见的情况有以下几种。

- 以流程为标尺：企业的经营过程中，流程是绝大多数业务的运作和组织方式，便于对业务核心链路进行全面梳理。
- 以生命周期为标尺：企业内的客户、资源管理大多围绕生命周期进行，能够有效区分不同阶段的特点和对应的业务动作与能力。
- 以场景为标尺：在平台、服务类业务中，流程主要体现在某个职能内部的业务运作上，但是服务外部客户的业务场景并没有明显的流程串联，这个时候只能按照业务场景进行遍历和梳理。
- 以组织为标尺：组织架构在公司内部是一种通用程度高且覆盖全面的管理维度，因此以组织架构作为梳理的标尺也能很大程度上保证梳理的全面。
- 以财务为标尺：财务与组织架构一样，也是一种通用的管理维度，尽管在使用过程中未必有组织架构容易使用，但是可以作为一个重要的参考。

以业务流程为标尺，关键是通过流程的全面覆盖实现产品模块梳理的全面覆盖，在操作过程中，先自顶向下梳理所有业务流程，然后围绕业务流程拆分产品能力、聚合产品模块。以业务流程框架（BPF）为例：首先需要梳理企业的顶层流程，即产品与资源开发、日常运营和管理支撑等；其次梳理其中主要的业务和职能，例如渠道管理、供应商管理等；之后梳理业务或职能内部的流程组，例如渠道拓展、渠道支持、渠道运营等；最后在具体流程组内部拆解执行层面的流程。有了逐层拆解后的流程，就能够支持逐层定位产品架构中的产品能力与模块——从流程节点中可以看到，完成某个流程任务需要哪些产品能力以及如何聚合为产品模块。例如，渠道管理相关流程对应一个渠道管理相关的产品或者产品线（即前面章节提到的渠道中台），渠道管理中的渠道拓展和持续运营也分别对应多个产品模块，通过详细分析渠道拓展中包含的执行流程，可以拆解出经销商选择、经销商分类、合同管理等产品能力，这些都要落实在梳理的产品能力列表中。此外，还会发现经销商的选择流程依赖渠道运营的数据分析和供应链规划中的交付能力规划，于是又在梳理过程中发现了关联的产品能力和模块，这种通过流程串联的方式逻辑清晰，能够完整覆盖业务、经营、管理等链路上的产品能力，是产品能力梳理的一个核心工具。

生命周期标尺适用于资源管理类业务，围绕资源的开发、使用、更新、退出和管理提供相应的产品能力。所谓的资源包含人力、产品、原料、资产、数据等。在这一类产品的梳理过程中需要遵循：先对资源类型进行梳理，确保完整的覆盖；其次对具体的资源类型进行梳理，确保没有遗漏；最后围绕资源的生命周期展开分析资源的各种服务和应用，映射到对应的产品能力和模块。以食品企业的产品管理为例，首先需要明确企业涉及哪些食品产品类型，包括烘焙、熟食、腌腊、速冻等；其次在具体类别中明确所需管理的食品产品目录；之后从立项研发到产品退市，对整个过程中所涉及的模块进行一一梳理，这一方面有助于发现产品管理本身所需的一系列过程管理能力，另一方面也会梳理到与供应链、经营相关的产品能力模块和相关接口，这些一同构成了产品能力梳理的结果。

场景标尺适用于平台型业务，既包括平台电商这种商业化大型平台，也包括人力资源服务共享平台（SSC）这样的小型平台，其梳理方式是相似的。以场景为标尺梳理意味着企业内的业务本身相对多样，没有共享一个大的业务流程，所以这种情况下梳理工作缺少统一的线索，可以参考资源管理类业务的梳理过程：先对场景进行分类，分类标准是这一类场景有相似的业务流程或者管理方式，确保在分类上覆盖完备，大多数情况下，业务能够聚合到几个大分类中，但是有些零散的业务场景确实比较难聚合，可以先设定一个"杂类"进行归集，待所有场景遍历之后再尝试把"杂类"场景分配到相近分类中，对于没有任何相似度的场景先保留在"杂类"中；之后逐个分类进行场景所需的产品能力拆解，从复杂度最高的场景拆解到复杂度相对较低的场景；由于场景之间的差异性，梳理过程中还要关注梳理出来的产品能力是否表达相同的能力、是否同名不同义，比如面向数码产品提供的订单管理和生活服务场景的订单管理是否相同，是否能够被同一类产品能力支撑，为员工薪酬福利提供的满意度管理和员工离职所使用的满意度管理是否能被同类产品支持，最终形成一套一致的产品能力与模块梳理列表。

以组织为标尺梳理产品模块是一个比较取巧的方式。与前面三种围绕业务进行梳理的方式不同，用组织架构梳理产品模块基于一个假设——企业中所有问题都已经有人在解决了，因此用组织架构梳理更容易得到"现状"而非"未来"，更适合梳理已有产品模块。在操作过程中，首先基于组织架构还原岗位与角色，例如渠道管理团队中的渠道运营专员，不能单纯分析这个岗位，还要还原这个渠道运营专员承担的合同管理与数据分析两个角色；其次要围绕具体的角色和对应的任务来梳理对应的产品能力，即合同管理能力和经销商运营数据分析能力；之后将这些产品能力按照产品模块之间的相似度分类分组，便于后续的使用。总的来说，以组织为标尺梳理产品能力更适合作为一种补充方式，在围绕业务进行梳理一轮之后切换到组织架构的视角进行查漏补缺，效用会更加明显。

以财务为标尺梳理产品能力的原理和以组织为标尺进行梳理的方式相近，二者的优缺点也非常相似，都更适合对现状进行梳理，而且从组织和财务视角是否能够自顶向下有效穿透各个层次梳理产品能力与模块，很大程度上依赖这个企业组织架构设计的精细程度和财务管理的成熟度。这两个体系越是成熟、越是深入，就能够给产品梳理提供越多支持，反之则帮助有限。以财务为标尺进行梳理可以从预算出发拆解公司在哪些地方做了投资，哪些地方承担成本和费用；对应的投资、成本、费用分别映射到了哪些任务，对应的任务又需要哪些产品支持，最终生成一个完整的列表。

对产品能力与模块的梳理是整个架构设计过程中最"辛苦"的工作之一，最大考验不是抽象和设计能力，而是无论从哪个视角出发，是否都能够细致地完成过程、生命周期、场景等梳理工作，实现全面覆盖、准确表述。对于中台建设团队来说，这需要从线上运行的业务和散落在各处的文档中抽丝剥茧，一步一步完善这个产品能力大图，核心能力不是技巧，而是细心与耐心。

产品能力梳理列表不是一个平铺的列表，在整理的过程中可以按照相似度和层次关系对其进行分类、分层并聚合成为模块，以便清晰呈现模块之间的关系。在此过程中会发现有些产品模块适合放在渠道中台，有些适合放在经营中台，有些可能还不能确认，不需要在这个阶段纠结具体放在哪里，只要能够有效分类和覆盖即可，梳理工作最终服务于下一阶段的整合工作。

表7.2是基于渠道管理和经营分析所做的一个简单梳理示例，在现实工作中，产品模块的层级通常不止一层，复杂产品和系统可能在产品模块层面划分2~3层，考虑到梳理和理解的复杂度，不建议超过三层。

表 7.2 产品能力与模块梳理列表

产品	产品模块	产品能力
1 渠道管理	1.1 渠道拓展	1.1.1 经销商选择 1.1.2 经销商信息维护 1.1.3 经销商合同管理
	1.2 渠道运营	1.2.1 订单管理 1.2.2 配送管理 1.2.3 活动管理 1.2.4 经销商清退
2 经营分析	2.1 产品分析	2.1.1 客户调研 2.1.2 产品生命周期分析
	2.2 生产分析	2.2.1 生产计划 2.2.2 产销协同 2.2.3 生产质量
	2.3 渠道分析	2.3.1 产品/渠道分析 2.3.2 线上线下销售分析

7.2.4 看关系，做整合，审视效果

完成产品能力基础素材整理之后，关键的动作就是设计不同模块之间的结构，这种结构的本质是不同产品模块之间的协作关系，回到传统的工作场景中似乎更容易理解这层意思：企业通过流水线串联不同职能，实现全链路生产效能的提升；人力资源共享服务中心，汇总所有内部服务，整合之后为员工提供服务，降低了员工和人力职能的沟通成本且提升了服务效能；企业内部推广 PDCA⊖ 的工作方式，则是为了构建一套从计划、执行到反馈、优化的业务闭环。产品架构中各个模块之间的关系就是上述模式的数字化呈现形式。

从产品能力与模块的梳理列表到一张产品架构大图，要经过这样的过程：

- 从顶层开始设计基本的协作流程与关系。
- 逐步向下细化，完成次一级和更细粒度的结构设计。

⊖ PDCA 是全面质量管理的思想基础，由休哈特提出、戴明推广，又称戴明环。由计划 Plan、执行 Do、检查 Check、处理 Act 四个词的首字母组成。

- 围绕架构目标，对整体产品架构设计的匹配度进行评估并优化。

关系与结构设计需要始终围绕架构目标进行，从顶层开始的协作流程与关系设计就是基于这个原则，每一个目标都应当被一种或几种产品模块以及对应的关系支撑，以"通过扩展渠道提升经营水平，实现业务营收的扩展"这样的架构目标为例，要考虑"提升经营水平"需要怎样的产品能力支持，又需要怎样的关系来支撑。作为基础的是对应的产品能力，需要在渠道经营的过程中有数据采集能力、数据分析能力，以及基于分析结果调整渠道经营策略的能力。于是，产品模块涉及渠道经营的各个功能都需要对应的数据采集。此外，有专门的分析或者报表对渠道经营表现进行评估，并能够将评估分析的结果落在相应的经营计划上，如数据采集、分析&报表、经营计划是基础的产品模块。在明确了产品模块的基础上，要思考提升经营水平的协作关系是什么样的，不是单纯上线了这些产品模块就能得到提升了，不同模块之间还需要构建从执行到反馈的闭环。在顶层关系设计完毕之后还可以细化到下一层的模块，依旧围绕业务目标来设计模块之间的各种关系。

产品架构设计的过程中常见的关系是可以枚举的，这些关系不仅能够用于产品架构设计，在未来成长为更高层级管理者之后还可以用在业务流程、组织架构等方面的设计中。常见的关系形态包括分层、流、平台、环。

分层是最常见的产品架构关系，为人熟知的分层包括把架构分成前中后台、模型-视图-控制器模型[⊖]等。本质上，分层是对业务的一种映射，在业务上需要分层的时候，产品架构中才会应用分层的手段。比如公司业务团队分为前台负责服务与营销的团队、后台负责经营和管理的团队，那么产品架构设计的过程中就会自然而然地在产品中也进行分层，将前台与后台分开。这种映射带来的好处是相应的产品设计、权限管理都能够与业务高度匹配，并且让层与层之间的关系清晰明确。

流是一个相对抽象的产品架构关系，架构上可以有非常多样化的应用。例如电商业务中台的各个领域之间就是通过数据的流转进行串联的，这种流式的协同确保电商业务从商户到商品、从订单到履约、从服务到运营能够顺畅地进行，分工明确、协同清晰。在工单系统中则是通过一个单据的流转串联不同节点，确保工单中的问题能够找到负责人并最终被解决。在一个销售管理系统中则是围绕用户从线索到回款的销售链路，提升每个节点的转化率，直

⊖ MVC 模型，Model-View-Controller(模型-视图-控制器)模型是软件工程中常见的分层架构设计。

至达到全链路的价值优化。围绕效能提升或者其他目标，在不同模块之间找到流转的关键要素和接口设计，就能够有效地构建模块之间的各种流，促进信息的传递和处理。

平台是一种产品形式，也是一种架构形式，本质上是将一批产品模块聚合起来，通过平台整合，统一为上层模块/场景提供服务，这是另一种形式的效能提升。通过统一管理、统一界面降低接入成本和服务成本，而且能够保证相对统一的体验。但在设计的时候需要注意并不是所有类型的产品和服务都适合采用平台的方式协作，只有接口/界面相对标准化的模块才可以发挥平台形式的价值。

环强调的是不同模块之间通过环的串联实现信息反馈和对应的调整，推动持续优化，最适用的场景就是需要构建闭环的各种情况，例如通过数据提升经营表现、通过算法持续优化转化率，这些目标都可以选择用打造闭环的方式让业务与数据串联起来持续推进。最经典的设计就是各种广告推荐算法，通过广告场景中的数据埋点收集用户的特征与行为，这些行为数据持续沉淀在算法平台用于算法的训练和优化，基于优化过的算法和持续完善的用户画像数据，广告的投放方式也在不断优化和调整，这种闭环可以自我驱动并持续迭代。

这四类常见的关系可以应用在不同层面上，无论是顶层架构的设计还是执行层架构的设计，把四类常见的关系烂熟于心能够不断优化架构设计能力。设计产品架构中的各种协同关系，是整个设计过程中最偏重"手艺"的部分。要想深入理解产品架构目标，并把目标转化成关系与结构是需要反复练习找到"手感"的。因为在这个过程中需要权衡短期目标与长期目标，需要考虑产品和团队能力的提升，需要思考这个设计与公司的组织架构、行为规范是否匹配，因此这几种简单关系的应用在现实中是千差万别的。

这些关系有时难以在一张平面图上完全展示出来，例如分层、平台的呈现相对容易，但是受到平面图的限制，无论是流还是环，都相对困难。这种情况下，现实的选择是先保证简单关系能够在图上直接看到，复杂关系通过注释或者其他方式呈现即可。

这个多维度的大图完成之后，还有一项最重要的工作，就是评估目标与架构设计之间的匹配程度。此时要找出产品架构设计的目标，从最核心的目标开始逐个向下评估：效能的目标用了哪些模块，关系是否匹配；体验的目标用了哪些模块，关系是否匹配；经营目标、响应速度目标用了哪些模块，关系是否匹配；等等。要厘清这些内容是否都被覆盖到了，如果答案为"是"，皆大欢喜；如果答案为"否"，需要进行反馈并针对性地优化。

7.3 产品架构设计的"中台味道"

随着一步一步完成架构设计工作,并在这个过程中扎扎实实地解决了业务层面的问题与挑战,验证了数字化中台建设的路径是正确的,但是这个路径上似乎没有很浓的"中台味道"。数字化中台与所谓的"能力整合平台"在建设过程中到底哪里不同?

7.3.1 我们做的还是中台吗

随着项目的持续推进,项目初期的各种纠结已经被小组抛在脑后,大家的全部精力都用在了数字化中台的架构设计和实现工作中。复盘的时候,有伙伴提起:"我们现在做的一定是正确的事情,但是好像跟中台没什么关系了,除了名字中还有中台,实际上和任何一个数字化产品都差不多。"这让项目组有点儿心慌,但是顾问老张听完反而很高兴:"不像中台才是对的,因为你想的都是业务和价值。至于做的这个东西到底还是不是中台,可以看看这个产品的'中台味道'浓不浓。"

在做中台的过程中怀疑自己做的是不是中台,在实践中是一个有些奇怪但又很常见的现象。对于从 0 到 1 建设中台的人来说,因为当时还没有什么关于中台的概念与理论,所以压根不会想到这种问题;但是对于后面听着中台故事走上中台建设道路的伙伴来说,有不少人在做中台的时候会怀疑自己做得对不对,是不是别人口中的那个中台,总是担心没有用到双中台就错了,没有同时对接几十个业务就错了,技术方案没有用到微服务就错了等。这种担忧是正常的,解法是回归数字化中台的本质和定义——能力整合平台。

判断一个数字化中台产品是不是"真的"中台,只要判断是否实现了能力整合就可以。这个解法最大的缺欠在于能力是否被整合是滞后的结果,而且这个标准也过于抽象,难以直接应用,在具体的工作中需要一些更直观的方法来帮助中台建设者判断自己的设计是否符合中台特性。以下四个问题能够帮助迷茫中的伙伴作出判断:

- 架构目标是否整合?
- 能力对接是否整合?
- 能力输出是否整合?
- 能力管理是否整合?

架构目标的整合并不是单纯在架构目标中写一句要对能力进行整合即可，而是在"RE-ACT"的目标设定中融入整合带来的价值，即通过能力的整合，提升营收、改善体验、提升能力、降低成本、加快反应，也就是"整合带来的REACT"。

能力对接的整合是将领域内、企业内的各种业务与产品能力，通过工具和规范标准化，从而实现所覆盖的能力可以统一对接到数字化中台，进行统一的管理。

能力输出的整合则是将领域内、企业内的各种能力通过数字化中台以统一的界面、统一的过程进行整合输出，提升服务的效能和体验，避免业务方或使用方多头对接，增加无效的沟通和对接成本。

能力管理的整合是对领域内、企业内的各种能力进行统一的管理和运营，能够基于统一的规范和标准对能力的全生命周期进行管理，持续提升运营能力的使用效能，并对低效、无效的能力进行识别和汰换。

能够做到这四种整合，无论中台长成什么样子，都是符合中台本质要求的。

7.3.2 "中台味道"的关键架构要素

从架构设计的视角看，"中台味道"会更加具体。数字化中台有一些"必选"的要素是架构设计过程中可以重点关注的：一类是中台独特的能力，一类是中台独特的结构关系。

中台独特的能力主要指完成整合工作所需要的能力，一般体现为统一的能力接入、能力输出和能力管理，更具体地说，是领域内和企业内各种能力的API管理、组件管理以及能力运营管理的模块。缺少这种统一管理能力的中台很大概率是一个能力的"聚合"平台，缺少"整合"能力，对于能力提供方和使用方来说实现的依然是松散的管控和使用。

以下三种中台独特的结构关系在架构设计中其实也是很常见的。

1. 平台

为了统一接入、统一输出，大多数中台都采用平台的方式进行管理，提升接入和输出的有效性，尽管未必在命名中使用"平台"这个名称，但是结构上都能清晰地体现这种形态。做成平台，未必就是中台，毕竟中间需要整合；但是做成中台大概率要用到平台，这是整合、统一带来的设计偏好。

2. 统一的数据层

在数字化中台设计中，基础、核心的数据通常都会放在统一的一层数据模型中进行管理和处理。在数字化中台的理念中,能力的整合依赖于数据的整合,如果数据不通,中台的价值会损失大半。所以在中台设计的过程中要努力让各个模块、各个领域的数据模型保持一致、共享,于是对应的模型也会被放在同一个层次中,便于治理和流通。

3. 闭环

这种结构关系通常用于能力的管理。为了让能力使用的效能最大化,需要持续监测各种业务、产品能力的使用情况并将数据进行处理和分析,之后再通过管理闭环影响能力的管理和控制。尽管闭环是大多数数据类产品的常见设计,但是在数字化中台设计中无论是业务中台还是数据中台,都可以在能力管理中有意识地应用这种思路。

这三种常见的结构关系类型并不能覆盖数字化中台产品设计的多样化场景,但是能够帮助伙伴们在架构设计过程中培养中台设计的意识,有意识地训练和应用中台理念,从而实现能力的快速提升。

7.4 产品架构设计的"数字化味道"

前一节的讨论解答了数字化中台的"中台"如何体现在架构设计中,那么,数字化中台的"数字化"又是如何体现的?用数字化产品这个形式来实现中台是否就是数字化了?这种区别似乎只是用什么工具解决同一个问题而已,与 Middle Office 相比并没有本质上的差异,事实果真如此么?

7.4.1 业务中台?数据中台?数字化中台

经营中台设计的过程中,有一天,产品经理突然提出了问题:"我们做的经营中台到底是业务中台还是数据中台?"尽管这个问题和"我们做的是不是中台"有些类似,但是顾问老张觉得这是一个好问题,于是引导产品经理自己回答他认为是什么中台,产品经理的回复是:"从名字看,渠道中台、经营中台都应该是业务中台,但是我们做的时候大部分都是数据产品,又好像是数据中台。"老张笑道:"其实没有标准答案,因为业务中台和数据中台本来就不是很严格的定义,这个问题的价值不在于我们区分经营中台到底算哪一种,而是引导我们思考我们做的产品到底在整合哪一类能力。"

所谓的业务中台,准确地说,是整合了数字化的业务执行能力,侧重在任务处理和业务支撑能力；所谓的数据中台，准确的定义是数字化的业务智能，包含了商业经营的智能以及特定场景内的经营智能，最典型的是推荐、规划的算法产品。单纯讨论概念和定义并没有价值，但是看到业务、数据中台的本质有助于我们思考一个数字化中台到底在处理什么样的数据，到底能沉淀什么样的数字化资产。

如果不去思考这样的问题，也能够把中台建设起来，如同最早的业务中台一样，只要能够把业务能力、产品能力整合起来并应用于业务，就已经提供了巨大的业务价值，而且也是一个优秀的数字化产品；但是如果能够思考这样的问题，就会从业务中台每天处理的大量业务单据中看到数据的持续生成，并思考这些数据能够带来怎样的数据资产，对于零售、快消品行业来说，持续生成的业务数据意味着成千上万的用户具有了更为清晰的用户画像，意味着成百上千的供货商产生了经营数据和信用数据，意味着数以万计的货运车辆存在更优的调度方案。中台作为一个从银行时代就已经产生的概念，如果没有数字化的加持，并不足以成为引领时代潮流的理念。数字化中台的建设只有围绕数字化进行思考和设计才会跳出单纯的功能支撑，实现更大的价值。

7.4.2 提升中台架构的"数字化味道"

要想充分发挥数字化中台的价值，首先要理解数字化的价值是如何在企业中发挥的，单纯的、原始的数据对于企业来说并没有价值，反而会带来大量的存储成本，因此需要通过工具和机制把数据中蕴含的价值提炼出来，使数据转为业务化的数据，再转为智能化的数据。"数字化味道"就来自这个不断提炼并应用于业务的过程。

在业务过程中生成的未经处理、没有规范和规律的数值就是数据，这些数据是真实的，但是没有业务意义。例如，数据库中新增了219条用户数据，在处理之前，这个数据无法给我们带来有效的信息。业务化的数据是将数据进行清洗、规范、转化为能够代表业务含义的若干指标或者度量，从中能够获取关于业务的知识。如果将上面提到的新增用户数据放在时序数据中进行分析，我们就能够知道这个季节平均每日新增用户数在 222~321 之间，如果某日的新增用户只有219，说明新增用户出现了异常。这就是业务化的数据，每个数背后其实是一个或者多个业务信息。智能化的数据是对数据背后的业务进行建模，通过模型形成复杂的洞察、判断和决策，这时就进入了智能化的阶段。如果对用户增长的业务进行建模，根据用户的渠道特征、终端类型、访问时间等信息进行综合判断，动态调整用户浏览的着陆页和注册引导流程，最终提升新用户转化率，使其从222~321这个区间提升到530这个水平，就是智能化的数据在发挥作用。

在数字化中台的设计过程中，做好数据层的工作是所有设计的基础，无论是业务中台、数据中台还是其他的数字化产品，全面、准确、有效的数据采集都是设计的基本功。在有效采集的基础上，可以尝试让一部分数据显性地展示出来，帮助业务人员进行分析，形式可以是报表、多维分析、数据看板、预警规则。这一步难度不大，但是能够培养我们对于数据的理解和认知。而智能化考验我们对数字化的深度理解，这时候我们要挖掘业务、经营、管理过程中有哪些地方需要人的智能、哪些智能又是可以建模的，数字化中台如何能够持续向模型输入数据并且通过模型产生决策判断，直接应用在业务中，等等。当前我们能看到的智能包括内容、商品等领域的推荐引擎取代了线下导购员的智能，动态规划的引擎取代了调度员的智能，对话的引擎取代了客服人员的智能，但这些还远远不够。在数字化时代，我们在业务领域所能看到的智能大部分都会被取代。目前可以参考的最典型的数字化中台架构就是电商领域的"双中台"架构，其将生产数据的业务中台和生成智能的数据中台紧密连接。如果希望自己的数字化中台真的有"数字化味道"，可以考虑在架构层面整合业务执行和业务智能的中台，至少也要在数字化中台中有意识地增加从生产数据到使用数据对应的模块与产品。

第8章

数字化中台产品的体验设计

产品的功能设计和产品体验在互联网产品的设计中是很关键的部分，会直接影响产品价值的高低，而数字化中台产品的相当一部分是面向内部客户的，体验问题的影响似乎并没有互联网产品那么大，本书也不会把产品设计的基础知识作为重点内容。但是值得注意的是，产品的体验问题在很多数字化中台的产品开发、迭代过程中都会被内外部客户反复提及，甚至成为经年累月难以解决的问题。在本章，笔者会拆解数字化中台产品的体验设计问题，并从体验设计的角度梳理数字化中台产品的设计要点，为读者提供可以落地的原则与方法，回答工作中遇到的这些问题：

- 内外部客户提到的"体验不好"究竟是哪里不好？
- 数字化中台产品的体验设计要关注和侧重什么？
- 数字化中台产品的体验设计如何管控？
- 如何持续提升数字化中台产品的体验设计水平？

8.1 什么是数字化中台产品的体验

数字化中台的架构设计基本确定之后，产品总监小彭就带领团队中的产品经理开始产品设计工作了。因为前面架构设计和沟通协同的工作都做得比较深入，所以功能设计的推进速度比较快，但是产品交互设计和视觉设计的评审总是很艰难。产品经理为了让数字化中台产品的体验能够对标行业标杆，于是直接参照了行业标杆产品的交互设计和视觉风格，原以为能够实现"更高级"的设计效果，结果却是不断被业务人员挑战和批评，说"不接地气""体验不好"。尤其是"体验不好"这个评价，似乎是一个万能的理由，业务部门几乎都学会了用"体验不好"来代指所有他们不喜欢的产品问题。但是对于产品经理来说,"体验"又是一个很模糊的概念,自己隐约可以察觉到确实有些地方设计不合理或者使用起来并不顺畅,不过,也没有总结出什么套路和方法,只能被动地在"体验不好"这杆大旗之下不停地打补丁。

对于数字化产品经理来说,听到内外部说"体验不好"应该是职业生涯中躲不开的一种经历,为此要从被动应对到深入理解问题本质,再到有章法地解决,才能实现自身能力的持续成长。那么,所谓的"体验不好"背后,客户表达的到底是什么?是产品看起来不漂亮?是不能便捷地找到?是不好用、不会用,还是不想用?体验的本质是一个结果或者称为一种表象,反映了某个或者某些角色的体感,产品经理需要分辨出现象背后的本质,只有定位到本质才能得到实质性的解决方案。

在这个过程中可以参考 Jesse Garrett[1] 提出的用户体验五层模型,即战略层、范围层、结构层、框架层、表现层,参见图 8.1。所谓体验在各个层面有不同的实质和不同的表象,用户体验五层模型能够帮助我们迅速定位到所谓的"体验不好"到底对应哪一层的问题。

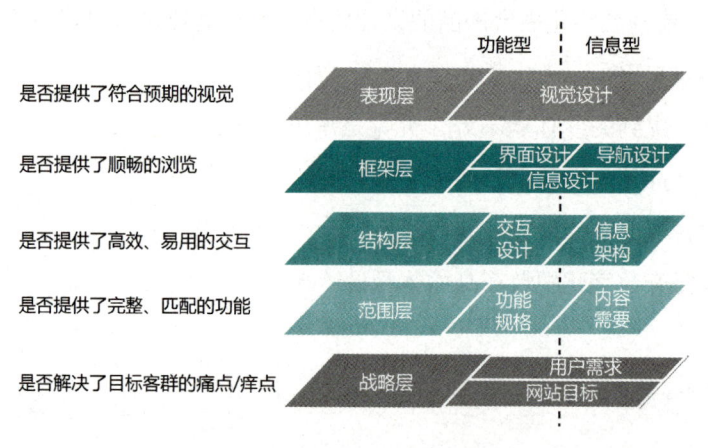

	功能型	信息型
是否提供了符合预期的视觉	表现层	视觉设计
是否提供了顺畅的浏览	框架层	界面设计 / 导航设计 / 信息设计
是否提供了高效、易用的交互	结构层	交互设计 / 信息架构
是否提供了完整、匹配的功能	范围层	功能规格 / 内容需要
是否解决了目标客群的痛点/痒点	战略层	用户需求 / 网站目标

图 8.1 用户体验五层模型

以锦瑞食品的数字化经营中台为例,经营中台为了提升全链路的经营效能,需要一系列的数据产品来支撑不同角色的分析与决策,并持续优化经营的各个模块。相关的规划已经和业务部门一起完成,而且拆解到了非常细致的颗粒度,业务逻辑也在此过程中充分对齐,但

---

[1] 《用户体验要素》一书的作者,在书中提出了用户体验五层模型。

是在产品设计评审过程及用户验收测试中都反复出现"体验不好"的反馈，更让人难办的是每个部门说的"体验不好"又并不相同：

- 渠道运营部门说大量基础数据要手工录入，体验不好。
- 渠道管理部门说数据一小时才刷新一次，体验不好。
- 经营分析部门说分析师要从 20 多个维度分析和下钻，产品不支持，体验不好。
- 财务部门说数据增加一个字段，对应报表加一个筛选功能，2 个月都没弄好，体验不好。
- 供应链部门说报表太多，对团队里的新人不友好，体验不好。
- CEO 说报表太复杂，只想看一张全局大图，体验不好。

这仅仅是众多反馈中比较典型的几个，而产品经理至少要能够从这些表象中看到这样几类问题：

- 渠道运营部门反馈的手工录入问题是因为基础数据采集尚未线上化，或者线上化之后没有和经营中台有效对接，这是规划阶段、范围层的问题——做什么、怎么做。
- 经营管理部门反馈的数据刷新问题是因为上下游系统无法以更实时的频次反馈到经营中台，抑或对接过程中没有清晰定义数据更新频次，甚至可能是系统性能指标不足以支撑大规模实时数据的汇集，这是规划和设计阶段在战略层和范围层应当解决的问题——做什么、做到什么程度。
- 经营分析部门反馈的报表维度和下钻功能问题是因为混淆了查询和分析两类需求，试图用一个界面解决两类需求，这是设计阶段、范围层的问题——做什么、怎么做。
- 财务部门反馈的加字段的问题是需求管理没有及时反馈、迭代过程不可控导致的，这是运营阶段、范围层的问题——做不做、优先级。
- 供应链部门反馈的报表太多的问题是因为产品开发完毕上线就结束了，没有在业务团队建立一套对应的使用能力，导致客户不能熟练地使用，或者是产品设计过于复杂导致学习成本过高，这是产品设计和交付运营阶段在范围层、结构层、框架层的问题——怎么做，怎么确保客户能用、产品好用。
- CEO 反馈的一张大图看全局的问题则是因为没有将高级管理者作为独立的角色进行分析和产品定义，这是规划阶段、战略层的问题——做什么。

尽管这里选择的案例是经营中台偏重数据应用的产品，但是这些问题在业务型、管理型产品中都有类似的呈现，而且在上面的分析中可以发现一个有趣的现象：所谓的"体验不好"问题大多数不是结构层、框架层、表现层的问题，而是根源于战略层和范围层，即整体目标、功能的设定。如果不解决这些基本问题，单纯优化交互、视觉设计很难真正解决问题，只是通过勤奋地工作缓和与客户之间的"关系"而已。

在这里我们也可以发现，数字化中台产品与我们熟悉的面向消费者、互联网产品的体验有着明显差异，清晰定义这种差异能够在破解体验问题时更有针对性。数字化中台产品的体验根植于战略层和范围层，产品规划对体验的影响不亚于交互和视觉设计，作为企业的能力整合平台，数字化中台产品不像面向消费者的互联网产品一样单纯依赖和消费者的交互产生价值，而是通过各类能力的整合、复用、组合支持业务战略达成，从而体现价值，所以数字化中台产品的体验关注多层次、全局的体验。此时再回顾REACT模型会有更深的理解和感触，能够更好地把握数字化中台产品体验的侧重点。

- R 业务营收类产品聚焦商业化变现，在面向客户的场景中，核心在于提升转化率和客单价，所以产品体验的侧重点在于变现场景的顺畅或者人货匹配的效率，通过交互和视觉设计以及智能算法的优化可以有效提升这类体验。
- E 体验关系类产品聚焦客户关系和粘性，是很多面向消费者或客户营销产品的核心价值，所以产品体验的侧重点是交互过程中的愉悦、舒畅感受，通过交互、视觉设计和高效的流程设计能够提升这类体验。
- A 赋能业务类产品关注能力的扩展和输出，是平台型和工具型产品的核心应用场景，所以产品体验的侧重点是快捷的能力接入、稳定的能力输出、简单易用的使用体验、便捷的能力扩展，通过前期的架构设计、接口定义和非功能性需求定义，辅之以简洁顺畅的交互设计可以提升这类体验，特别是内部客户的体验。
- C 降本增效类产品关注经营的效能，是经营、管理类产品的主要价值，其产品体验的侧重点在于快速把握关键问题，持续监控关键节点和指标，能够对过程进行有效管控和持续优化，通过准确的功能定义和交互设计能够解决分析和监控问题，通过闭环的架构设计能够实现管控与优化，从而全面提升降本增效类产品体验。
- T 加速上市类产品关注内部的响应和协同，是内部管理、协作类产品的主要价值，其产品体验的侧重点在于全局管控、快速处理、有效整合，从而降低协作成本，提升响应能力，通过优秀的架构设计、产品集成和交互设计可以提升这方面的产品体验。

那么，数字化中台产品体验具体要关注哪些方面？答案在于公司要建设的数字化中台的定位，如果是业务中台，其核心在于赋能、增效和加快上市；如果是经营中台，其核心在于降本增效以及部分的营收提升能力；如果是供应链中台，则会兼顾降本增效和业务赋能；对于垂直领域中的内容中台、设计中台、交付中台、渠道中台，也可以采用类似的思路找到对应产品定位，从而明确其体验设计的侧重点。总体上看，数字化中台产品主要集中在业务赋能、降本增效、加速上市这些类别中，所以数字化中台产品经理在考虑产品体验问题的时候，需要关注的不单纯是交互设计和视觉设计，从能力接入到管理的全过程，再到业务链路的监控与管理、全局的管控与整合都是数字化中台产品经理要分析、思考和判断的，通过这些能够找到体验优化的有效解法。

8.2 数字化中台产品设计的技巧和标准

理解了数字化中台产品的体验是什么，就有了对应的解决方案。与架构设计相似，体验设计同样需要分层的思考、业务的思考，以及闭环的设计。体验设计与架构设计一样，是面向目标的达成和问题的解决，而非单纯的审美和设计，因此所有技巧和标准都是围绕目标与问题展开的。

8.2.1 分层解答常见问题

对于如何做好产品的体验设计，Jesse Garrett 的用户体验五层模型、尼尔森的十大原则[1]等都给出了全面且成熟的设计原则和指引。那么，数字化中台产品是否需要额外再去总结新的五层或者十条呢？笔者认为并没有很强的必要性。从 8.1 节的分析可以看到，数字化中台产品遇到的体验挑战并非集中在狭义的体验设计上，反而是更多集中在战略层和框架层，即便是狭义的体验设计问题，也可以参照成熟的框架与方法来优化体验设计。在过往的实践中可以很清晰地看到体验设计的挑战从来不是缺少框架和工具，而是上层的规划与架构设计跟下层的体验和视觉设计相互脱节，在具体场景中无法有效使用框架和工具，即便请咨询公司做出成套规范与模板，也还是反复听到"体验不好"的反馈。所以对于读者来说，产品

---

[1] Jakob Nielsen 提出的十条可用性原则，经常被用于体验设计。

体验设计的学习并不是要在大脑中植入另一套框架和方法，而是要探索在体验设计的不同层面应当如何有效使用工具，规避常见的问题。就像前文分享的案例一样，并不需要读者重新学习报表应该怎样设计，而是要确保在正确的场景、为正确的角色交付一个可用、易用的报表，让客户能够有效、高效地完成相关任务。

参照用户体验五层模型，我们只需要思考下列问题就能够解答如何应对体验设计的那些常见挑战：

- 如何确保服务正确的用户/客户/角色？
- 如何确保该做的功能都得到了覆盖？
- 如何衡量功能设计达到了预期的要求？
- 如何让交互和流程更加顺畅？
- 如何让视觉设计符合客户期待？

所以围绕基于战略层理解需求和目标，基于范围层理解流程与功能，基于结构、交互和表现整合设计产品讨论交互与视觉，就能够清晰地定位到关键问题并明确解决与优化的方案。

8.2.2 拆目标，拆角色，定度量

在数字化战略规划和产品架构设计的过程中，我们已经反复练习并且强调了目标的重要性，为什么到了产品体验设计这种落地实现的层面还在讨论拆目标、拆角色、定度量？因为目标本身就是要落在实现层面，更因为大量的问题就源于目标没能落在实现层面。

以锦瑞食品 CRM（客户关系管理）的客户管理模块为例（参见图 8.2），从战略层面看，目标很清晰，通过产品功能的优化支持客户年度采购金额的提升；还可以进一步对这个目标进行拆解和量化，如平均的客户年度采购金额提升比例或者分类型的客户年度采购金额提升比例，以及在这个过程中多大比例通过运营策略实现、需要怎样的产品能力支持，这些在经营管理层面和产品总监的层面目标都相对清晰。落在实现层面的时候，产品经理能否回答出来他所负责的客户管理模块的目标是什么？如何衡量？如何通过体验设计提升产品的表现？更关键的是由哪些客户来评价产品的体验和表现？

不少产品经理犯的错误就是看到客户管理模块就直接开始设计"增删改查"这些基础功能，然后找找第三方 SaaS 产品，照葫芦画瓢地开始交互设计，让业务团队的数字化接口

人简单看一下就流转到视觉设计，然后踩着时间节点做评审、做编码、做测试，最后发布到线上等着客户反馈，好还是不好？看运气。这个过程错在哪里？并不是说某个动作做得不好，而是这一系列动作的起点错了。数字化产品的产品经理要首先回答客户管理模块要做成什么样才是"好"的，才是满足客户要求的；要明确客户管理模块是单纯做好增删改查的操作效率，还是支持对客户的分类分析辅助经营，抑或集成客户营销工具提升运营效率和效果；操作效率用什么方式度量，经营效能用什么方式衡量，运营效果又如何度量，等等。读者可能觉得一个简单的客户管理模块不需要考虑这么多，其实核心问题只有一个，就是回答"做到怎样算好"。问题很简单，但回答并不容易。这个问题的解答还是可以参考 REACT 模型，只不过这次要借助模型来找到合适的度量方式或者评估指标，如表 8.1 所示。

图 8.2 锦瑞食品 CRM 产品架构

表 8.1 REACT 参考度量指标

类 型	参考度量指标
R 业务营收型	营收规模、变现效率、回款效率、风险控制等
E 体验关系型	客户满意度、产品有效性、产品质量、客户粘性、使用/采购频次等
A 赋能业务型	功能完备度、编排/配置便利性、响应速度、权限管控、数据反馈、跨职能连通、运营成本管控
C 降本增效型	人力成本、综合人效/ROI 等
T 加速上市型	功能完备、响应速度、风险控制、结果可预测等

确定了度量方式或者评估指标，产品经理就能够回答"做到怎样算好"，并且在发布到线上之前，产品经理自己就可以对效果进行初步的评价。但是在此过程中还需要一个关键动作——拆角色。产品功能的设计不是单纯完成战略目标，产品战略目标的达成是在一个个具体的场景中实现的，由一个个角色完成，评估指标完成，说明产品做得没问题，同时也要考虑到是不是相关角色也能说产品做得好，毕竟体验需要度量和口碑。要让场景中的每个角色都说产品做得好就不是单纯的明确指标和度量问题，需要能够清晰地拆解出产品模块所涉及的角色有哪些，包括管理、经营、执行等角色，通过明确每个角色在场景中的预期产出、预期投入来澄清每个角色对产品功能和体验的期待。

所有拆解的基础是使用场景，用户从来不是使用一个抽象的"产品"，而是在具体的场景中通过产品来完成自己预期完成的任务，在这个场景中，用户有自己的角色、预期产出和预期投入。以新客户导入场景为例，从功能视角看就是需要一个添加新客户的功能，按照数据模型的要求把新客户的各种信息设计到一张表单里面，让客户经理（也就是销售人员）提交就行了。那么应该如何评判这个功能做得好不好？需要明确这个场景有哪些角色参与，他们对新用户导入的预期分别是什么。

尽管是一个非常"简单"的功能，但是在这个场景中至少有三个不同的角色。一是客户经理，客户经理负责具体执行工作。通常，执行类的任务会关注效率和质量。作为这个场景内的执行者，客户经理的预期产出是能够在拜访客户之后无论是用手机还是电脑都可以在5分钟内完成全部录入工作，录入的信息没有大的纰漏，不会因为数据质量被罚。二是销售主管销售主管在这个场景中也有自己的诉求，要对销售行为进行管理。通常，管理类的任务也关注效率和质量，但是视角不同，执行者关注自己的操作效率和质量底线，而管理者关注团队的整体效率、异常情况、工作质量水平以及自己在管理上投入的成本。三是销售运营人员，从运营视角提升销售部门的经营表现，作为经营导向的角色，销售运营人员的产出是新增客户的数量和质量，并通过对应的指标进行衡量，在这个过程中运营角色的预期是能够清晰地看到数据、有效反馈给各级管理者并控制自己处理此类任务的工作投入。将这些信息整合到一张表格内有助于我们形成对产品模块和使用场景的整体把握和深度理解，如表8.2所示。

表 8.2 产品模块的角色预期梳理

产品模块	使用场景	角色名称	场景内角色类型	场景内预期产出	场景内预期投入
客户管理	新客户导入	客户经理（销售）	执行	便捷录入(5分钟) 无明显数据质量问题	操作时间 异常数据处理时间
		销售主管	管理	综合人效(日均新增) 数据质量(评级分布和异常率)	数据等待时间(延迟) 异常任务处理时间
		销售运营	经营	数据及时性、覆盖度 便捷分享给管理者	操作简捷(时间) 异常数据核对与处理(时间)
	产品模块内其他场景拆解 ……				

通过梳理不同角色的预期产出和预期投入，可以在指标之外看到每一个产品使用者在场景中的具体关注，把个人主观的体验转换成产品设计中可以具体描述出来并针对性解决的问题。即便是无法定量度量的产出，也可以努力实现定性的度量，通过度量指导产品功能和体验的设计。

有了清晰的目标和度量，以及对角色与场景的清晰认知，数字化中台产品的体验就不会走偏，也能清晰地回答是否服务了正确的用户/客户/角色，是否覆盖了该做的功能，以及能否衡量功能设计达到了预期的要求。

8.2.3 基于业务流程和场景优化交互设计

有了对目标、角色和产出的清晰理解，就可以进入产品功能和交互的设计环节。数字化中台产品的功能和体验设计与其他数字化产品或者互联网产品的设计并没有本质的差异，要重点关注数字化中台产品的设计应始终围绕业务流程和业务场景进行。仍然以客户管理模块为例，当设计新客户导入相关的功能时，需要问自己几个问题：用户在什么场景下使用这个功能？在使用的时候有什么信息和资源是充足的，有什么资源或者信息是不足的？操作过程中有什么限制，功能使用要面对什么风险？用户期待或者预期的操作方式是怎样的？回答这一系列问题的过程就是完善产品功能和体验设计的过程。

首先在产品设计的过程中要明确用户的业务流程设计，当用户使用这个产品模块的时候业务流程运行到了哪个环节，有怎样的上下文信息和对应的资源，需要在当前的模块完成怎样的操作。例如，新客户导入模块尽管看起来是创建一个新的客户记录，但是从业务流程上看，完成大量前置工作（对客群的分析和识别、制定对应的营销策略和活动）之后才会进入新客户导入模块创建客户信息，这个时候产品经理要明确客户经理创建这一条客户信息是要承接之前的哪些工作，并为了后续环节完成哪些处理，从业务视角看哪些是必需的、哪些是可选的，是要一并处理还是可以分步骤完成，完成的标准和要求是什么。

其次在明确了业务要求的基础上继续澄清——负责这项工作的客户经理是在办公室的电脑前面完成这项工作还是在现场使用手机完成，抑或是两种终端在两个场景下相互配合完成信息的采集和校验。完成这项工作除了时间、场所、设备的限制，是否还有管理、经营等因素带来的相关约束与影响。当前是否已经有产品化或者非产品化的解决方案，其优缺点各自是什么。

在确定了这些基础信息后就可以进入一个类似"选型"的环节，"选择"相匹配的信息架构和交互设计应用于产品设计中。典型的信息架构要素包含组织系统、导航系统、搜索系统和标签系统，根据要呈现的信息类型不同，又有四种典型的信息结构类型：线性结构、层次结构、矩阵结构和自然结构，见图8.3。产品经理不需要发明全新的结构类型，而是基于产品特性、用户习惯、使用场景来进行选择。基于经典的信息架构和交互习惯设计降低学习成本；采用分层、分类、标签等方法组织信息，帮助用户快速找到所需内容；保持界面风格、交互方式的一致性，方便用户使用；借鉴用户熟悉的交互模式，如拖曳、滑动等，提高用户的使用体验；设置明确的导航栏，帮助用户快速定位到目标页面。在数字化产品，特别是数字化中台产品的设计过程中，使用经典的信息架构和交互设计能够大幅度降低用户的学习成本，从而降低综合使用成本，正如俞军先生的产品价值公式所示：

$$用户价值=（新体验-旧体验）-替换成本 \tag{8.1}$$

不仅要让产品本身是高效的，同时也要降低显性和隐形的迁移和替换成本。

在设计过程中，尽可能隔离不同角色的操作，确保每个界面只有一两个角色使用以便降低操作复杂度；明确不同角色的职责和权限，合理划分界面的功能模块；通过权限控制，限制不同角色对界面和功能的访问；为不同角色提供详细的操作指引，帮助他们快速熟悉界面和功能。有了角色、权限、界面的设定和约束，体验设计的难度本身也就被"人为"简化了。此外，为了降低人为操作的风险，可以通过系统约束操作。在用户输入数据时，进行业务层面的数据校验，确保数据的准确性和完整性；为用户提供操作提示，引导他们按照正确的方式执行操作；当用户操作出现错误时，提供友好的提示，帮助用户解决问题。建立完善的安全机制，防止恶意攻击和数据泄露。

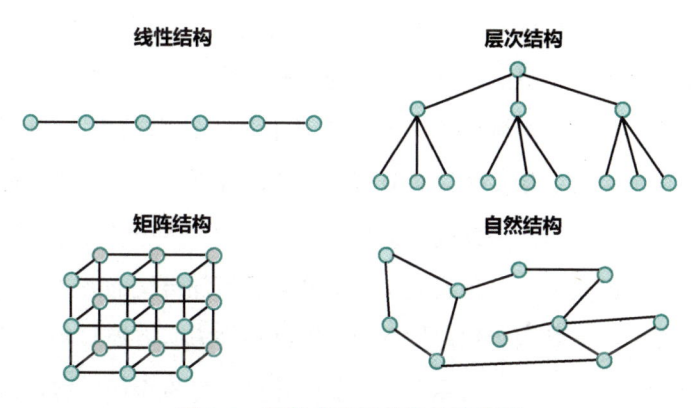

图 8.3 四种典型的信息结构类型

更进一步，可以融合业务知识和智能化能力来提升操作的便利性，降低复杂度。以创建客户信息为例，最基础的智能化是录入客户地址的时候自动进行省市区的识别，这是通用的知识和智能化；高一级的智能化是在填写连锁商超客户的时候动态调整所要填写的客户信息内容，并调用外部服务补齐工商、财税等相关信息供客户经理确认；再高一级的智能化是基于企业的基础信息和分类信息自动对企业进行标签提取和分类，提供相对匹配的合同模板以及风险预警信息；更全局的智能化则是客户经理在客户现场给门头、证照拍几张带有定位信息的标准化照片，产品通过识别与关联形成客户的相关档案，为后续的流程节点提供所需的推荐信息和模板。产品经理在这个过程中并不是追求一个"最完美"的智能化，而是有意识地在现有数字化能力基础上推动产品向更高一层的智能化发展即可。

产品交互设计持续优化的根本动力并不是学习新的套路和方法，而是产品经理对于业务流程、场景和用户的使用有更深入的理解，选择更加匹配的解决方案。所以产品经理在面对交互设计优化的挑战时，务必要回归业务、回归用户，才能找到根本的解法。

8.2.4　构建反馈闭环，推动持续改善

产品的体验和改善不是一步到位的工作，产品经理自身要对体验进行持续优化，更重要的是根据业务的发展变化调整产品设计，确保产品体验不因为业务的变动出现不匹配、降级

的情况。对产品体验的持续改善不能依赖于产品经理个人对业务保持关注，而是需要一套有效的机制来保证能够持续地发现问题、应对变化。站在产品管理的角度上看，就是构建一套产品体验的度量、反馈和优化机制。

这套机制的起点是对于目标的澄清和对于指标的定义。通过 REACT 模型和分角色的梳理，为产品的体验设计了可度量的标准。随后的挑战是构建一整套信息采集的工具、方法和渠道，作为专业人员，最容易想到的途径是在产品上植入数据采集点（也称为埋点），采集用户操作、转化、任务完成等相关数据来分析产品使用效能，通过表格分析、可视化工具都可以对这类数据进行有效分析。与此同时，也不能忽视更"传统"的方式，就是通过观察、访谈、调研来获取用户的反馈。这种看起来更加低效、更加传统的方式反倒更适合数字化产品。面向消费者的互联网产品因为用户体量大，产品经理未必有充足的手段全面了解用户对于产品和体验的直观感受。数据的采集和分析能够让产品经理全面、客观地了解产品使用情况，而且当数据量级足够大时，数据能够非常充分地还原用户的行为与特征。但是数字化产品更多面向企业内部用户，在数据的体量上与消费者数据有非常大的差距，对于某些产品功能或者模块并不能有效地反映使用情况。更重要的是，观察、访谈、调研这些传统方式除了收集数据，还为产品经理增加了一个和业务人员面对面交流的机会。在面对面交流的过程中，产品经理不仅能够收集到关于产品使用的相关信息，而且可以了解业务的发展和变化，了解自己产品设计中的盲区，此外还能够清晰感知用户的情绪和主观感受，这些都比单纯的产品使用情况更有价值。产品经理不是单纯地服务和支撑业务，而是和业务团队一同实现战略目标，在这个过程中面对面的沟通甚至是投诉和争论其实都能够增强双方在情感上的链接和认同，最终一同为了产品的优化而努力。

在获取了这些业务和产品的相关信息后，产品经理需要根据自己对产品的规划、设计和理解甄选其中有效的信息，特别是中短期有效的信息，将其融入产品迭代或者体验优化的计划之中。对于数字化产品，特别是数字化中台产品来说，体验优化需要关注的信息主要有以下几类：

- 产品操作/动作相关数据，有助于验证产品设计、交互设计是否与产品经理的预期一致，而且这些数据更容易在产品研发团队内部形成共识，让产品、研发、测试等角色认同优化的方向和必要性。
- 产品活跃度数据，有助于判断产品在业务流程中是否处于预期中的关键节点上。

- 用户主观的反馈，这些原始信息并不能直接影响体验设计与优化，但是可以帮助产品经理了解自身在设计过程中是否存在盲区。
- 用户的直接投诉，通常是产品经理对业务流程和场景的理解出现了明显偏差，或者对于角色的划分出现问题。
- 业务的发展和变化信息，并不直接影响产品体验，但是能够让产品经理了解哪些模块在未来可能不再适配业务，从而做前瞻性的准备。

产品经理对信息进行自主的分析和判断之后，能够更有效地设计相应的优化行动，这些优化行动有些会落实在功能层面，有些落实在交互、视觉层面。对于产品经理来说，只要能够认真倾听业务的反馈、分析采集到的数据，功能优化都不是最难的问题；需要关注的是这些优化如何被有效落实，不是单纯创建一个产品变更需求提给开发团队就结束，而是让优化行动成为整个反馈闭环的一部分——与业务和研发团队形成如何优化的共识，什么时候改完并及时反馈给业务团队，如何衡量改善效果与相关方达成一致，什么时间点确认改善效果给到各方预期。

更进一步的，有效的反馈能够推动组织内相关机制与流程的建立，与体验设计直接相关的机制包括：建立和优化体验设计规范、标准以及设计、交互组件，在持续迭代中落地简洁易用的产品设计辅助工具，让业务人员与产品人员使用类似 Ant Design、Arco Design 等成熟的设计方案，通过 Figma 等协作工具提升沟通效率和设计水平，优化沟通机制、度量方法、评审过程和标准，让产品与业务之间的默契程度更高。

数字化产品的体验不是单纯的交互和视觉，数字化产品的体验也不是静态的设计。对于数字化中台产品经理来说，体验就像硬币的两面，一面是通过产品的设计满足客户的需求，更好地实现业务战略；另一面则是对自身工作的度量，了解自己的产品设计好在哪里、差在哪里、盲区在哪里，并通过持续的优化和改进与业务建立更良性的合作关系和组织能力，提升自己的产品能力。

第9章

平衡业务与团队的迭代开发模式

数字化中台产品有规模大、周期长、关联广的特点,因此数字化中台产品的开发实现也面临着更大的挑战,很多从传统IT团队发展起来的数字化团队亟需升级迭代自己的研发模式,才能够有效匹配产品端的巨大变化。在本章,笔者会结合实践中的典型场景和问题,回答工作中遇到的这些问题:

- 为什么原来的开发模式和管理模式不再有效?
- 所谓的迭代开发到底需要团队做哪些改变?
- 如何让团队更高效地应对数字化产品的开发与迭代?

9.1 数字化中台产品的开发必然是迭代的

进入到数字化中台产品的实现阶段,产品研发团队的短板会呈现得更加明显。在规划设计阶段还只是产品经理与架构师的问题,到了开发实现阶段,技术能力、项目管理能力、内外部协作能力等方面的问题就会一股脑地浮现在台面之上,这种全方位的挑战也需要数字化团队体系化的思考和完整的解决方案。

9.1.1 数字化中台产品开发的挑战和解法

数字化中台进入开发过程后,产品需求就像流水一样源源不断地提交到研发团队这里。与之前零散的日常需求和点状的项目需求相比,数字化中台的产品需求经过了更完备的规划和设计,目标更清晰、设计更明确,但是研发总监老邓的压力比之前大了很多,最直观的压力就是需求的规模太大了,原来团队只是对ERP和CRM这类系统做一些二次开发和维护工作，独立项目主要分给供应商完成，尽管这次数字化中台建设限定在渠道中台和经营中台，但是对原有系统改造和新产品接入的工作量也数倍于之前团队所承担的工作量。此外，需求的开发周期也从过往的两三周到一个月瞬间扩展到 9~12 个月。周期变长，意味着在产品开发过程中会有更多的需求变更、工作变化、依赖关系以及其他不可预测的风险：原来每两周或者一个月收集一下需求，分发给自研团队或者外部供应商，两三周或者一个月就可以完成开发测试部署验证；而现在研发总监要预测 A 功能上线的时候依赖的 B 功能是否能够完成、C 功能上线所需的数据迁移 D 功能是否可以保障、某个需求上线之后业务是否还是按照预期的方式运行、供应商派来确认验收的那个项目经理还是不是发需求时的那个人。而且大量的产品需求也并非由单一团队来支撑，原来的开发模式下某个需求要么是自研团队支持，要么是某个单一供应商支持；而渠道中台和经营中台的开发过程中，大量需求需要自研团队规划统筹、供应商 A 提供基础产品支持、供应商 B 负责原有系统或者相关系统的对接，这对自研团队也是前所未有的挑战。如果用一句话总结，那就是——更多、更久、更复杂。

研发总监老邓和他的项目经理从未如此为难。他们能够清晰地看到问题、预见问题，但是不清楚怎么解决，于是邀请亲身体验过全过程的顾问老张来帮他们诊断问题，定位解法。老张只是简单地听了一下研发团队的描述就直接给出了反馈："现在的研发模式没办法支撑中台产品的开发，团队要从瀑布开发模式升级到迭代开发模式。"老邓听到之后有些不忿，明明之前的开发模式就是每个月"迭代"一批需求，老张为什么说他们是瀑布模式，还说团队要"升级"？老邓是不服的，要顾问老张把话说清楚，自己的团队怎么就是瀑布模式了，凭什么还要升级？

老张明显感受到了老邓的情绪，因为知道在有情绪时其实是无法有效进行沟通的，所以老张并没有直接回答老邓的问题，而是带着大家把刚刚说过的问题重新梳理了一遍，然后把这些问题汇总在一张表格中，参见表 9.1。

表 9.1　数字化中台研发过程中的现状和预期

关键阶段	主要动作	现　　状	预　　期
产品规划	产品规划	基本不规划，跟着业务走	围绕战略设定目标，设计蓝图
产品设计	需求分析	业务怎么说就怎么做	拆目标、拆角色、围绕业务流程和场景设计

(续)

关键阶段	主要动作	现状	预期
产品设计	需求管理	每个批次数量相对有限，单独开会讨论，"强势"的业务能靠前一些	数量倍增，希望有不依赖开会吵架的方式把优先级和资源都定了
	功能&体验设计	完成要求的功能，参考其他产品的设计	围绕目标、场景、角色设计产品，建立设计的原则和规范
开发实现	开发实现	需求拆分后尽可能全自研或者全由单一供应商开发，没有涉及三方或者更多方的协同	大量需求涉及自研团队和两个供应商的协同，以及不同模块的相互依赖关系
交付运营	实施部署	部署复杂度低，延续过往惯例即可 通常只涉及单个业务	涉及多方协同部署，复杂度高 很多中台产品都涉及多业务协同
	产品运营	基本不运营	希望借助数字化中台建设把运营体系建立起来
复盘迭代	复盘迭代	没有复盘 业务这边要求改就算迭代了	希望产品迭代能够更多地由数字化团队主导，不是单纯听业务的

表格本身没有什么深奥的地方，只是按照产品研发的过程把现状和预期做了简单的汇总，起到了"白板"的作用，即把大家的讨论拉回到同一个"平面"里，基于同一套事实、同一套逻辑来进行讨论，避免出现"你说你的、我说我的"这类沟通问题。当众人的目光聚集在表格上之后，老张引导大家回答这样一个问题："全过程中各个环节都有问题要解决，那么根本问题到底是什么？难道单纯叫了中台这个名字，事情就变得不好做了么？"对根本问题的思考让大家安静了下来，讨论中逐步形成了共识——本质上是产品的复杂度大幅度提升，导致研发支撑困难；产品复杂度的提升又源自业务运作的方式发生了变化。所以不是因为数字化中台才出现了困难，是数字化和业务融合的深化自然而然地带来了这种复杂度的提升。

紧接着老张又问了一个问题："原来的研发模式运行得好好的，为什么现在就支持不了，到底是什么支持不了？是资源不够、用得不好，还是模式不对？"大家刚听到这个问题的时候，觉得这问题问得完全没有必要，产品复杂度有这么大的变化，出问题不是很正常的么？为什么还要纠结现有模式为什么支持不了？随着讨论的进行，大家逐渐理解了顾问的意图："产品复杂了，于是研发过程出问题"是一个很表象的因果关系，真正要解决问题，需要洞察过程中哪些要素和结构出现了问题,从日常工作中的现象出发,深入到研发过程中的根本问题点,大家总结出了研发过程中面对的几个核心问题:

- 尽管数字化中台产品聚焦在渠道中台和经营中台上,但是两个中台涉及的业务场景、上下游产品/系统非常多,产品需求的数量和规模很大,不同模块之间关系复杂,产品经理要做很多工作才能把逻辑理顺、使功能和体验设计达标,在实现之前还需要进行分拆,但是到底是自研团队拆还是分发给供应商拆,标准尚不清晰,而且研发也不好判断拆得对不对,毕竟和业务之间隔了一层——产品。需求是所有问题的本源。
- 需求太大,导致开发周期长,周期一旦长了,就会有各种变化,包括业务有了新想法、依赖的其他产品发生变化、其他需求插队影响开发资源等,这些变化导致需求开发周期更长、更不可控。周期把问题传导到了各个环节。
- 产品经理并不直接对接供应商,而是和自研团队一同评审需求之后再由研发团队的项目经理对接供应商。供应商都希望自研团队发出的需求是确定的,但是自研团队原本人手就不多,这次核心开发人员还把很多精力投入到架构设计的工作中,于是自研团队就更难以对产品需求进行细致的拆解,从而导致供应商开发团队需要直面复杂的需求和由此带来的反复沟通与周期延长,即便供应商团队单方增加资源,也无法有效解决这个问题。资源是卡点,自研团队的资源则是核心卡点。
- 产品在开发实现阶段就"盘根错节",交付实施的过程也要协同各方,因为供应商之间没有隶属关系,所以自研团队的项目经理要全程协调相关方的交付实施过程和节奏,确保无缝连接,这使得项目经理的资源瓶颈愈发明显。不仅研发资源是卡点,项目经理也成为卡点。

大家从"到处都是问题"逐步聚焦在需求本身的清晰、可拆解,单个需求的研发周期控制以及自研团队的研发与项目管理资源上,随后,第三个问题也就呼之欲出了:到底什么样的研发模式才能解决这几个问题?这次老张没有让大家开放式地讨论,而是直接给出了他心中的答案——数字化中台开发不是一次性交付一个完整的中台产品或者某个复杂的、集成的产品组合,而是拆分为一个又一个独立、完备并且可控的环节,持续交付;后一次迭代与前一次迭代是相互串联、持续提升的过程,代表了对业务和中台的认知持续深化,而非每次从零开始构建;承认需求、计划、估算和实现都是在过程中逐步精细化的,不存在一个完美的需求，也没有100%准确的计划，产品研发团队会围绕最具有确定性和最可能变化的部分进行设计，并试图让研发过程能够匹配需求、计划的不断精细化；研发团队能够与客户、需求建立良好的反馈机制，并将来自需求端的反馈反映到下一次迭代中，以便更好地面对变化。这个答案过于"完备"和"完美"，反而让大家感觉有些套路感，不大能接受"只要这样就可以了"的答案。

于是老张又追问了一个问题："我们现在的研发模式难道不是这样的么？"这个问题激发了所有参与的人，大家纷纷开始对比"标准答案"和现在的模式，发现差异还真的不少：

- 现在对需求也做拆分，但是仅限于凭直觉拆分，拆得尽量小一点，尽量模块化一点，但是具体到什么程度并没有明确的要求，独立、完备、可控这三条并没有做到，于是关联、依赖、不可控等问题就出现了。
- 现在所谓的迭代其实只是工作节奏的划分，这次分发的需求和上次的需求并没有逻辑上的关联和设计，仅仅是赶上了这一批就放在这一批，在具体项目中分拆成几期来开发实现，也只是工作量和依赖关系的拆分，是一种搭积木式的开发，并不是所谓的提升和深化，于是功能上线之后使用情况怎么样、业务有什么变化、后续如何应对这些问题没人知道，也没人去关注。
- 自研团队相对来说还能接纳业务和需求上的不确定性，倒不是理念先进，而是不接受也没办法，只能被动接受不确定性；供应商团队则更加抗拒，每次都全力和项目经理、产品经理争论需求的细节，但凡有变动，就要重算工作量和预算。但是数字化中台产品很多时候就是一步一步改出来的，可能改交互、改功能、改流程，甚至改架构，如果每次都这么"精打细算"，很可能三分之一的时间都浪费了。
- 目前产品经理和内外部客户多少还有联系，但是产品经理和研发与供应商之间却没有多少沟通和反馈。为了弥补沟通上的不足，产品经理要投入大量的精力把需求细化到不需要额外沟通也能精准传递的程度，这对产品经理的精力是极大的消耗，同时也阻碍了供应商对业务的深入了解和更高效的配合。

在讨论结束之后，老张揭开了谜底，所谓的标准答案就是迭代开发的要求，准确地说，是迭代开发和三种衍生模式的要求，即迭代开发（Iterative Development）、增量开发（Incremental Development）、渐进式开发（Progressive Development）、自适应开发（Adaptive Development）。之所以绕这么大的圈子导入一个简单的迭代开发概念，并不是因为这个概念复杂，而是因为这正是现实工作的真实写照，一个人找到一个正确的解法并不难，但是让一群人认同这个解法并不容易。幸好，在锦瑞食品的数字化中台产品开发中，大家暂且取得了这个共识——数字化中台的开发应当是迭代的。

9.1.2 中台开发的产品迭代与能力迭代

当我们谈论数字化产品的时候通常会有一个假设，就是其需求确定性比面向用户的产品要高，可以把需求整理得清清楚楚，然后打包提交研发，干干净净地交付投入使用。但实际上这个假设需要再"萃取"一层，企业数字化产品的需求确定性并不比用户产品的需求确定性高，之所以有这样的印象，仅仅是因为企业的需求是围绕战略和经营出发的，相对容易把握需求的方向，或者在特定的领域中由于业务成熟度高，可以提供确定性较高的需求。但是一个面向竞争市场的企业很难在构建数字化中台产品的初期就给出精确的需求描述自身业务，更常见的是在数字化产品开发过程中，业务模式和业务场景也在同步发生变化，所以当深入分析的时候会发现数字化中台的建设必须是一个迭代的过程。

这个迭代过程不仅是单个产品、单个需求的迭代。以中台产品进入运营阶段为关键节点，可以把中台产品的迭代分为两类迭代：围绕中台产品的迭代和围绕中台能力的迭代，如图 9.1 所示。

数字化中台开发过程中的产品迭代相对容易理解，在整个产品开发的过程中通过迭代开发模式管理产品从规划、设计、实现到交付、运营等环节，控制整体的节奏、效率和风险。核心动作就是对产品需求进行有效拆分，实现产品价值的持续交付。拆分的粒度取决于两个要素的权衡：

图 9.1 数字化中台产品研发过程中的两类迭代

一边是用户需求的拆分，要确保一个迭代周期内完成的工作能够支持一个完整的工作场景，只要满足这一组需求，就能够端到端地完成相关任务，并通过拆分减少这组需求与内外部产品模块和服务的依赖关系；另一边考虑的是任务工作量和开发周期可控，尽可能将一个迭代的开发周期控制在 2~4 周，避免过程中的需求变更和外部环境的变化。现实中不可避免地会出现某些需求的规模过大，又没有看到更独立、完备、可控的拆分方式的问题，这种时候

要首先控制需求中的非重要、非紧急部分，其次考虑实现方案上是否能够通过复用、集成的方式降低迭代工作量，最后在前面需求裁剪和方案调整的基础上评估这个迭代内需求的重要程度，从全局视角判断如何处理这个迭代。如果这个迭代非常重要，可以考虑集中资源攻克，或者变更迭代目标，集中资源攻克其中某一个大型需求，这种情况下的决策不追求迭代之间工作量的均衡，而是确保独立、完备、可控。每个月或者几周一轮迭代只是迭代的一个表象而已，其核心是实现独立、完备、可控的管理目标。

数字化中台开发过程中的能力迭代更容易被忽视，但是能力的迭代才是数字化团队能够持续成长、面对更多更大挑战的基础。推动能力的迭代也需要具备两个视角，即产品迭代视角和能力视角。这两个视角有助于我们在交付和运营过程中持续收集客户与场景中的反馈，定位能力提升与机制优化的机会点。以渠道中台和经营中台为例理解什么是能力迭代，在渠道中台的交付过程中可以发现，渠道的管控和运营策略在落实到线下渠道商时会遇到信息传递过程中失真、兼职员工管理难等问题，站在产品迭代视角上看，机会点是后续的迭代中优化信息传递、兼职管理的相关功能，站在能力视角上看，机会点包括如何提升需求分析能力以便提早发现线下渠道商的信息传递问题、如何提升规划能力在顶层设计上更有效兼容兼职员工的管理、如何优化渠道管理团队和产品经理的沟通。经营中台运营过程中，随着新产品、新渠道的拓展需要，更多实时报表或者与外部合作商联动的报表，站在产品迭代视角上看，机会点是增加新的报表以及更加通用的报表生成能力和数据对接能力，站在能力视角上看，机会点包括如何提升数据需求的抽象能力以便利用第三方数据中台产品快速转化各类需求、如何优化自研团队和数据中台供应商的沟通和反馈机制让供应商能够更快响应、深入到特定的业务场景中，如何通过多供应商的联合会议优化协同效率。这种视角变化和扩展容易淹没在中台繁杂的需求之中，需要中台团队的管理者在每一次迭代中主动挖掘，而且只有管理者才有能力、有责任去挖掘这些机会点。

随着产品迭代和能力迭代持续进行，团队对于研发过程的管控能力可以获得扎实的提升，这些提升会体现在产品经理的需求分析与管理能力上、项目经理的需求拆分和迭代管理能力上，也体现在团队和跨团队（自研与多供应商）的每日会议、定期复盘以及反馈机制上，体现在项目经理设定里程碑、控制进度、促进协同的基本动作上。对迭代和过程的管控是数字化中台建设的基本功，被定义成"基本功"不代表这个能力简单，而是因为它重要。

当然，数字化中台的迭代也不会止步于此，当竞争环境和业务战略发生重大变化之后，当中台战略被新的战略取代之后，数字化团队可能不再天天讲中台要怎么做，但是产品的迭代和能力的迭代永远不会停止，团队能力的持续提升也不会停止。

9.2 从迭代到敏捷，找到演进节奏

迭代开发模式能够帮助数字化中台研发走上正轨，对于某些团队来说，中台的研发不仅可以是迭代的，更可以是敏捷的，敏捷意味着团队有更快的交付速度、更好的交付质量，本质上更是团队有更高效的协作、沟通、信任和默契。尽管敏捷不是对数字化中台研发团队的必备要求，但是能够看到优秀实践、能够理解其中的逻辑和技巧，可以帮助我们在开发模式优化与提升的路上加快脚步、少走弯路。

9.2.1 打造中台项目的敏捷实践

在合作过程中，产品研发团队发现渠道中台和经营中台的供应商之间也存在明显的能力差异，经营中台的产品供应商开发和协同效率明显比自研团队和其他供应商更强：一是对接人员对于经营中台的理解更深，能够从要做某个报表、要做某个数据大屏背后洞察经营人员和管理者的目的，给出更优的解决方案和建议；二是协作响应速度非常快，在项目经理没有强制要求的情况下，对方每天会给出研发日报，及时同步研发进度和过程中需要关注的事项，和产品经理甚至我司的业务专家也建立了非官方但是常态化的沟通渠道，能够快速沟通、确认和解决一部分问题；三是对于过程中的变更、沟通也没有表现出明显的抗拒心态，而是通过自己的研发管理系统快速定位变更影响点、及时与自研团队确定解决方案，并通过定期的商务沟通消化其中产生的成本，让自研团队的开发工程师非常羡慕，很多自研团队的工程师私下说要是能跳槽去供应商那边就好了。

作为甲方，有这样的合作伙伴自然是省心的。数字化中台的负责人和建设者同时还要思考如何能够让团队也逐步升级到这样"敏捷"的状态。人们似乎很难把一个面向企业的数字化中台和敏捷这两个词关联在一起，敏捷更像是互联网公司独有的实践。为什么说中台建设可以是一场"敏捷式"的实践？因为笔者在几个数字化中台项目中，或多或少都体会到了这4种"价值"：

- 可以工作的软件胜过面面俱到的文档。

- 个体与交互胜过过程与工具。
- 响应变化胜过遵循计划。
- 客户协作胜过合同谈判。

这四条也就是著名的敏捷软件开发宣言。敏捷方法有太多形式和变种，但是内核始终是更优质的交付、更顺畅的过程、更快速的响应和更有效的协作。如何能够有效落地这些看起来完美的原则和主张，不仅需要去学习 Scrum㊀、XP㊁、TDD㊂ 等方法和思路，还要具备判断、选择和行动的能力，让团队有能力应用这些方法并且取得效果，而非大张旗鼓地学习、灰头土脸地实践。

1. 可以工作的软件胜过面面俱到的文档

数字化产品的开发团队从不成熟走向正规化的过程中，会习惯性地选择通过统一产品需求、设计、开发文档或者模板等方法来提升团队在各个环节上的能力和一致性。笔者在成熟的互联网公司任职时很少使用统一的产品需求和模板，却不影响不同规模、不同领域的产品经理使用各种方式确保产品设计的正确和完备，文档的形式有在线的知识库、带着注释的 Axure 文档、图文并茂的 Word 文档、电子表格、PPT 演示文稿、对着白板拍摄的照片等，只要能够有效记录和沟通，就可以被开发团队使用。随着服务过的企业越来越多样，笔者发现在文档规范化上呈现出两种截然不同的选择，一种是通过"文档化"让团队更加敏捷，另一种是通过"去文档化"让团队更加敏捷，而且两种方式竟然都有成功案例。

"文档化"并不是把产品需求变成几十页的用例、表格、流程图，埋头写文档并不能让团队敏捷起来。在实践中真实可行的文档化是那些看起来并不怎么系统化、正规化的文档：有些文档侧重需求分析，帮助业务团队的数字化接口人把需求和场景的核心要素描述出来，减少了产品经理和业务之间反复沟通的成本；有些文档侧重过程管理，用一个在线文档每日更新进行中的工作、待解决的问题和资源池的使用；有些文档关注客户的声音和反馈，各种角色都可以在文档中提交交付运营环节出现的问题并在一天内收到初步反馈。有趣的是，所有这些使用文档的人并不认为他们在写文档，而是完成产品设计到落地中一个很平常的动作而已。所有这些动作都是为了帮助团队更准确地沟通、更有效地协同，最终交付更好的产品

㊀ Scrum 是一种迭代式增量软件开发过程，是敏捷方法论中的重要框架之一。
㊁ Extreme Programming，极限编程，简称 XP，由 Kent Beck 提出，是敏捷方法论中的一种。
㊂ Test-Driven Development，测试驱动开发，简称 TDD，由 Kent Beck 在 XP 方法论中提出。

和服务。这种"文档化"本质上是"行为固化",让产品研发过程中的每个参与者都能够按照更敏捷的方式来行动,而非为了文档而文档、为了规范而规范。对于试图走向正规化的产品研发团队来说,这种围绕问题解决的点状"文档化"有利于团队更轻松地实现能力提升和敏捷开发。

"去文档化"更多出现在相对成熟的产品研发组织中,这些组织原本已经有了覆盖产品研发全过程的文档,但是随着团队能力的提升、默契的提升、支撑工具的升级,写文档逐步成为团队的负担,特别是大量文档内容存在着重复、不一致、不及时更新等问题,为了把团队从文档中解放出来,成熟的产品研发组织会选择通过系统化和智能化解决这个问题。以经营中台为例:在经营中台设计和运营的过程中形成一套关于数据采集、经营分析、数据应用的规范和标准,按照过去的处理方式,这些标准会分散在几个文档中,除了刚刚完成的那两天还有人看,后面很难被人想起,也很难被应用。而去文档化的处理方式则是通过数字化的表单、规则校验与引导、智能化的提醒与推荐帮助业务人员、产品经理把握产品需求、产品设计,使其符合数据规范、数据标准,并用结构化的方式直接"配置"在系统上,开发人员可以按照结构化的需求和设计直接进行产品功能的实现与迭代,实现"没有文档、系统就是文档;全局一张图、前后都一致"的效果。这听起来很简单,但实现起来则需要大量的投入与磨合,去文档化的基础是已然成熟的去文档化以及对文档和流程烂熟于心的产品研发团队,有了深入的理解,才能够像庖丁解牛一样真正实现去文档化甚至无文档化。

在这方面很多传统企业更值得数字化团队学习。机制与工具远比文档强大,例如某些互联网公司的新员工手册有上百页,但是员工在入职一周后仍然搞不清楚自己应该怎么接手工作,而某些传统连锁服务机构则可以确保一个兼职员工在几小时内了解与自己职能相关的方方面面并且上手操作。数字化中台的设计也是如此,有些中台做了很多"功能",但是需要一个专门的角色或者团队来替前台业务使用这些功能,而理想中的中台是把业务知识、体系、流程做到产品中,让产品就是知识,知识就是产品。所有人都能够通过中台"读懂"业务的逻辑和外化的能力,而不是靠文档或者"数字化服务团队"。把所有注意力都聚焦在交付的软件上,让交付出来的软件是"活的"。"活的"意味着交付的软件不是单纯地为了实现功能编写的静态代码,这个软件本身能够自我表达、自我维护,能够与运营后台、使用者有机结合,这就是"可以工作的软件胜过面面俱到的文档"这条原则典型的体现。

2. 个体与交互胜过过程与工具

TOGAF、Scrum 等框架和方法都为我们提供了不少工具，特别是对过程管控提供了非常多可用的工具，但是这并不意味着在中台建设过程中要完整地使用所有工具。从实践经验看，这些框架和方法提供的工具在落地过程中都要尽可能以最小的、最轻量级的方式导入团队，每增加一种工具，就多了一种学习成本和管理成本，这些成本最终都会体现在交付质量和交付速度上。

在成熟团队中，产品经理或者项目经理可以分析、拆分项目，设定里程碑，项目小组采用早会、站会、代码评审（Code Review）等形式促进组内沟通。当前迭代的设计工作告一段落后也要能够保持产品经理和研发伙伴的沟通，包括澄清意图、解释设计、介绍业务背景等。另外，要定期为团队带来最新的需求和变动信息，要为下一个迭代的目标设定积累充足的信息。这些精简但是有效的沟通能够让整个研发过程变得敏捷而高效。不过，这种氛围或者工作模式的构建非常耗费精力，需要团队内部的技术能力、对业务的理解、对优先级的判定和协作态度都在一个较高的水平才可能产生这种顺畅且有效的沟通。

对于成熟度还不高的产品研发团队，则要避免设定过高预期，回归解决问题的状态，先把过程管控和工具构建起来，解决眼前遇到的一个个具体的问题与困难，在团队能力提升之后再考虑过程的敏捷和优化。

3. 响应变化胜过遵循计划

数字化中台设计和交付过程中，业务不可避免地会发生变化，特别是在有供应商介入的情况下，这种挑战和冲突更加明显，如何平衡变化和计划？产品经理需要对不同的研发团队选择不同的沟通模式。对于自研团队，可以说：什么带来了这个变化？我们选择这样的变化会带来什么更好的产出？这样判断的依据是什么？通过这几个问题和论证，能够为自研团队呈现变化的必要性和价值，通过"讲道理、讲价值"推动自研团队接受变更、理解变更、理解业务，而非转移矛盾、以势压人；对于外部供应商，可以说：需要做什么变化？这个变化背后对应哪些趋势和要素的变化？后续会有/不会产生新的变化？变化造成的影响，除了你们一家供应商还影响了哪些？由此产生的成本双方如何消化？通过这样的解读，可以为供应商团队提供对变化的理解、判断、预期和解决方案，在消除了供应商疑虑的同时也增加了对业务的理解和预期。

经典的敏捷方法 XP 的价值观（沟通、简单、反馈、尊重和勇气）也聚焦于团队协作，因为"敏捷"这种软件开发原则本质上是通过优化人与人的关系来提升整体表现的。当我们面对变化争论到底是遵循计划还是应对变化的时候，其实是在考验这个团队中人与人的关系，比如这些人是否真的是一个有凝聚力的团队，是不是一个可以围绕同一个目标相互协作、寻求更优结果的团队。尽管有各种各样管理的方法和原则，但是在数字化中台这种复杂度高、持续响应变化的项目中，敏捷的方法有更大的"弹性"和"韧性"。

4. 客户协作胜过合同谈判

数字化中台产品经理应该是企业中沟通工作占比最高的产品经理。一方面，为了服务差异化的前台业务，中台产品经理需要把大量精力用于业务需求沟通和分析、确定解决方案、跟进交付细节；另一方面，为了管理多样化的研发团队，中台产品经理需要不断更换视角，寻找合适的沟通方式推动产品的实现和落地。如何能够让中台产品研发的协作更加高效？如果是一个关注规章和流程的公司，大概率会在工作流管理中专门为中台的对接工作设计日常级别、项目级别、大型业务级别等不同类型的流程来管理和跟进这种涉及大量细节与沟通的工作；如果是一个相对灵活的公司，大概率会基于原有的习惯和套路，在沟通和管理过程中逐步优化，摸着石头过河。在数字化中台的实践中，既有规范化、标准化的项目协作方式，也有基于惯例、行为准则的相对原始的项目协作方式。

为什么原始的协作方式也可以在中台这种规模大、复杂度高的项目中正常使用？首先，中台产品发展过程中必然会经历一个相对原始的"摸着石头过河"的阶段，这并不代表中台团队的协作是混乱无序的，因为大家总要按照自己熟悉的方式先看看中台建设这条路怎么走更好；其次，对于大多数初次建设中台的公司来说，基于惯例、行为准则的沟通和管理风格可能更适合团队的能力。可以把这个过程分成经验型过程（Empirical Process）和规定型过程（Defined Process）两种，一般来说，敏捷开发方法提倡经验型过程而不是规定型过程。规定型过程需要在开发过程中遵从许多预先定义的、安排好的活动，更适合确定性、有预见性的制造领域；经验型过程适合高度变化的领域和不稳定的领域，以频繁地测量和动态地响应变动的事件为基础，不依赖于预先排好顺序的活动。几乎所有中台的建设都面临着不确定性和未知的协作方式，除了前面提到的注重个体交互、响应变化外，还可以在过程设计上让自己的项目和团队具备更大的容错性，越是在中台建设前期，就越需要基于原则和动态响应管理开发过程。随着中台服务的确定性不断提升，中台需求的主要部分会演变为规定型的协作过程，但是在扩展新能力、为中台能力扩展新的输出形式时大概率会继续使用经验型过程。

软件研发的工作其实并不完全是工程层面的工作，还包含了组织层面的工作。我们不是按照流程图一步一步生产工业产品的机器，而是要让研发团队成为一个连接更紧密、相互信任、能够顺畅协作和持续产出的有生命力的组织。

9.2.2 再谈组织的能力成熟度

和中台概念相似，研发过程管理领域也有太多类似迭代、敏捷、Scrum、XP、TDD 这样的名词和概念，当我们试图把这些概念和理论落实在自己的业务和团队中时会发现非常困难，往往要花费巨大的成本却收效甚微，甚至可能反过来阻碍业务的开展。迭代开发，特别是敏捷开发更是具有这样的风险。

敏捷开发的本意是通过开发模式的升级让软件研发摆脱瀑布式开发的重量级工具和过程管理，能够有效应对外部的变化和不确定性，最终交付高质量、有价值的软件产品。可惜的是，"敏捷"一词具有一定的迷惑性，似乎敏捷方法是轻量级的、低成本的。这种误解来自对"能力成熟度"的忽视。敏捷本身不止是一种管理模式，背后也对应了产品研发团队的能力以及相应的成熟度，这种能力包括对需求的结构化理解能力、对研发过程的熟悉程度、对协作方产出的预测能力、对自身产出能力的准确判断。特别值得关注的是，这些能力大多不是那些可见的"硬技能"，而是基于长期协作、稳定交付产生的默契和判断，就如同我们在讨论能力成熟度时所强调的：重要的并非能力本身，而是能否以这种水平持续稳定地交付。

回到数字化中台的实践中，这种研发组织的能力成熟度就更加重要。我们所看到的成功实践，大多不是因为团队学习了某种敏捷方法后顿悟了，从传统研发模式一夜之间升级到敏捷模式；而是团队自身在持续的研发、协同之中尝试用敏捷的理念和方法改造自己的研发过程，对于其中有效的部分继续深入学习与实践，对于无效的部分则分析原因，找到问题，换个思路再优化，最终在持续地尝试、优化、反思中演变成为一个敏捷组织。而失败的实践却几乎都是同一个模板：团队本身在日常的研发工作中就已经应接不暇，幻想着通过敏捷方法一夜之间解决所有问题，花费大量人力、物力和财力导入方法与工具，但是并没有对应的软实力和硬技能，学到了皮毛，却很难转化为实在的能力。

所以，尽管本章为读者呈现了适合数字化中台的研发模式，以及众多企业正在进行的优秀实践，但是最终研发能力的升级是外部先进模式和团队持续打磨能力相互促进的结果。

第10章

数字化中台的持续运营

数字化中台的价值呈现不在于产品研发完毕部署交付的那一刻，而在于中台产品的持续运营。本章围绕数字化中台如何实现价值的最大化展开讨论：
- 如何打造数字化中台的运营框架？
- 如何实现数字化中台的价值最大化？

10.1 靠前介入，设计运营框架

数字化中台整体进入开发实现阶段后，项目组的伙伴们都松了一口气，甚至有产品经理开始准备把之前赶工加班的调休凑在一起休个假。顾问老张也不好说什么，只是约大家回来之后一起碰头聊一聊"后面"的工作。大家觉得，后面不就是开发、测试、部署、交付么？而老张关注的问题是："如果上线之后大家不用，或者说不好用怎么办？"伙伴们听到这个问题就懵了，前面做了那么多工作不就是为了上线之后让业务团队觉得好用吗？于是大家休假的心情也没有了，问道："那我们明天就开会讨论吧，不过，到底讨论什么呢？"老张说："很简单，就讨论上线后业务方怎么用，怎么用好我们的数字化中台。"

和所有数字化产品一样，产品的价值不仅是保质保量地把产品部署上线——这是项目管理的价值，而且在于上线后能够帮助使用方、业务方实现营收增长、体验提升、能力扩展、效能提升和响应提速。运营体系是实现产品价值最大化的核心手段。

在实际工作中，数字化产品，特别是面向企业内部的数字化产品，在运营阶段会面临一系列困扰：初级产品经理的困扰最小，因为初级产品经理还在埋头做功能、接需求，没有空间思考产品价值最大化的问题，只有面对晋升评委的提问和挑战时才开始后悔，为什么接需求的时候没有问清楚产品的价值是什么；中高级产品经理通常有运营的意识，但是不少人认为运营主要是产品运营专员的事情，自己只要等产品上线之后一周去找运营要一份数据贴在自己的周报里面就行；高级产品经理经过多年磨炼，已经有意识地去挖掘、澄清产品的价值，并且在产品设计过程中就有意识地找价值、提升价值，但是缺少对应的套路，也没有得到业务方和客户的配合，只能独立支撑产品运营，身心俱疲。

首先要澄清数字化中台的运营计划不是等到产品上线才开始准备的，理论上应当与产品架构的设计并行开展，因为运营的本质是产品价值的最大化，产品价值最大化的工作和产品的起点在一起才是最有效的。不过，这个要求对大多数团队来说太高了，所以在架构设计完成后能够开始做运营计划也很优秀。那么，怎样构建数字化中台的产品运营体系？这就回到了前面顾问提出的问题——产品上线之后业务方怎么用好，即如何能够帮助客户更好、更顺畅使用我们的产品，也就是要有一套优秀的产品运营体系。所以，可以围绕产品使用的全过程来思考和设计数字化产品的运营体系。这需要回答两个关键的问题：客户如何使用我们的产品？客户在什么场景下使用我们的产品？

第一个问题看起来稍微复杂，毕竟客户使用产品的场景相对复杂，其实，如果找到一条清晰的线索，这个问题并不难回答。客户使用数字化中台产品，最基础的要求是有基本的功能支持，让业务可以正常开展；有了这个基础之后，客户希望顺畅、清晰地使用数字化中台产品；更进一步是度量使用数字化产品给业务目标的达成带来了多少提升。

第二个问题似乎很简单，但并不是单纯罗列使用场景。作为产品经理，当谈论客户与场景的时候需要探索更深层次的理解，设计数字化中台的运营体系时我们的回答要落实在不同场景下、面对不同条件的中台客户，以及我们应当如何设计运营体系、侧重点在哪里。

简言之，对第一个问题的回答要落实在数字化中台运营的三大机制上，对第二个问题的回答要思考数字化中台运营分阶段的重点。

10.2 数字化中台运营的三大机制

数字化中台的运营机制看起来是一个很大的概念，但是所有工作其实都是围绕日常工作展开的：需求的评估和决策决定了中台做什么、不做什么，先做什么、后做什么；沟通协作机制确保内外部客户顺畅、清晰地使用中台；价值度量机制让大家清清楚楚地看到数字化中台给业务带来了多少提升。用一句话来表达就是要实现数字化产品的价值最大化，让中台产品为前台业务提供更好的支持，高效运作。

10.2.1　中台需求评估和决策

中台的需求评估和决策决定了前台团队给中台团队提出的需求要不要做、优先级如何、怎样做。可以按照业务与战略的关联度把业务分成战略创新业务、核心业务和存续业务三类。此外，无论在中台建设的哪个阶段，中台对外的服务都可以分为已有能力的接入、垂直能力扩展和横向能力扩展。构造一个需求类型与服务类型的矩阵，进行需求评估和决策，可以快速地把握需求特性进行决策。

首先，看如何区分业务需求的优先级。使用"重要-紧急"矩阵、投入产出评估等经典方法都能够完成类似的工作，而实践中的障碍在于明确什么是重要、什么是紧急的标准。根据直观感受，很多产品经理会按照业务规模对业务进行分类，不过，中台是中台战略的承接者，中台产品经理应当学会用战略的方式思考需求优先级如何评判。所谓战略创新业务、核心业务、存续业务，本质上是企业对于不同业务的"投资"策略：企业投资战略创新业务为的是远期的、巨大的回报，投资核心业务是为了增强当期的竞争力、营收、利润，投资存续业务则是在老业务中以较低的投入换回最大的利润。对中台提出的各种需求本质上是要求中台提供对应的能力，即企业为自己的业务进行投资。

战略创新业务是指基于公司战略，面向新客户或者新场景构建的业务，通常业务确定性不高，而且自身的资源或多或少存在短板。中台团队需要集中产品、技术、智力资源进行支持并争取让这个业务"赢"。之所以说"战略创新业务"而不是单纯地说创新业务，主要是因为公司内部除了基于战略目标的创新业务还有不少由业务团队发起的创新业务，这些也是面向新客户或者新场景构建的业务，但是由于这类业务和公司的战略不是强绑定的，其收益也不是战略级的，因此并不是中台要重点支持的对象。

核心业务通常是公司内部模式成熟且不断产生现金流和利润的业务，这些业务的确定性更高，且自身积累的资源也比较丰富，中台通常是被动对接核心业务方指定的某个需求，或者按照核心业务要求扩展中台的某个通用能力。对于核心业务的需求，中台能做的更多是支撑和保障，不能阻碍业务发展。

存续业务是前面两者之外的业务，包括非战略级别的创新业务，以及重要性不高、发展不理想的边缘业务。这类业务通常都有资源投入不足、业务方向不明确等问题，中台团队没有理由对这些业务说不，但是要更多地从中台自身的平台发展来判断投入力度和支持的策略。

其次，看中台对外服务的类型。已有能力指的是中台已经可以提供的接口、功能或者用户界面层级的能力。垂直能力关注的是在特定领域内进行新增、修改的能力。以零售为例，围绕品类特性建设的很多能力都是垂直能力，例如从卖服装到卖数码产品，从做话费充值到游戏点卡售卖等，这些都是垂直能力扩展的范畴。横向能力是可以被多个场景使用的能力，最方便理解的是零售业务中营销、会员领域的能力。这些横向能力的变更、修改可以同时为多个品类提供新的能力和玩法，同时也给多个品类增加了新的复杂度，例如在营销领域中新增一个满减的工具，几乎所有品类都可以使用，同时所有现存的营销规则都要考虑新增的满减工具对于营销玩法优先级、互斥逻辑会产生怎样的影响。假设营销中台为服装做了一个满减工具，那么原来的优惠券和现金红包能否叠加？是先算满减还是先使用优惠券？再比如，会员体系原来有一个 1—30 级按照活跃度升级的体系，不同层级的会员可以获得金币、卡券等奖励，现在增加一个 1—8 级按照消费金额计算的 VIP 体系，这意味着几乎所有涉及会员权益的地方都要考虑是否接入这个体系、不同层级的 VIP 是否也要获得金币和点券、如何确保发送量的均衡以及权益的价值感。从图 10.1 中可以更直观地理解垂直能力与横向能力之间的关系。

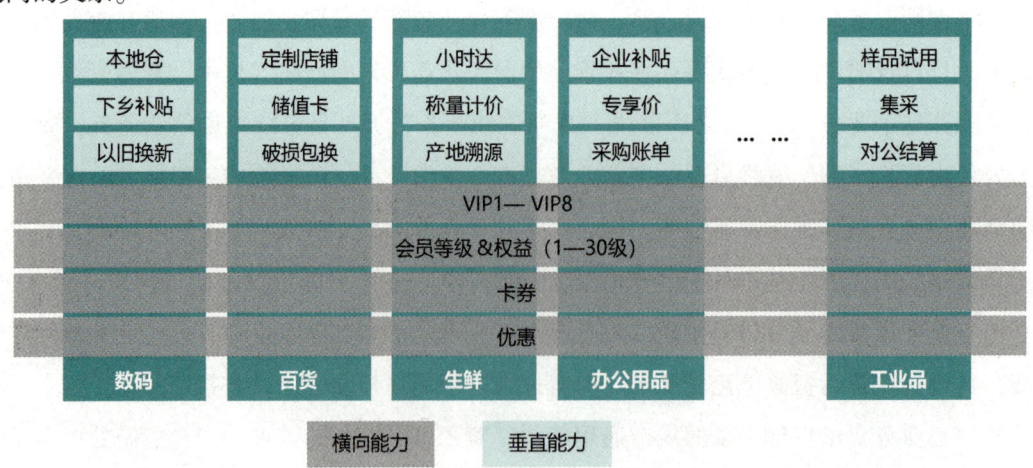

图 10.1　垂直能力与横向能力关系图

面对不同的业务条线和不同的能力要求，中台团队要考虑在具体的需求中选择怎样的方案能为前台提供更好的服务。结合表 10.1 所示的中台需求研发模式矩阵，可以更清楚地看到不同场景下中台团队可以采取的应对策略和优先级。

表 10.1 中台需求研发模式矩阵

	已有能力接入	垂直能力扩展	横向能力扩展
战略创新业务	方案输出	引导共建	
核心业务	自助服务	辅助共建	合作共建
存续业务			

方案输出、自助服务、引导共建、辅助共建、合作共建等并不是数字化中台运营机制的"标准答案"，但是可以作为中台运营的参考答案，帮助我们思考自己的企业适合采用什么样的解决方案。

1. 自助服务

对于中台已经建设好的能力，自助服务是最理想的能力输出方式，具体采用的形式无论是 API 开放平台还是基于向导配置的工具，都能够极大地提升中台的效能。不过，自助服务存在两个难题：一是中台产品的成熟度是否支持这种高水平的自助服务；二是中台体系的复杂度是否允许前台团队自助使用而无须担心理解上的差异和风险。从实践经验来看，自助接入主要用在 API 接入上，而且依赖于大家对于中台知识体系的理解和熟悉，在此之前不可避免地会有一段过渡期，由研发人员、产品经理或者运营人员承担起"对接辅导"的职责，通过人补齐系统能力的差距，保证对接的正确性和效率。让业务团队熟悉、理解中台的知识体系，其难度比建设自助服务机制要高得多。在中台建设过程中会形成大量关于业务、抽象、中台设计的知识，尽管在这个过程中会邀请前台的业务专家和技术专家参与，但是使用中台的时候依然会发现有很多概念和模型是不熟悉的。在这种状态下，任何自助行为都有可能带来产品、技术实现上的问题，比如对接口功能理解不一致导致业务规则没有按照预期生效、对产品配置的相关影响不清楚导致配置后其他业务出问题等。所以，识别对接风险，适当人工介入是更切实可行的，运营人员在其中起到的作用是提高自助服务比例，并努力让自助服务形式支持的需求也有优秀的交付质量。

2. 方案输出

方案输出是自助服务面向新业务的一个特例，本质上，前台业务依旧要自己接入，但是中台团队需要把最优秀的专家和资源投入到其中,为战略创新业务提供完整的接入方案和指导,确保前台能够快速、准确、安全地接入中台已有能力,支持快速落地试错,通常还会建设专门的支持团队到前台提供及时的指导和反馈。为什么同样是已有能力的输出,对战略创新业务就要投入最好的资源支持?这要回归中台的使命和架构愿景。首先,作为公司战略的承接者,如果不能保证战略创新业务成功,那么自身存在的价值就失去大半了;其次,中台效能的度量是比较麻烦且需要长期投入的工作,战略创新业务支撑是比较容易呈现价值的一类工作,服务好战略创新业务对中台来说是投入产出比最优的选择,而且众所周知,战略创新业务的成功概率本来就比较低,在过程中创新团队自己也会不断调整方向和模式让业务"活下来",中台团队如果不"贴上去"支持,很难保证对战略创新业务的支持效果,战略创新业务的结果就更难以达成。公司对中台团队的价值感知不是中台团队做了多少个系统,加了多少班,而是中台帮助前台业务"赢",只有胜利才能带来信任和更多的资源支持。此外,中台团队在这个过程中也会实现对中台自身能力的练兵和检阅,对自身能力可以进行重新理解与评估。所以,中台的产品经理、运营人员需要始终对这种特例有热情、有敬畏,不断完善自身的全案输出能力。

3. 辅助共建

与这两种服务方式相比,共建模式主要适用于企业内部的研发团队被划分为业务研发团队和中台研发团队的情况。在正常情况下,业务研发团队承担业务个性化的产品研发工作,中台研发团队承担公共能力的开发,而共建则是在正常分工之外围绕中台建设提出的创新合作方式。

输助共建是指以前台业务研发资源为主,以中台为辅,中台主要在分析、设计方面提供支持。这里的主、辅是指分工和资源的安排,在面对核心业务和存续业务时尽管选择了相同的处理方式,但出发点是不同的。存续业务的辅助共建比较容易理解,存续业务和公司的战略紧密度有限,或者符合战略但是没有看到太好的发展机会,所以公司不会投入太多资源到这类业务中。中台团队也不会把重点资源投入过来,在已有能力接入时直接采用自助接入的方式,对于垂直和横向能力扩展的场景,会在分析、设计过程中给予一定的支持和辅助,目标是确保扩展出来的能力符合平台标准,不会产生关联的风险,但是其他资源的投入就极其有限了。有人可能会问:如果存续业务要做"紧急不重要"的能力扩展,应该怎么处理?相信大家在日常工作中都会碰到前台团队提出一个火烧眉毛但是没有太大价值的需求,产品经理、运营人员在能够判断出来"不重要"或者"不紧急"的时候,其实就已经有答案了。对于不重要的需求,再紧急,也最好不做;如果避不开,那么可以考虑由前台团队自己协调资源解决或者用临时补丁应对,中台团队能少介入就少介入。从个人经验看,甚至会建议存续业务的横向能力扩展能不做尽量不做,对于非强势业务来说,做公司内的横向能力扩展基本不会有任何支持,成功的可能性很小,失败后要收拾的烂摊子又极大,遇到这类需求的时候要多留意。最典型的案例就是一个业务发展停滞的业务团队,绞尽脑汁之后决定做积分体系或会员成长体系提升用户活跃度,这种需求大概率不会有好结果,反过来还要收拾残局。更能够产生业务价值的组合是核心业务的垂直能力扩展,由中台团队采用辅助共建的模式进行支持,因为对于核心业务团队来说,要建设的垂直能力通常都是业务团队自己的专长,中台团队不太可能比核心业务团队更懂这个领域,中台团队只要出人确保这个能力扩展符合中台能力标准,对其他业务的影响可控就行。

4. 引导共建

引导共建是指以中台团队为主的共建方式,即前台团队和中台团队共同投入资源进行能力建设,中台团队不仅要支持分析、设计工作,还要直接投入资源进行能力研发,而前台业务研发团队在这个过程中需要贡献自己对于业务领域的理解,同时学习和理解中台系统的共建规范。很多战略创新业务都会享受这种待遇,原因是大部分创新业务团队都是抽调人员组建的,对战略创新业务和系统的理解都不成熟,此时的前台团队并不具备快速建立基础能力并持续迭代发展的能力,中台团队只有直接"走进业务"支持才能看到效果,前面反复提到让前台团队成功,这也是中台团队的"生存之道"。

5. 合作共建

合作共建是面向核心业务共建的一种特例,也就是前台团队和中台团队在比较平衡的位置上进行共建,在分工上各有侧重。前台团队围绕自身业务特性建设横向能力,中台团队基于自己对其他业务的理解和分析确保横向能力建设完成后做到能力可复用、影响可控、效果可度量、知识可沉淀。之所以把这个场景单独拿出来,是因为核心业务团队由于自身资源比较齐备,在与中台团队的合作过程中很难有一方具有绝对的引导能力,在这种情况下通常靠惯例和共识确保项目有效推进,比如在一般情况下由前台团队出项目负责人,中台团队也会指定一位中台负责人对等沟通,前面提到的利益共享、产品共建、生态共治,在这种场景下能得到更好的阐释。

共建的模式对于在数字化转型过程中使用多个外部供应商支持开发工作的企业也具有参考价值,在决策过程中要考虑到哪些工作分包到哪一类供应商、如何保证供应商的积极性和投入度,以及如何实现多个供应商之间的平衡。

所以,中台的决策原则就是从企业的视角出发,确保提供有价值的整合能力以便支持业务,这才是中台团队做决策的根本。上面提到的应对方式需要中台运营人员不断建设和打磨对应的服务机制,通过机制的建设让流程显性化、过程和结果可预测,并让流程可以不断接收反馈,持续迭代,使得中台"常用常新"。

10.2.2 中台的沟通与协同

数字化中台较少直接面对增长、留存和变现的压力,让中台价值最大化的主要手段是能力建设、能力输出和协同效能,沟通与协同是中台价值的倍增器。但是沟通与协同的含义过于宽泛,对数字化中台来说,到底什么沟通是中台应当做的沟通,什么协同是中台应当做的协同其实并没有一个标准,什么是好的沟通、好的协同也难以界定。

从中台运营的角度来理解沟通和协同会更加具体,所有工作都是围绕如何让客户更加顺畅、清晰地使用数字化中台来进行的,这项工作的核心就是如何管理好在中台流动的各种"知识与消息"。知识是企业内部关于业务运行积累的经验和数据,一方面从业务中沉淀和积累,另一方面通过再加工和分享促进业务的发展。消息是关于业务运行的状态、变动产生的信息,主要目标是推动不同团队更有效地协作。这两类信息的本质和管理方式都有很大的差异,知识是企业的核心资产,对知识的管理本质上是对企业资源的管控,体现为对信息和权限的管控。我们可以用一横和一竖把知识分成两个维度和四个象限,一个维度是知识所属的领域(业务/中台),另一个维度是知识的用途(公有/私有)。基于四个象限可以对不同知识进行有针对性的处理,如图 10.2 所示。

1. 业务的公有知识

业务的公有知识是面向协作的,前台和中台的架构本质上是把前台业务托管在中台上运行,所以前台业务的所有业务知识和运行数据都沉淀在中台上。这部分数据(例如业务的基础知识、粗粒度的业务流程)都有助于业务和中台、业务和其他业务之间进行协作,这些知识非常适合开放给中台和其他业务团队,采用的方式可以是知识库、课程、手册。

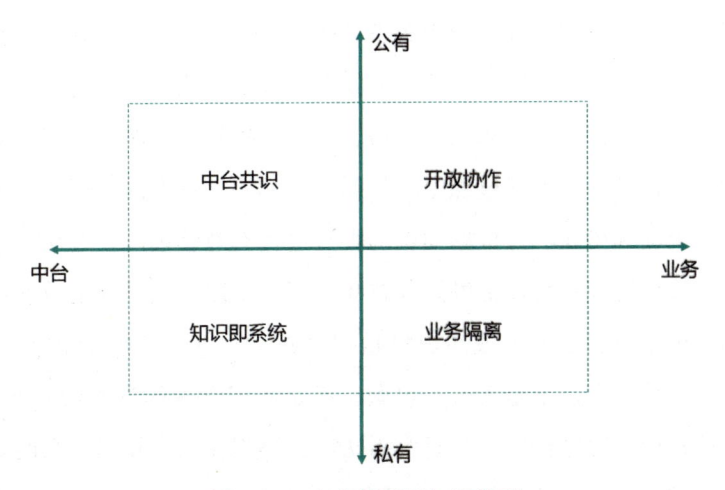

```
                    公有
                     ↑
         ┌───────────┼───────────┐
         │           │           │
         │  中台共识  │   开放协作  │
         │           │           │
   中台 ←─┼───────────┼───────────┼─→ 业务
         │           │           │
         │  知识即系统 │   业务隔离  │
         │           │           │
         └───────────┼───────────┘
                     ↓
                    私有
```

图 10.2　中台管理的知识类型

2. 业务的私有知识

业务的私有知识主要是业务的各种规则、策略、模型、参数。这些知识是业务运营的核心，也是竞争力所在，所以对这部分知识需要进行严格的权限管理，要把它们与其他信息隔离，而且这些知识的呈现方式也与公有知识不同，表现为系统上的各种模型和配置。

3. 中台的公有知识

中台的公有知识与其说是知识，不如叫"共识"。在中台建设过程中，除了业务、产品架构和技术架构的设计，中台团队把很大一部分精力都用在了和不同利益相关方取得共识上。这些共识包含了中台的战略目标、架构愿景、整体架构、产品设计、治理原则等。所有这些共识的核心是客户可以通过对这些信息的理解更好地使用中台，这些信息需要中台团队理解得滚瓜烂熟，同时应用到前台团队和中台团队协作的各个场景中，比如需求的评判、优先级的安排、价值的评估等。

4. 中台的私有知识

中台的私有知识和业务的私有知识一样，都体现在系统的设计和实现之中。与业务的私有知识不同，中台的私有知识是从企业层面对业务进行梳理、重构之后得到的洞察，比如在社区型平台产品中如何协调不同应用之间的关系，在电商平台上如何实现多场景、多品类的互通，这些信息并不会展现在知识库，而要融入中台的架构设计。

传统意义上的知识管理是一个组织内知识与信息的创建、分享、使用和管理过程，是一种多学科的方法，通过对知识的最佳使用实现组织的目标。在中台语境中，知识管理的目标就是建设中台的目标，通过能力整合支持业务发展。在数字化时代，中台的知识管理会尽可能避免传统知识库的形式，即通过知识的编写、分发、理解、更新来使用知识。这种过程会消耗大量的精力，又很容易在传递过程中产生损耗与偏差。中台的知识要尽可能融合在系统与流程中，持续地沉淀和更新，并根据知识的类型进行有效管理。在过往十几年的职业生涯中，笔者使用过的知识管理系统数量可能远超我的工作年限，但是大多数系统都无法有效地实现知识的利用，根本原因是大多数知识只是被"沉淀"了，而没有被使用，更谈不上通过一个流程确保其持续更新。不是大家不想做，而是知识管理的形式没有匹配业务的需求。大多数服务团队的知识管理做得比产品研发团队好，原因在于：他们日常面对大量的客户咨询，而团队本身受到人员特点的限制很难做到多领域高专业度，因此对知识库的依赖更强；而产品研发人员的知识库大多是临时抱佛脚时才需要使用，当前台团队需要学习和了解对应知识的时候能够及时交付就可以了，中台团队需要把业务的公有知识和中台的公有知识沉淀下来、分类、分级和持续维护，让知识和共识能够"按需"使用。

消息管理本质上是协同，中台串联的上下游在工作的各个阶段需要了解其他相关业务的进展和对自己的影响，在与自己相关的需求完成后要能够收到对中台对应模块的过程和效果的反馈，推动下一次迭代。这与变更管理极为相似，可以通过变更管理来理解消息管理。变更管理原本是研发和项目管理领域的术语，在中台运营领域变更管理不局限于一个需求、一个任务，中台的变更管理存在于中台协作的各个环节和各个干系人。传统的变更管理侧重的是对单个变更从提出、审核、实施到确认的过程管理，中台的变更管理在这个基础上更关注这个变更对于平台和平台上其他业务存在怎样的影响。例如业务 A 要增加一个积分抵扣的功能，中台团队在收到这个需求的时候一方面要评估这个需求是否重要、是否可行，另一方面还要关注这个积分抵扣功能和现有的积分权益、红包、折扣之间是否存在相互影响，如果有影响，那么影响范围和程度如何，哪些前台团队、后台团队需要被告知，甚至要直接参与评估。这个机制能确保中台的变更可以被有效地管控。这种管控能力的建设不仅依靠运营人员和产品经理的经验与分析能力，最终还需要落实在研发层面，实现系统自动分析影响范围，这样才算真的建立起来一个变更管理的机制。

在中台这个语境中讨论"沟通"，更多的是讨论如何在中台团队和前台团队之间构建互信关系，即如何让前台团队觉得中台团队靠谱，同时让中台团队愿意信任前台团队。除了前面提到的业务成功可以推动信任的建立，有效的沟通机制也能够让团队之间建立更优质的关系。通常从三个维度出发来设计沟通机制，即沟通的内容/主题、沟通的时间/频次、沟通的对象。沟通的内容/主题是所有人都能想到的目标、规划、需求、任务、计划、变更等信息。沟通的时间/频次根据内容的重要性和紧急程度确定，可以是即时沟通、非实时沟通、定期沟通、定时沟通或者随项目计划沟通。沟通的对象根据内容/主题的重要程度、所需的决策人来安排。听起来没有什么特殊的地方，那么为什么还要强调沟通可以让中台团队和前台团队建立相互信任的关系呢？答案在于所有这些简单的工作在实际工作场景中都没有被执行到位，更多的沟通都是出了问题之后围绕如何"救火"而进行的沟通，所以中台运营的工作是建立机制确保中台团队和前台团队、后台团队有"底线"的沟通机制，包括以下几点：以年度和季度为单位的双向的目标、规划沟通，确保中台团队理解前后台团队的规划、前后台团队知道中台团队在未来一年可以提供的支持；以月、周为单位对重点项目和重点产品的交流反馈，确保对重大事项及时收到反馈；以周、日为单位的变更反馈和风险提示，做到风险的有效暴露和干预，宁可事前事中多沟通，也不要事后争论如何分责任。

所以，从上面的讨论中可以看到，中台的运营和面向消费者的产品运营有很大的差异。对于中台的运营来说，需要把关注点放在共识的打造、能力的提升和机制的建立上，全面提升中台的效能。

10.2.3　中台的价值度量

在明确了做不做、怎么做、谁来做这些基础问题后，要考虑如何评价，也就是"怎样算做得好"。很多中后台的产品经理和运营人员在看到这个主题时就直观地感觉做不到，为什么会有这样的反应其实是需要思考的。价值度量和日常的绩效考核非常相似，无论公司是用 KPI 还是用 OKR 考核，最终都要回归绩效管理的循环中——目标设定、过程辅导、评估沟通、奖惩改善，只有形成了闭环的绩效管理才能真正发挥作用。中台的价值度量也是以目标为起点，以改善为终点。只不过在中台这个特定的领域，可以构建一个更有针对性的衡量体系。

目标的设定可以遵循以下原则：第一，建设中台的目标必然来自中台的架构愿景和公司的战略要求；第二，建设中台的目标一定是从架构愿景和战略中直接拆分出来的，不存在与架构愿景和战略无关的目标，如果有，就是错误的；第三，建设中台的目标在形式上需要满足 SMART 原则（清晰、可度量、可达成、相关、时间限定），所谓的可度量包括定量度量和定性度量；第四，建设中台的目标是前台团队和中台团队形成共识的、相互认同的；第五，建设中台的目标可以被中台团队完整、清晰地拆分到子一级团队，并满足 MECE 原则[注]。

如果能够找到满足以上 5 条原则的中台目标，那么在度量过程中就几乎不会遇到阻碍，至少没有阻断型的问题。这 5 条原则看起来简单，但实际做起来不容易，中台没有架构愿景、公司没有战略、目标没有承接、形式上做不到 SMART、前台不认同、团队搞不定，几乎在每个环节都有可能遇到阻碍，这个时候怎么办？最根本的方式就是不回避、直面问题、澄清目标，只有满足上述原则的目标才不会给后续的工作"挖坑埋雷"。在目标设定环节留下的所有缺陷都如同产品设计之前还没定好的需求一样，需要一个又一个补丁来解决。

在目标明确之后，度量体系也可以建立起来。无论是围绕"REACT"中哪一类指标，中台的解决方案大多都是能力建设和能力整合，所以度量的体系也都要围绕能力交付的质量、响应的速度、使用的体验、运营的效能来构建，落实到具体的考核中会体现为项目交付、效能度量、可用性和满意度。例如，中台在一年中要支撑哪几个创新业务，提供哪些服务支持，保证已经接入的业务稳定到什么程度，年度整体的需求吞吐量和人效、平均响应周期、系统服务可用性以及前台业务的满意度如何等；再精细一些还可以拆分为创新业务 A 提供怎样的支持（和 A 业务负责人取得共识）、创新业务 B 如何支持、对业务稳定性设定 N 个指标（例如可用性水平、不同级别的事故限额等）等。在现实工作中做到上面的水平基本上就达到了及格线，至少作为能力的建设者和运营者能够讲出能力维度上做得好不好。但是如果要达到优秀的水平，则需要继续向业务价值部分探索；如果构建了商业化相关的能力，需要尝试定义中台提供的能力和服务对商业化效果的影响程度；如果构建了降本提效的能力，需要能够计算这类能力对降本提效的影响，这种尝试不容易，但是通过前置的设计和数据的积累，依然有可能达成。

目标只要定下来就能够分解，能够分解的目标就可以被度量。这里需要注意的是，在设定业务目标的时候大部分目标是定性描述结果的，而对中台进行度量的时候既要考虑结果，又要能度量过程。比如在对接过程中不同环节的响应速度、对中台服务的满意度调研等评估指标不能非常坚实有力地证明中台价值，所以并不适合作为结果呈现给公司，但是中台的运

[注] Mutually Exclusive, Collectively Exhaustive，中文意思为相互独立且完全穷尽。

营者也需要这类信息,这种细致的反馈是中台管理者内部推动迭代优化的依据。

在指标落地的过程中,最常见的问题是在中台建立之前的数据积累不足,导致可以参考的数据不够,第一次设定的目标、指标似乎都只能靠拍脑袋制定,或者等着前台团队业务负责人、老板给中台团队定目标。这种被动设定目标的危害甚至比没有目标还大。因此在指标确定过程中遇到阻碍的时候不能逃避,必须推进具体指标的确认:第一,前置积累相关数据,能落在系统上的就依靠系统,暂时没有系统支持的就靠人工推算,什么历史数据都没有的就参考行业数据和自己的经验,全都没有的就依照公司战略定一个目标值,但是要和上层管理者沟通这个目标值的变动区间,根据积累的经验做一定微调;第二,以终为始设计指标体系,注意按照公司战略设定指标;第三,结果指标和过程指标并重,不凭个人好恶选择以结果指标为主或者以过程指标为主,而要看中台发展的阶段,一般在中台建设期间过程指标的占比会更大,待系统成熟后使用更多结果指标;第四,指标应用的口径应当是中台团队与前台团队有明确共识的,要清晰、具体,例如需求响应速度不超过 7 个工作日这个指标,前台团队定义的和中台团队定义的很可能不是一致的,中台团队可能按照评估可行性与优先级定义"完成响应",而前台团队按照产出方案定义"完成响应",双方需要明确以谁的口径为准,或者得到一个双方都能接受的口径定义;第五,中台团队既要听前台团队的意见和建议,又要能够"以我为主",知道中台团队自己的发展有怎样的规律,知道哪些指标应该做且可以做,而对于业务人员喊的声响大但是对整个公司的能力提升作用并不大的某些指标要敢于有理有据地拒绝,站在公司的立场上评估业务诉求。

运营过程中的持续度量和反馈主要有两个作用:发现问题和持续改进。一个有趣的现象是,几乎在所有的服务组织中,如果不进行持续改进,那么整体的服务质量一定是下降的,由人提供的服务不可避免地要面对人的怠惰,而没有人参与的自助服务又要应对服务环境的不断变化,即便服务的质量保持不变,也还要考虑客户本身满意度的阈值不断升高,就像海底捞一样持续改进自身的服务,一直超预期,才可能得到一个还算可以的评价,应验了前人讲的"取其上者得其中"。在这个过程中,持续的度量和反馈就非常有必要,前面提到的过程指标可以帮助我们发现服务速度、质量、满意度等方面的变化,然后通过定期复盘或者专项的会议来找出原因,明确方案,推动改进。除了围绕自身构建度量体系外,前台团队也可以给中台团队提供有效的反馈。作为直接用户,前台团队通常可以为中台团队提供精准、有效的反馈,当然,前提是前台团队和中台团队之间构建了良好的协作关系,没有良好关系的保障，不会有人愿意为别人提供有价值的反馈。

度量的最终使用场景落在绩效和奖惩上，如果中台团队能够做好目标的设定、分解、落实到人，并且在过程中从内部和外部持续接受反馈，那么中台团队的最终绩效也不会差到哪里。把前面的工作都做到位之后，如果中台团队的业绩还是很差，要么是因为团队的能力确实有待提升，要么就是因为前台团队的业绩比中台团队的业绩还差，拖累了中台团队。所以，当把自己能做好的事情都做好，该支持的工作也都做到位之后，中台团队就不用再纠结结果了。

10.3 数字化中台运营的三个阶段

数字化中台运营的三大机制，有助于充分发挥数字化中台产品以及中台团队的效能，但是与中台产品的设计一样，中台运营机制也要考虑到不同场景下、不同组织中，在面对不同业务挑战的时候应当做出怎样的适配和调整。数字化中台产品没有标准答案，运营也没有标准答案，但是基于对业务和组织的分类、分段，能够看到产品、运营中有共性的策略和方法。

数字化中台主要服务于企业内部客户，在数字化中台发展的不同阶段，客户对中台的预期和中台自身的运营重点完全不同。在中台发展的不同阶段，要敏锐地发现当下的重点和难点，结合自身的状态来选择发力点和工作策略。在不同的阶段，中台团队的能力、前台团队的能力和企业的战略重点都不一样，选择合适的策略可以让中台的建设事半功倍。

企业内部数字化中台的建设可以划分为建设期、稳定期和变革期三个阶段，每个阶段中台运营的策略和重点都值得深入讨论。

10.3.1 中台建设期的运营

建设期通常是指从数字化中台战略确立到中台产品交付这段时间，因为中台产品研发往往采用迭代方式，所以建设期不是从某个具体的时间开始到某个节点就戛然而止，而是随着中台的迭代开发持续到中台核心能力基本健全、相关的机制基本成熟的阶段。中台的建设期可以用"蛮荒"这个词来形容，尽管推行中台战略的公司大部分已经有了不错的业务基础和产品研发基础，但是在中台产品上没有成熟的业务沉淀和人才储备，此时中台运营人员的工作重点集中在中台架构愿景的确定、业务现状的梳理、中台运营框架的建设以及正式交付前的准备上，也就是从 0 到 1 的过程。很多人认为从 0 到 1 主要是产品经理的工作，其实运营人员越早介入越好，最好从立项就开始介入。

在建设期，产品和技术团队的工作重点在于明确中台架构愿景，进行产品架构、产品功能和交互视觉设计，此时运营工作的重点需要放在中台的价值度量和协作机制设计上，特别是价值度量工作需要在中台架构愿景确定后就马上开始，在 REACT 与 SCRIM 分类方法的引导下找到中台价值度量的指标，确定下来后在产品开发的初期就进行对应数据的收集、校准和累积，为中台产品交付之后的效果评估做好准备。需求处理的数量、不同的需求处理周期、不同环节的时间和资源消耗等指标作为基础，业务相关的指标作为牵引，例如渠道中台可以通过经销商业绩的提升来评估自身的价值，尽管这个价值可能是中台和业务共同努力的结果，但是只要有这种意识就有机会在其中找到合适的标尺评估渠道中台的价值，而经营中台可以围绕业绩提升、降本增效、快速上市等多个维度来评估价值。

沟通协作机制的建立更难把握但是紧迫性更高，在建设初期，中台作为一个新的平台和组织形式，需要在短期内和相关业务方建立基本的协作关系，除了通过共享、共建进行利益绑定，高强度和高质量的沟通能够加强中台团队和前台团队、后台团队的信任关系，沟通的内容包括但不限于中台架构愿景的持续对焦、中台架构设计的理念和价值、中台效果评估的体系和指标、重点项目的协作机制等。不要相信沟通一次大家就能理解，中台建设的所有理念和方法都是"沟通半年，理解一半"，不论是前台团队的人，还是中台团队自己的人，都是在沟通的过程中逐渐加深对中台的理解。基于这种沟通和理解，到了中台部署上线的时刻才能够平稳有序地让业务方和其他内部客户接纳、使用数字化中台，在数字化中台上创造价值。

10.3.2 中台稳定期的运营

稳定期指的是对应领域的能力建设基本完成，模型没有大的变更，一定比例的能力输出已经发展到可以采用自助方式的阶段。在这个阶段，价值度量已经成为日常工作，基于这些测量和反馈推动产品优化也是稀松平常的事情，沟通协作机制的建立如果在初期打下基础，那么通过即时/非即时沟通和定期交流，中台团队和前台团队、后台团队能够在大家都合适的节奏上进行日常项目和事件的沟通协作。

此时运营的注意力要转移到如何评估各类需求，确保中台的迭代能够始终产生最大的价值。每个公司都有不同的业务特点，中台产品有不同的特性，所以需求评估和决策机制也有差异，但是无论差异有多少，本质上的原则其实是一致的——要事优先。产品经理要在数字化中台的需求评估与决策上，回答对中台来说什么是至关重要的需求、不同的需求又应当如何来应对，并且在数字化团队内部和业务方之间达成共识。

无论是战略创新业务、核心业务，还是存续业务，产品经理都需要不断地评估需求才能形成中台需求评估的方法论和对业务的深刻理解。随着这些对业务的理解被做成中台产品，能够自助或者半自助地被提供出来，运营团队就可以逐步替代产品经理进行需求的对接了，从能力视角看，就是从单纯的产品运营工作升级到解决方案专家。此时的运营团队一方面可以整理适合自己公司的决策矩阵，另一方面可以尝试基于真实业务做方案的设计。虽然受能力所限，未必能做出方案就马上落地使用，但是在这个过程中运营团队可以体会到在与前台对接的过程中哪些方面可以继续被优化，并结合前台团队的反馈，更快速地优化需求评估和决策过程，同时也可能孵化出未来的解决方案团队。

价值度量在稳定期最常见的问题就是度量的指标不断增加，对外提供的中台运营报表从初期一眼就能看懂逐步扩展和细化到后期复杂到几乎没人看、也没人能看懂。这类情况的发生原因在于没有定期对指标体系进行回顾和重构。正确的应对方式是定期或者当发现数据体系超出理解的范围时主动按照数据使用的角色和需求差异对数据体系进行拆分，例如将中台的度量指标分成公司管理者视图、中台管理者视图、业务视图、产品视图、技术视图等，不断拆分也是中台运营不断精细化的体现。

沟通机制和价值度量相似，很容易沟通久了便流于形式，这类问题产生的原因大多为对应的沟通机制不再有"负责人"，大家会按照机制进行沟通，但是没有人真的"想要"沟通。事实上，当这种情况发生的时候所有参与者都会有感觉，中台运营人员要做的是把这种感觉说出来，推动大家回顾建立沟通机制的初衷，确认当下是否还存在当初沟通的动因、是否需要调整形式、谁来主导这个任务。中台运营人员未必要对所有事情亲力亲为，但是要做中台这个"大机器"的维护者，时刻调整、润滑。

10.3.3 中台变革期的运营

长则三五年，短则一两年，中台就会从稳定期进入变革期，这种变化不是中台团队刻意为之，而是企业的发展需要。从企业经营和战略的角度来看，如果中台战略是正确而且成功的,那么经历了几年的发展之后,企业就会在某个领域收获成功的创新业务。这些业务也会逐步进入成熟期,一边拓展业务,一边增强已有业务之间的协同和连接,强化竞争壁垒,提升内部效能。简而言之,在中台战略成熟后的下一步战略大概率是生态协同战略,基于中台打通不同的业务。当然,另一种可能是中台业务没那么成功,中台只是起到了系统重构和整合的作用,业务发展没有实质变化。无论发生哪一种情况,中台战略都要面对企业战略的调整,此时中台就要根据企业战略的变化进行自我变革。

产品经理要如何应对这种变革呢?答案在前面已经讨论过,只要中台还是一个能力整合平台,那么企业架构的工具、不同行业的参考模型、领域驱动设计的方法和迭代开发的实践就依然可以应用在新的数字化中台设计上,尽管在下一个阶段可能不叫中台了。运营团队在这个过程中可能因为新战略需要新的组织架构进行转型和调整,但是基础的三大机制依然可以应用在"新中台"。从0到1建设中台,从1到N稳定发展,在变革期,中台需要从老到新,继续推动业务升级。在过去的几年中不断有新的中台被建设起来,也不断有老的中台被重构、被拆解,没有什么是不变的,除了变化本身。

项目组一边搭建中台的运营体系,一边疑惑地觉得这些事儿之前好像也多少做一些,但是从来没有成体系地去做所谓的三大机制,是不是因为现在成了大公司才需要这些东西?老张说:"其实不是因为大才需要,是通过显性化,让每个人都知道中台是如何运作的;而最根本的原因是让大家能够更快捷、更舒服地用数字化中台。"

第11章

沉淀中台经验与数字化经验

数字化中台产品的交付和运营是数字化中台建设的一个重要成果。此外，在建设和运营过程中还有一个需要数字化中台团队关注的要素，是我们对于数字化本身的理解是否变得更加深刻，即是否从业务中挖掘出更多数字化要素，并且让数字化要素有效地驱动业务的发展和升级。为此，本章对数字化中台的"数字化"进行复盘，回答：

- 数字化中台有没有实现既定的产品和业务目标？
- 数字化中台产品怎样提升了数字化水平？
- 我们现在的团队是一个数字化团队么？
- 企业的数字化发展还有哪些机会和空间？

11.1 沉淀中台建设过程中的经验

项目经过几个月的持续开发、迭代、交付、运营，已经逐步稳定下来，数字化中台团队也准备做一下阶段性的总结并向高管团队汇报：一方面给高管团队一个交代，复盘数字化中台的建设成果和后续计划，争取持续的支持；另一方面则是要应对公司内传出来的"不和谐声音"——比如有人批评中台团队给老板们画饼，认为渠道中台和经营中台的那些功能就算没有中台项目也是早晚要做的，现在弄了中台，很多系统还要切换和学习，也没有看到有什么翻天覆地的变化，总之是觉得中台团队花了公司好多钱但是没有看到有多大的产出。

数字化中台的团队自然是不服气的，所以把项目立项、规划、设计、研发、交付、运营的所有过程材料都做了梳理，把自己能够想到的成绩和现在看到的问题也都罗列了出来，包括上线了多少系统、覆盖了多少业务、收到了哪些反馈、计划再做多少工作等。看到将近

200页的汇报材料，大家都觉得能够证明团队这几个月没有浪费公司资源，真真正正做出了很多东西，正式汇报之前又找顾问老张帮忙看汇报材料。没想到老张看完材料之后没有丝毫客气，就对着团队展开了一轮批判。

数字化产品的复盘不只是工作进展汇报，而是一场复盘会、共识会，这样才能实现阶段性总结与汇报的目标。所谓的复盘会不是罗列材料，而是围绕项目立项之初的目标对照成果、明确差距、深挖原因、制定行动；所谓的共识会是让高管团队能够深度融入数字化进程，并且沿着数字化战略的方向充分表达意见、呈现分歧，并在讨论的过程中形成各方能够接受的解决方案或者方向，形成高管团队、业务团队、数字化团队三方的共识，以及对应的资源承诺和行动承诺，确保数字化能够在后续工作中继续顺畅地开展。这两项工作中，复盘会提供充足的事实与分析，共识会研讨并呈现分歧、寻求解决方案，让事实与解决方案能够深入到各方的思维和行动中，有效引导后续的工作开展。

数字化中台产品的复盘最核心的动作是这样四个部分：

1. 对数字化中台立项目标的回顾

虽然本书中数字化中台产品是从业务战略出发一步一步围绕目标展开的，在实际工作中很多数字化中台立项时并没有明确的目标，甚至根本没有目标，对于这样的中台，团队在复盘的时候就更需要回顾自己是从什么地方出发的，特别是要能够定性、定量地描述出怎么度量。以渠道中台为例，核心目标是拓展渠道提升经营水平，实现业务营收的提升，这个目标通过新增渠道的数量、商品动销和回款金额来进行度量，这就是复盘的起点。对于某些难以定量的目标，比如确保渠道业务的可维护性，未必能够通过特定指标来度量，也没必要构造一个复杂的指标去度量，这时可以通过定性的标准判断，例如对应的运营人员没有增长，也没有复杂度提升导致的投诉等，这些工作事实上都是项目立项之初就需要明确的关键信息。如果在复盘时担心目标有变化和调整，还可以与关键人再次确认，以确保复盘的有效性。

2. 对现状和成果的清晰度量

这是复盘评估的关键动作，清清楚楚地盘点出现状与成果，才能够向管理层说明数字化中台到底做得怎么样。对于这项工作，大家通常认为难点是如何清晰全面地汇总各方面的信息，而实际上难点是如何客观地评估现状与成果。在不同的企业中，评价工作成果有两种常见且极端的倾向——特别避讳讲做得好的地方，以及特别避讳讲做得不好的地方。在中台复盘过程中建议围绕中台建设的目标，全面分析和目标的正向、负向差距，如表 11.1 所示。

表 11.1 渠道中台成果与目标对照表

初始目标	营收增加			确保可维护性
度量指标	年度新扩展渠道数量	商品动销率	回款金额	运营人员无新增
成果：达成和超出预期部分	新拓展渠道数量超出目标 3.1%	老渠道动销提升 5.5%，其中新品动销率提升 9.2%	年度回款超过目标 4.6%	没有新增运营维护人员
成果：不及预期部分	无	新渠道动销不及预期 7.3%	其中线下商超回款不达预期，较目标低 8.5%	运营人员反馈需要维护的信息过多

3. 对差距的深刻分析

这是复盘的核心目标，在这个过程中需要围绕着现状和成果与原定目标之间的差距进行分析，挖掘正向差距和负向差距产生的原因——渠道拓展快是因为什么，是外部市场因素还是内部努力？如果是内部努力带来的，有多少是因为产品提升了业务效能或者增加了线索数量，有多少是因为业务团队绩效驱动大家努力加班？还要基于每一层原因深入探寻——如果是绩效驱动有效，那么增加激励能够带来多少提升？如果是产品提升效能，又有多大的优化空间？为什么之前的产品没能有这样的表现？通常在分析的过程中要挖掘根本驱动因素才算有效的分析，包括心智、机制、能力、资源。这些根本驱动因素在企业内最终能够落实改善的大多在机制层面，因为心智的改变指望不上，能力提升不能只靠个人努力，资源配置不能指望管理者发扬风格。所有这些都需要组织赋能和机制引导，包括机制本身也需要持续地优化。所以从目标回顾到差距分析，复盘的最终目标是定位到机制哪里做得好、哪里不好、哪里缺失。如果没有刻意训练这种能力，在现实中很容易把原因归结到一个直观、浅层的因素上，导致问题不能被根本解决或者有效解决。例如新渠道的动销不及预期，是因为新渠道对产品不熟悉，还是营销活动落实不到位？定位到这个层面时，解决方案只能落在加强培训，狠抓活动落实；但是如果追问为什么新渠道产品不熟悉、过程中业务有没有发现、产品有没有支撑，很可能定位到的原因就是对新渠道没有及时有效的监控和反馈从而没有正确应对，解决方案就是强化新渠道的跟踪反馈和主动服务；如果继续追问为什么没有对新渠道做及时有效的监控和反馈，则大概率会暴露出资源配置、业务流程和绩效考核的问题，比如业务团队主要抓新增数量，对动销其实并不在意，仅仅停留在口头表态上，这种情况下的解决方案就要深入到企业更深层的机制优化了。可以看到，分析的深度极大程度上影响了解决方案的有效性。

4. 落实在改善的行动上

正如前面提到的不同层面的解决方案对改善效果有不同的影响，最基础的要求是所有这些改善必须标准明确、节奏清晰、责任到人，大到机制的调整和建立，小到一个模板的优化修改，都要回答谁、在什么时间、按照什么标准、交付什么结果或者带来什么改变，而非洋洋洒洒写了十多页的行动计划，半年过去后却一个也没有落实，而且没有人对此负责。

为什么复盘一定要完成这四项关键行动？因为数字化中台项目太复杂，一方面是业务架构和产品架构复杂，另一方面是内外部关系复杂，而复杂本身是很难被有效沟通并形成共识的，解法就只剩下把复杂的信息变得相对简单。这个简单不是删减，而是从表象中看到结构、要素层面，才能透过简单得到洞察，从而推动行动向目标的达成持续逼近。

复盘得到的行动代表了数字化中台团队对于中台项目的深刻洞察和理解，但是并非企业层面对于问题的理解和解决方案，这些方案和行动绝大多数都要通过企业层面的决策和协调才可能落实，因此还要通过复盘收集整理的有效信息和中台团队的分析判断与企业管理层、各个业务的负责人一起探讨，从企业视角寻找最优方案。这种探讨一方面是开放地倾听各方的意见和诉求，另一方面则是有意识地引导各方意见能够向正确方向收敛，而非从好不容易复盘得出的方案又发散到五六个新方向去。为了实现这样的效果，需要注意这五个关键方面。

1. 研讨目标的设定和方向判定

"研讨"这个词虽然听起来是开放、松散、发散的，但是在企业中的研讨是具有极强目标感，复盘中的研讨并不是开放性讨论，其核心目标是在企业层面"确认"复盘的结论和行动计划。要达成这个目标，既要扎实地设计方案并准备有力的数据和事实支撑，又要对讨论方向有预测和判断，知道不同角色的关注点在哪里、阻碍在哪里、大概率的共识方向是什么，基于这样的判断设计最优目标、次之目标和底线目标。

2. 围绕方案的生成选择主持人和参与方

为了能够达成研讨目标，中台团队需要尽可能控制整个研讨的过程，什么人来主持整个过程、哪些人参与讨论都会极大程度上影响讨论的开展。越是有挑战的研讨目标，就越需要有经验的主持人，外部专家能够站在相对理性和中立的视角上倾听各方的信息并基于自身的经验引导讨论方向，建议优先选择；如果需要从内部选择主持人，则需要专业资深、心态开放、有熟练沟通技巧的人，从而应对研讨过程中各方的挑战，同时坚持主线收敛讨论。讨论参与方的选择也是关键要素，最基础的原则是，参加的人越多，讨论就越难以控制，如果讨论过程中有关键的利益相关方或者干系人没有参加，则会议结论可能无效；此外，哪一方参与的人数多，哪一方就相对具有优势。综合以上考量，在研讨会上首先要确保相关方能够决策的代表都在，其次为了推动讨论向自己预期的目标进行，要尽可能保证研讨过程中涉及的相关领域有关键人员参与，有力地支持研讨。

3. 通过引导和规则控制讨论的发散与收敛

在整个讨论过程中最避讳的研讨方式是完全开放的议程安排，单纯抛出问题。有效的研讨至少要对讨论过程进行基本的分段，例如新渠道经营情况的分析和优化可以分成问题拆解、业务洞察、数字化洞察、分组讨论、小组代表分享、引导归纳、结论共识等环节。划分环节的核心目标是让讨论能够在每个阶段相对聚焦、避免讨论拖沓，并通过流程的约束让讨论自然地发散和收敛。

4. 及时地记录和确认

在讨论过程中，无论参与人数的多少，总会有某些想法和观点吸引大家的目光，某些想法可能非常有价值但是并没有在现场立即得到大家的重视。专门的记录人员能够确保讨论中各方的发言、观点、结论、承诺被全面而准确地记录，并转化为行动的基础和后续讨论的素材。

5. 将结论转化为行动计划与安排

在研讨结束之后就可以在企业层面确定最终的解决方案和行动计划了。对于行动计划的要求依然是标准明确、节奏清晰、责任到人，同时在企业层面还要增加承诺到位、资源到位这两个要求，只有承诺与资源到位了，方案才真正具备可落地性。

在理想的情况下，这些结论和行动会成为各方的共识，并转化为各自团队的行动。但是考虑到不同企业的复杂情况，某些数字化团队可能会面对更大的挑战，比如某些团队不接受或者拒绝配合，无论是显性的反对还是隐性的消极怠工，都会阻碍整体计划的落实，这种难题不是会议和讨论能够解决的，需要围绕关键阻碍点从全局定位问题，有针对性地设计解决方案。

- 绩效问题：绩效问题是最典型的问题，绩效不仅牵扯到业务上的优化和组织上的调整，而且影响对应管理者和团队的切身利益。"触动利益比触动灵魂要难"，所以这类问题超出数字化或者某个业务团队的能力范围，需要企业最高管理层从目标到激励进行整体设计才能改变，而不能仅靠单点上的修修补补。

- 组织架构问题：相较于绩效问题，组织架构问题更多影响管理者，相当于改变不同管理者之间的权利划分，这个过程中的博弈依赖整体势能的改变和高一级管理者的管理能力，让相关人感知到变化不可避免，感知到只有改变才有出路，这样才能让架构调整的阻力更小。
- 业务流程：业务流程问题是所有挑战中难度相对最低的一个，这种挑战通常源自相关方互相不理解、不信任，而解决方案就是创造机会和场景让大家能够进入同一个业务场景中一同解决问题，在实战中打造共识、打造信任，推动问题解决。
- 资源问题：资源问题通常分为两种，一种是资源不足，另一种是分配不合理。两种问题的表象都是资源，而根本原因则有所不同。资源的绝对数量不足通常是公司当前业务和组织上的能力所限，短期难以解决，这个时候要回头看解决方案是否太过理想化并针对性调整；资源分配不合理通常是绩效、组织等问题间接影响导致，短期可以通过管理者协调的方式解决，而长期方案则是改变绩效或者组织方面的规则、权重，确保团队的权责利相匹配。
- 思维模式问题：思维模式问题是几乎所有挑战的根本原因，也是解决难度最大的问题。如果相关团队不能按照新的中台业务模式工作，不能面对外部环境的变化改变自己的工作方式，同时又拒绝公司的引导和要求，那么很难通过数字化支持赋能或者业务流程优化的方式真正推动问题解决。相对理想的解决方式是通过绩效、管理等机制的变化驱动行为改变，再通过行为改变让思维开始转变；但是某些企业内外部环境不足以支持用太久的时间进行这种思维转换，对于这种情况，通常的选择是"不换思想就换人"，通过调整关键岗位关键人快速切换，同时注意新人进入团队后的整合问题。

锦瑞食品的渠道中台和经营中台从功能上讲是达成了预期的，但是从业务结果上看并没有完全实现预期，通过复盘和研讨，数字化中台团队能够向管理层清晰传达这样的信息：数字化中台的体系建立起来了，但是数字化和业务的深度融合还需要解决一系列问题，特别是业务团队的数字化意识与能力，而问题的解决需要业务团队和数字化团队具体行动的支持。

11.2 沉淀数字化的经验和能力

企业的数字化不仅是应用数字化产品，把原本线下的工作原封不动地迁移到线上，数字化的本质是将互联网、大数据、人工智能作为基础设施，提取各行各业广泛存在的数据资产，加工、重组、应用，最终产生价值的过程。因此数字化中台的建设最终要能够实现数据资产的有效应用并产生价值，基于企业架构框架裁剪的方法在数据应用和价值方面的思考与设计并不多，但是作为数字化团队的一分子，需要在过程中不断思考如何让业务更加数字化，进一步让团队更加数字化。

11.2.1 数字化的黄金法则

让数字化中台团队兴奋的是，通过复盘材料的整理，团队清晰地看到了自己的工作对业务产生了真实、具体的作用，而且也看到了后续有哪些工作可以开展和优化。不过，团队依然没能回答一个核心问题，就是数字化中台里面的"数字化"到底有什么作用，毕竟团队自己也觉得，如果不讲数字化，单纯做功能、做工具，也能实现渠道中台和经营中台所需要的那些功能。

顾问老张看到大家的疑惑后直接回复了一句："正常，绝大多数数字化团队做了三五年也不知道他们做的东西到底哪里是数字化，哪里是信息化。"

当我们讨论产品的时候，重点在于产品提供了怎样的功能和体验；当我们讨论数字化的时候，核心是我们落实了什么模型和算法。数字化团队日常的工作逻辑是企业架构方法的逻辑，从业务战略到落地，而数字化工作的逻辑是数据如何被生成、被采集、被使用、被管理，以及如何让数据的价值最大化。从这个视角看，数字化的作用并不是通过业务战略落地来评价的，而是从数据生命周期所创造的价值来评价的。传统的数据管理关注数据生命周期中的采集、存储、处理、传输、交换、销毁，从数字化价值视角看，则关注数据的生成、采集、共享与应用，核心是数据如何使用并发挥更大价值，从功能型的IT系统到数字化中台，转变的是数据的使用方式和价值高低。

回归真实的具体业务场景和实践，数字化可以循着"数据化、知识化、智能化"的路径来理解数据是如何在业务中发挥价值的。

数据是数字化的基础，离开了基础数据，任何模型和算法都不能发挥作用。数据从业务中来，传统意义上的信息化工作就是努力将原本运行在线下、原本记录在本子和表格中的数据通过电子化的方式存下来。在这个过程中，先是各种记录被数据化，之后是各种流程被数据化，再之后是整个业务场景都被迁移到了数字化的基座之上，从供应链到营销获客、交易转化、交付服务等，都以数据的方式操作和存储，但是数据的价值其实并没有被有效挖掘出来，信息化的价值更多停留在数据可以便捷地存储、管理、传递和交换上。若想要深入挖掘，还是要分析师把数据导出，用人脑来分析。

知识化是让数据真正产生价值的基础，当数据不只是硬盘上的一个数，而是具有了清晰的业务含义时，这个数据就变成了关于业务的知识。与单纯的数据相比，业务知识能够直接给出对业务的指引，一个典型的例子——219 是一个单纯的数据，并不能带来对业务的认知；219 个新增客户也只是一条数据，只不过是被数据字典定义过的数据，是被管理的数据；"截止到 5 月 30 日，渠道新增客户 219 个，按照业务计划应完成 200 个，通过 AARRR 模型分析知，主要是由于线索数量的增长带来了新增客户数的增长"，这样的数据才是包含了业务知识的数据，让我们能够通过数据直接看到业务进展是超出预期的，主要原因是线索增长。那么，这个知识来自哪里？又如何能够通过数字化中台提升？这个知识的来源就是业务模型，当然模型这个词太宽泛，准确地说，这个业务模型就是关于当前业务如何运转的相关知识，包含了关键的数据要素和它们之间的数量关系和经验数值。以新增客户为例，背后其实是一套关于客户增长的模型：

新增客户数＝线索数量×有效线索占比×成功转化率
新增客户数＝华东区＋华南区＋北方大区＋中西大区

这套数量关系加上过往业务沉淀下来的对季节、活动、经营计划的经验，共同组成了新增客户数的业务模型，使得 219 这个数字呈现出来丰富的业务含义。而数字化中台在这个过程中的价值不是单纯提供渠道管理的工具或者相关的数据报表，而是在数字化中台建设的过程中把过往业务人员脑中的这些模型和数据迁移到数字化中台内，让这些知识不再是某几个人独有的，而是任何一个渠道中台的使用者都能在看到"219 个新增客户"的同时知道：比计划快，因为线索量快，华东大区更快。怎么达到这样的效果？依靠的是业务经验、数据模型和产品功能的融合，在这个场景中体现为渠道中台的报表上除了呈现新增用户数量，还通过色彩和曲线呈现了与计划的差异，并且能够点击"下钻"看到全链路、多区域的表现，达到"知识即功能"的效果。

智能化是数据价值最大化的重要手段，智能化的数据不仅是让数据与业务模型对应起来，还能进一步让数据、业务模型和经营策略融合起来——有数据、有业务、通过算法自动经营。仍以 219 个新增客户为例，当数字化中台把业务知识融入中台产品功能之后，还可以怎样进化？一个智能化的经营中台会从两个维度来提升业务增长的智能化能力：一方面通过智能化的线索评估、智能化的线索与客户经理匹配、智能化的转化方案，把原来藏在优秀客户经理、销售主管脑中的经营技巧变成智能算法，让整个销售团队共享这份智慧；另一方面通过智能化的销售管理动态管控不同小组、不同客户经理的业务进展，匹配合适的营销政策或者活动，对他们承担的业绩目标和占用的资源进行动态调整，确保整体的产出最大化，把业务管理者和销售运营人员脑中的经营策略转化为智能算法。

把视角从新增客户扩展到渠道中台，数字化中台在数字化层面上帮助业务把渠道管理的零散能力整合在一起。功能化的产品只是把渠道管理在表格、QQ 和微信上面的工作转成了线上的模板和工作流程，而数字化中台盯着的是这些数据有没有在渠道中台形成渠道管理的业务模型，能不能基于这个业务模型持续迭代渠道管理的策略，沉淀出关于渠道的"知识"并通过这些知识让渠道管理效能越来越高，最终达成渠道管理的"智能化"，即通过算法引擎对渠道进行管理，并实现 7×24 的持续优化。同样，经营中台做的事情也不是表象的报表，而是把公司的经营从管理者的直觉与逻辑从脑中迁移到经营中台，初级阶段是把经营思路变成报表，中级阶段是变成经营预测和经营预警，高级阶段则是覆盖整个业务链路的经营模型与对应的策略、度量和持续迭代。

所以，数字化从本质上看并不复杂，遵循五条黄金法则，就能够在做产品功能的基础上渗透数字化的能力：

第一是根植业务。离开业务的数字化只是数据管理和数据工具而已，思考数据在业务中的价值才是真正的数字化。

第二是沉淀知识。数据价值不能仅由数字化或者 IT 团队坐在办公桌前思考，而是要与业务团队联动起来，不断从业务场景、业务团队中萃取业务知识，转化成为模型并选择合适的产品形式沉淀在系统中，初期可能主要是各种报表，随着持续沉淀和积累，则会有对应的预警、规则、自动化、智能化。

第三是构建智能。不局限于把业务搬到数字化产品上，还要把经营搬到数字化中台上，更进一步则是把经营的智能从人脑中迁移到系统上。事实上，电商平台的推荐算法、视频平台的推荐算法、供应链平台的规划算法都是经营智能的产品化。

第四是形成闭环。业务知识对不对、智能算法效果好不好依赖于对效果的度量和反馈，这些工作从来不是一步到位的，而是需要持续的优化和迭代的。

第五是持续迭代。这条原则反复出现在本书的各个部分，因为这是数字化工作的普适真理，无论是对业务知识、智能算法准确性的迭代，还是对能力的扩展迭代，抑或跟随业务变化进行适配性的迭代，如果数字化过程中没有迭代，就近似于没有做过数字化，因为很快就会过时、失效，所以数字化的规划、落地都必须带着迭代计划进行，这也可以算是数字化的一个诀窍。

11.2.2 从产品数字化到团队数字化

复盘会前期，数字化中台团队做了充分的设计和准备，无论是数据、素材还是逻辑、分析，都挑不出什么问题，也清晰地回答了那些"不和谐的声音"。不过，团队在复盘会上还是遇到了很多挑战，最典型的挑战就是：建中台给业务团队带来了大量的额外工作，有了中台后，好多原来可以灵活处理的事情现在不灵活了，感觉中台没有很明显地帮助和赋能等。对于数字化中台提出的改善行动和解决方案，业务团队没有挑出大毛病，最终也同意了整体方案和关键行动，但是明显能够看到业务团队也没有多么开心，因为整体的方向就是中台要继续渗透到业务中，要继续渗透到运营和管理中。

无论是业务团队的管理者还是中基层员工，从上到下都不是那么情愿。除了前期被确认为标杆业务，重点支持的团队给了一些正向反馈和支持，其他业务团队都只是礼貌性地表达了对中台的支持，少数管理者连礼貌性的支持都没有。对于这种情况，团队有心理准备，毕竟差异化投入资源、打造中台标杆的策略是之前就定好的，但是没想到在公司内部已经做了这么久的中台建设依旧要面对这么大的阻力。

顾问老张在会后和数字化中台团队又做了一次关于复盘会议本身的复盘，推动团队思考这次和管理团队、业务团队的复盘会带来哪些新的启发和认知。在业务和产品层面，大家的感知都是在情理之中、预期之内，基本上都可以通过数据、逻辑解决各种问题和挑战，但是来自"人"的阻碍让团队有些不知所措，团队能够强烈地感觉到大家对于数字化中台落地的抵触情绪。话风一向犀利的顾问老张反倒安慰起了大家："这才是正常的，数字化中台的落地本身就对业务和组织产生了巨大的影响，引起团队的抵触再正常不过了。"

在当前的发展阶段，任何一个数字化产品最终都要依靠人来落地，只要有人的参与，就要面对人带来的各种挑战——人背后的权责利、人的思维惯性、人与人之间的关系等。应对人的挑战不能把目光放在某个个体之上，个体的问题是解决不完的；而是要从推动整个组织数字化转型的角度来设计转型过程，可以通过图 11.1 所示的"推动组织落地数字化五步法"这种组合拳扭转整个组织，确保数字化产品的落地。

图 11.1　推动组织落地数字化五步法

整个过程的第一步是组局。真正能够扭转全局的不是数字化团队中的某个人或者几个人，而是公司中一群特殊的人。这些人就是与数字化相关的业务负责人、高级管理者、数字化负责人等，把这些人攒到一个"局"中才能够形成足够的"扭矩"；而且只有凝聚起来，这样一批人才能最大程度降低后续落地时面临的阻碍，因为落地时的主要阻碍就是这些人，要让他们加入而非对抗。通常会以数字化中台领导小组或者数字化转型决策小组的名义，将业务、管理的关键人组织起来，并安排具体的职务确保关键人"身心"投入到数字化中台建设中，核心目标就是让这些关键人从"局外人"变成"局内人"。

第二步是要在组织内起势。"势"的概念就如同物理学中"势能"的概念，通过构建数字化的势能，让业务团队落地数字化不是一个艰难攀登的过程，而是顺势而为的过程，这样落地的阻碍才会尽可能地变少。具体到实践层面，起势的方法未必有标准答案，总体来说，有两个大方向：造势和借势。造势意味着数字化中台小组要通过自己的努力在企业内部营造数字化的必要性和紧迫感，通过联合关系紧密的团队打造中台合作标杆、引入外部优秀案例、研究竞品的数字化进展等方式，让中高层管理者都形成"做数字化有用，不做数字化就是等死"的认知，从而提升数字化中台的势能；借势则是利用内外部的趋势，放大机会造成的影响，形成数字化中台的势能，典型的实践就是借着"中台"概念的火热推动管理层的决策，并借着社会上的中台热度助力中台落地，还有些企业则是借着业务转型、高层管理者空降等机会，把数字化中台和人、事的变化绑定起来，从而实现借势的效果。从这些案例中可以看到"势"的多样化，能够推动数字化中台落地的各种要素，都可以成为势能。

第三步是过程中的赋能。尽管数字化团队的主要职责是规划、设计、实现数字化产品，但是业务团队并非天然就能够掌握并高效使用这些工具，所以数字化团队不能单纯地要求、考核业务团队用得怎么样，还要围绕具体业务场景帮助业务团队掌握工具，产生最终的价值，这也是交付、运营工作的价值所在。

第四步则是数字化能力的固化。传统企业做数字化转型很容易出现一种情况：数字化产品刚上线的时候所有管理者都全程盯着，要求员工必须使用数字化系统，再复杂、再难用，都要把产品用起来；但是一两个月后，热度散去，一线的管理者和员工就又拿起了自己熟悉的小本子或者报表，回归之前熟悉的老流程和老方法上，这种情况并不少见。究其原因，不是一线人员不愿用先进的工具和流程，而是数字化产品没有被有效地交付和运营，产品用得顺不顺没人关注，有没有业务价值也没人关注。习惯的养成需要一段时间的坚持，更需要机制的保障，如果只是把产品交付当作终点，那么数字化大概率不会固化成团队的习惯，也无法成为团队的能力。对于数字化团队来说，数字化能力的固化要做到数字化的产品会用、好用、必须用，这个结果的达成又依赖于数字化团队持续地运营和跟进，推动业务流程和标准的更新，并持续进行产品迭代。有产品、会使用、有流程、有标准、有机制保障，这个数字化能力才是真的固化了。

第五步是迭代。在数字化中台建设和运营的不同阶段，迭代的目标、行动和周期会有不同。从推动组织落地数字化的角度，迭代是确保组织在"持续"地推动数字化落地，而不是把数字化当成一个项目，甚至是一次运动，所以除了前面提到的数字化产品相关迭代，组织层面的迭代还要站在人的视角上持续评估对应的业务团队有没有转型成为一个数字化的团队——他们掌握数字化产品的使用了吗？他们能够通过数字化提升业务表现吗？他们的业务知识开始与数字化产品融合了吗？他们的业务智能和经营智能迁移到数字化产品中了吗？从这个角度持续迭代，推动的就不只是产品功能的优化，更是团队数字化能力和业务价值的提升。

第12章

沉淀方法论,"超越前台"

当数字化中台产品做一段时间之后,当初那种从 0 到 1 打造一个中台体系的兴奋感会逐步减弱,逐步回归到日常的产品支持工作中。尽管中台产品经理仍努力确保每个需求、每次迭代都有价值产出,但还是会有服务前台业务、自己只是"工具人"的感受。本章希望为数字化中台的产品经理带来一个不同的视角和思考:

- 中台产品经理为谁服务?提供了什么价值?
- 中台产品的方法论仅仅是如何建设和运营一个中台吗?
- 如何构建适合自身行业和中台特性的中台产品方法论?

12.1 从服务到赋能,为何知易行难

没有前台业务工作经验的中台产品经理在日常对接前台业务、产品设计、技术实现和后续运营治理的过程中都会有些力不从心——缺少业务领域的知识,也缺少中台切入的套路;即便是一些在中台领域工作了很多年的产品经理,也会感觉自己在业务人员、前台产品经理面前好像技不如人,虽然自己更熟悉平台的各种功能和特性,但是始终是一个"工具人";一些长期在中台工作的产品经理甚至觉得这就是逃不掉的"天花板"。总有人希望能够向前走一步,但是又疑惑向前走到底是走到哪里、哪里是对的,而且即便真的做到了向前走,业务学得更多、业务能力再强,你能"超越"前台么?你还是个中台产品经理"而已",因为无论是逻辑上还是实质上,中台产生价值的方式就是赋能前台,而非直接去做业务。这个判断会让中台产品经理有些沮丧,但是这不应当成为中台产品经理成长的阻碍。

中台怎样赋能业务其实有相当大的空间。现实中的中台更多扮演服务者的角色,前台要

什么，中台造什么，有理想的中台团队还希望能够提前实现前台要的某种能力，前瞻性地完成功能建设，甚至由中台告诉业务怎么用可以得到更好的结果。

理想是美好的，关键要分析理想如何能够达成，这个背后的核心是中台能够看到前台要什么，并基于对战略的理解和对业务的判断预见业务的发展和中台所要提供的基础设施。

虽然逻辑上缺少可行性，但是中台的这个愿景对公司是有价值的，我们需要设计一个解决方案，在中台缺少业务型人才的情况下依旧能够看到未来，引导和赋能业务的发展。这个问题的解法需要这样几个要素配合：中台对于引领业务发展的渴望、洞察业务的方法论、构建前台与中台互相驱动的机制。达成这三点就有可能实现驱动前台，甚至超越前台。

12.2 从实践到方法论

中台对于引领业务发展的渴望有赖于中台领导者和管理者的心智模式，这种内在的驱动力很少会被培养出来，更多是要做好人才的挖掘与筛选，所以并不适合放在这里讨论。聚焦在方法论建设上最容易产生价值、推动中台的发展。但是方法论不是凭空出现的，对于中台产品经理来说，先要知道什么样的方法论能够帮助自己实现引领业务的目标。与其他通用方法论相比，我们期待沉淀的这套方法论应当是基于数字化中台自身能力的，否则得出的结论无法在中台落地；这套方法论是具有中台特色的，否则也无法发挥中台的优势；这套方法论是业务视角的，否则难以产出业务价值。明确了这三个要素，从自身的业务出发打造方法论的路径也就浮出水面了，这个方法论的打造需要跨越三个关键阶段，即构建平台视角，打好基础；聚焦、整合、沉淀中台能力；从商业视角实现方法论升维。坚实走好三个阶段才有可能沉淀一套有高度、有深度、有特点的方法论，站在中台视角引领前台发展。

12.2.1 构建平台视角，打好基础

中台的本质是能力整合平台，构建平台视角是为了使方法论落实在数字化中台上。数字化中台产品经理的基本功是理解自己所在的领域，比如电商行业中常见的商品、交易、营销、治理，互联网金融行业中的风控、结算，教育行业中的教研、教师等。这些领域有个共同特点，就是在传统行业中已经沉淀了非常多的理论和经验，产品经理不仅要根据客户、业务的需求来设计方案，还要尽可能地学习现有理论、方法，并尝试把它们融入自己公司的业

务中。可以说，对"传统"懂得越多，对公司潜在的价值就越大，因为每个行业的传统都是大量试错和失败之后总结出来的。这些经验有些形成了国家标准（比如商品管理领域的强制性国家标准和行业标准），有些体现为法律法规（比如合同法、会计法、证券法等法律和司法解释），有些体现为行业的惯例和理论（比如教研、教师管理中的各种套路和技巧）。

更进一步，要把自己对领域的理解"产品化/服务化"。在传统行业中，每个领域都有相应的岗位和团队负责相应的工作，产品经理则把这些人头脑中的知识、手脚上的能力、相互协同的机制通过数字化的手段变成平台上的规则、策略、工具、流程。这种转换能力是产品经理区别于传统"业务专家"的能力，一个懂领域的产品经理是有自己的独特价值和定位的，发挥价值的关键是转化能力。

更高一层的要求在于产品经理要能够通过自己对领域的认知预见中台的发展方向，这种预见包括内部因素和外部因素的变化。内部因素的变化来自组织能力和战略选择，外部因素的变化来自客户需求、竞争对手、市场、政策和社会环境。以曾经火爆的互联网金融公司为例，风控产品经理在业务发展中扮演了极为重要的角色，一位合格的风控产品经理要帮助业务评估客户、场景对应的风险情况，帮助业务进行管控甚至辅助定价，这本身就是核心的价值。在更长的时间线上，卓越的风控产品经理需要能够站在风控的视角上发现客户、资金、监管领域发生的变化，预见未来 6~12 个月甚至更长时间内业务对风控要求的变化，例如当金融机构有政策监管和风控标准变化的时候，风控产品经理要能够指导业务团队或者给业务团队提供充分的建议和支持。这个要求非常高，因为这个时候对产品经理的要求不是单纯地做能力到产品的转化者，而是懂自己的产品，更懂对应的行业，从行业的视角反过来判断平台需要向哪个方向发展，做到什么程度可以更好地服务业务。风控如此，商品、教学、供应链也一样，这种能力是打造引领业务的方法论所需的基础能力与关键能力。

12.2.2 聚焦、整合、沉淀中台能力

在平台能力的基础上，中台向前演化了一步，把分散的能力进行了整合，于是中台产品经理还需要能够从全局的视角来看平台的这些能力应当如何整合在一起以形成对前台业务的支持。整合这个词自然也有不同的层次：在纯粹的工具层面可以整合，把所有服务"标准化"，让业务方的人能够"自助"对接是一种整合；在方案层面也可以整合，把常见的业务模式分成几种，每一种模式都有对应的能力搭配和特性组成不同的方案，这是更高一层的整

合；最高一层的整合是生意层面的整合，中台产品经理能够理解中台支持的生意/商业模式，基于工具、方案甚至运营模式的整合赋能前台业务。

从方法论的角度看，一方面要形成企业内各种能力的完整地图，另一方面要清晰地描绘不同能力之间的关系，以便在业务支撑的时候能够有效整合不同类型的能力。还是以电商业务场景为例，某生鲜电商企业希望通过自己的中台体系支持社区团购业务的开展，包括居民区、学校等典型场景，那么，中台的这套方法论需要能够从生意的全局视角来分析一个完整的电商业务需要哪些关键要素的协同，在居民区做团购业务需要如何获取消费者流量、需要如何打造社区内的服务点或者"团长"，与实时物流的交付方式相比，居民区的团购需要怎样的物流交付体系等。更重要的是这些能力之间存在着怎样的相互影响，社区居民的取货时间集中在一早一晚有什么影响、社区的团长是兼职宝妈为主有什么影响、干线物流的工作时间和社区团购的时间不匹配有什么影响，这些都是方法论需要覆盖到的。同样，把团购场景放在学校中，又会围绕这个特定的场景出现一系列的影响，如何进校、如何拓展、如何划分批次、如何物流配送、如何处理售后等。单纯站在某一个领域内只是"平台"的能力要求，能够看到全局才是"中台"的要求。

面对这种挑战，解法其实并不陌生，应用产品架构设计方法的逻辑同样可以解决方法论的问题——明确场景和目标、梳理关键要素、理清结构关系，这个方法论的逻辑框架也就形成了，再通过表单、表格、分析矩阵等形式把逻辑变成工具，方法论的雏形就出来了。

12.2.3 从商业视角实现方法论升维

如果要继续升级方法论能力，思考的视角则要继续升级，从能力视角、整合视角向商业视角发展。所谓商业视角，不是要求产品经理自己去做业务，而是要产品经理能够在和业务保持一定距离的情况下了解业务的核心因素以及运行规律，比如自营电商的关键在于采购和供应链，平台电商则是流量与商家运营，教育行业的命门在招生和教师管理，而出行行业要关注车队和司机。中台做得不好，一定是某个领域出现了短板，而中台做得好却不是因为每个领域面面俱到，而是在企业发展最需要的领域上提供了充分、给力的支持。这个道理说起来总是简单的，但是在大多数情况下做不到或者做不好，原因只有两种：不知道、做不好。

什么是不知道？我们可以看到有些产品经理在行业中历练了十几年，对方方面面的细节了解得不少，但是当探索行业核心、企业竞争的核心因素时，这些人可能觉得每个环节都不能缺失，全都需要。这就是缺乏商业视角的表现，业务的发展需要在自己的优势领域持续培养能力，在其他领域保持及格甚至采用外包策略，这样才能够让生意生生不息。如果要求一家公司能够在各个方面都有优势，那么成本几乎是无法承担的。可惜在实践中，很多中台产品经理是在大中型企业的职能线下成长起来的，专业能力相当出色但是全局视野，特别是对核心因素的发现偏弱，那么如何发现这些核心因素？要么找到机会跳出大平台，在中小企业经受更多岗位和角色的磨炼，要么像咨询行业的专家们一样学习经营管理相关的经典理论并高强度、反复地使用。无论用商业模式画布还是价值链分析，如果能用一句话说明这门生意为谁创造了什么价值，在各个环节的价值创造由谁提供和掌控，也就能够回答这门生意存在与发展的核心因素是什么。

什么是做不好？如果能够从全局视角发现企业的核心竞争力，那么做不好的原因通常不是能力不行，而是出发点偏移。中台的建设是从企业全局视角来谋划和设计的，如果在建设过程中从特定领域、特定部门的视角出发，那么无论方法多么正确、执行多么到位，最终的产出也不会是一个全局最优解。

当产品经理能够理解自己所在的企业是因为什么成功、因为什么发展，当产品经理能够整合各种能力，提供全局的解决方案，也就具备了引领业务、超越前台的意识和能力。此时产品经理丝毫不用担心自己成为"工具人"，也不用担心成长的天花板，因为自己不再是一个给前台提供支持的角色，而是能够引导业务、合作共赢的重要伙伴。

第 3 篇
数字化中台产品行业实践

不同行业、不同企业在发展过程中遇到的问题有所差异,在数字化转型和数字化中台建设过程中的选择与实现路径也有自身的特点,在第 3 篇笔者选择三个典型数字化中台产品的规划与设计案例,通过对三家不同行业、不同情况的企业进行分析,呈现数字化中台建设的思考、选择和设计,并从业务、产品到组织进行全面的分析。通过本篇的阅读,希望读者能够收获以下问题的答案:

- 高速发展中的企业如何落地数字化中台产品?
- 稳步发展中的企业如何通过数字化中台降本增效?
- 数字化中台如何助力数字化转型升级?

第13章

平衡创新与管理的中台设计

数字化中台的热潮源自电商行业,通过还原电商数字化中台的建设过程,我们可以体会高速发展中的行业与企业如何有效发挥数字化中台的价值,并从标杆企业的得失中吸取经验和教训,引导自身数字化中台的实践。通过本章的阅读,可以回答以下问题:

- 如何通过数字化中台有效支撑业务创新?
- 在数字化中台建设过程中如何提升管控能力?
- 在大型企业中落地数字化中台面临哪些组织挑战,有哪些解法?

13.1 飞速扩张的电商平台

在众多数字化场景中,电子商务平台是与大众关系最为紧密的一种,也是过往十几年时间里对消费者和产业链影响最大、最深的商业模式之一。一方面,伴随着中国互联网普及率从不到1%快速提升至78.0%[⊖],大量的消费需求涌入电子商务平台;另一方面,随着外贸的持续发展,中国作为世界工厂构建了强大的生产能力,这些产品供给又持续溢出到电子商务平台。在两大趋势的共同推动之下,电子商务平台和整个行业都在飞速扩张和发展。

作为市场的受益者,电商平台一边享受时代红利,一边也要面对高速发展中的问题和挑战:为了满足消费者不断扩展的消费需求,电商平台需要持续扩展品类、优化商品结构,满足消费者衣食住行的各类需求,并面向不同价格段提供多样化的选择。此外,为了支持更大

⊖ 根据中国互联网络信息中心(CNNIC)第54次《中国互联网络发展状况统计报告》,截至2024年6月,我国网民规模近11亿人,互联网普及率达78.0%。

体量，电商平台需要持续进行技术更新与重构，从每天几万用户访问量到大促期间上亿消费者在短时内高频访问，电商平台在数字世界中的基础设施建设好比物理世界中打造覆盖全国的高铁网络。面对日益成熟的行业监管要求，电商平台需要强化自身的管理能力，从类目运营专员人工抽检到基于人工智能的全量、全链路覆盖，背后的机制迭代和算法升级凝结了成百上千专家的智慧。为了对接不同类型的商家和品牌，电商平台需要多层次的运营能力，从新卖家的体系化成长到头部品牌商的定制化全案服务，电商平台在系统、流程和服务能力上都在持续迭代，并把这些能力转化为数字化的工具、流程和算法。"开着飞机换引擎"，这就是电商平台发展期最好的写照。

尽管电商平台一直在面向各种挑战，持续改造自己的产品基础设施以及对应的业务流程与机制，但是面对业务创新，有一个根本的问题始终没有解决：成熟业务随着业务模式稳定、产品逐步完善、运营机制和策略逐步清晰，其边际成本是递减的。但是对于创新业务来说，平台积累的各种优势并没有快速体现在创新能力和结果上，反倒是由于大平台的约束更多，管理成本更大，响应速度更慢，很多平台业务的创新和发展速度并不如垂直领域的竞争对手。创新业务始终面临两个选择：一个选择是创新业务与核心业务在一个平台上同步发展，看起来好像可以复用平台沉淀的各种资源和能力，实际上，创新业务在自身商业模式还没有充分验证的情况下就要考虑几个核心领域的几十项工具和上百个功能要不要对接，严重阻碍了电商创新业务的开展；另一个选择是"自立门户"，用单独的产品、单独的运营体系和相对独立的团队来进行创新，这似乎可以对标外部竞争对手快速发展，可实际上企业内部创新一般只有十几到几十人的小团队，而外部竞争对手早就拿着融资并组建了几百人乃至更大规模的企业来深耕，如果不背靠平台，基本上看不到胜利的希望。因此电商平台的中台变革，从不是为了变而变，而是因为不得不变。

电商平台面对的问题很清晰，就是既要加快创新，又要降低管理成本，从电商平台的视角来看，就是要求电商的基础设施、平台产品能够推动创新的持续涌现，同时大幅度降低产品、运营和组织的成本。管理层的方向都是正确的，对于中台产品负责人来说，不需要论证目标对错，关键是如何实现这样的目标。在商业环境中，这种多目标的"复杂"问题通常不存在"简单"的解法，而是需要通过架构、设计、工具等方法和手段组合形成一个完成的解决方案。在电商平台的场景里，解决方案就是中台战略，不是单纯的中台产品，而是覆盖了业务各个层面、各个方面的中台业务架构，从产品架构、运营体系、研发体系和组织架构四个视角可以透视这套架构体系。

13.2 平衡创新、效能与管理的难题与解法

"既要……又要……还要……"是经营管理中的常态，也是业务架构、产品架构设计所要解决的核心问题，通过架构完成多目标的均衡发展。在电商这个具体场景中，要找到对应的策略并落实在对应的架构设计、运营方式和组织架构上，用体系化的解决方案应对内外部的巨大挑战，并把这种策略转化为企业的能力与竞争力。

13.2.1 以"整合"作为核心解法

把创新、管理这种抽象的词语作为问题其实很难找到解法，在设计解决方案的过程中，所有关于创新、管理的直观感受和问题都需要还原到具体的事实、数据、结构与关系上。

所谓创新的难题并不是如何产生创新的点子，业务创新遇到的问题是经过层层筛选下来的创新方案如何能够快速上线，测试方案是否真正有效，并基于客户、市场的真实反馈进行快速迭代与优化：某些情况下很简单，只要在平台上发布一个商品就能够测试用户的需求和反馈；某些情况下要增加一两个功能才可以贯通完整的业务流程进行测试；某些情况要禁用通用流程中的一两个功能来降低测试与评估的复杂度；还有些情况是要改变销售与交付的流程顺序。这些看似并不复杂，用一两周的时间认真分析、设计并组织开发似乎就能解决问题，在创业团队中这样操作是正常的，但是在大型电商平台上，但凡要对平台做出一两个改动，就要拉上全链路十几位产品和技术负责人，评估这个改动对现有业务的影响、具体需要哪些产品配合改动，然后就是漫长的产品和技术排期。等到电商平台的创新团队熬到功能上线的时候，其他竞争对手已经基于客户的反馈准备第三四次迭代了。这种情况让电商平台的管理者非常困惑，明明自己有更大的客户群、更完善的商品供给、更成熟的电商平台和产品功能、更有经验的运营体系、更强大的技术团队，为什么比不过只有百十号人的小创业团队？其实答案很简单，小创业团队尽管要从 0 到 1 构建创新业务所需的所有产品、运营、组织体系，但是这套体系能够紧贴客户与市场的需求快速迭代；而大平台的创新团队一方面要洞察客户与市场的需求，另一方面要把成熟业务的产品、运营、研发、组织体系"扭"成

创新业务需求的状态,所以团队要投入大量的精力来扭转原有体系的惯性,而非全力投入创新之中。再深入一层探究原因,就会发现成熟业务的体系并非不愿意支持创新,而是原有的一整套体系是完全为成熟业务量身定制的,并没有为多样化的业务创新进行设计,所以高层管理者眼中"丰富的电商能力"并不是可以直接拿来使用的能力,如果不经过有效的改造,这些能力反倒会成为创新业务的累赘。

所谓管理的难题出现在业务创新的另一种路径上,避开成熟业务的约束和限制,在现有体系之外构建一套独立、覆盖全链路的体系。电商平台内既有对行业深入洞察的行业专家,也有优秀的产品研发团队,从 0 到 1 构建全套业务与产品体系也不会遇到什么障碍,而且通过这种方式推动创新能够极大加快迭代速度,不会逊于外部竞争者。在大型电商平台中,这种路径更容易获得商业上的成功,内部的创新团队也更愿意采用这样的方式,最终的结果就是绝大多数创新业务团队选择自建全套体系的方式来推动业务发展。尽管这种方式相对提升了创新成功率,但是站在平台管理的视角,这就是把大的问题推迟到了创新业务的成熟期。在这些自建体系成熟之后,整个电商平台就要面对大量"烟囱"式的业务系统。这些系统承载着不同的业务,由不同团队管理和运营,但是这些系统面向的又是平台上的同一批用户,而且从功能上看又有 60% 甚至 80% 以上的电商功能是相似的。一旦这个业务需要和平台上的成熟业务协同打通会员权益或者营销活动,就不得不在两边的系统上各自打上补丁同步相关的数据或者功能,确保这两个独立的系统从用户视角看起来像一套完整的系统。不仅是业务协同被这些烟囱式的系统阻碍,全局化的监管、风控、安全等需求也都面临同样的问题,一个看似简单的管理需求需要几十个业务系统都做一遍,或者由相关职能的产品研发团队提供接口,让每个业务系统都对接一遍。在这些独立业务系统只有三五个的时候,这些独立系统的管理还可以通过知识库、资深的产品经理或者研发工程师的大脑来完成,但是当这些独立系统有十个、几十个的时候,其管理难度就出现了指数级的增长,几乎不会有哪个人能完整了解这些系统及其各自的特性与差异,管理上就只能选择"一刀切",不管业务特性如何,集团只要提了要求,就必须原封不动地落实下去,不需要、也容不得思考和争辩。可想而知,这些创新业务和成熟业务之间、创新业务和全局管控之间的矛盾也会越来越激化。

解决方案是什么?短期的解决方案是将业务体量比较大且模式相对成熟的业务系统融合到整个电商业务的基础平台上,实现统一平台统一管理,并最大程度地复用平台上现有的各种业务能力。不过，这种解决方案更多是一种补救措施，其目的并不是支持创新业务，而是降低业务管理的难度。根本的解决方案不是在创新业务分离出去之后再进行管理和融合，而是尽可能让创新业务从一开始就生长在电商平台的公共基础设施之上，而且能够在这个基础上快速迭代、高效运营。要实现这样的效果，需要电商业务的基础设施实现：

- 已有电商业务能力的标准化(包含能力定义标准、能力可组装)；
- 业务配置显性化；
- 业务规则与产品的一致性；
- 统一平台上自主、可控的研发模式；
- 跨业务冲突的发现与处理；
- 围绕场景整合多层次产品能力(从 API 到交互视觉组件)。

从这些方案特性上，我们看到的不只是单纯的产品架构和技术架构需求，还有从业务到产品、技术、运营和组织的完整解决方案，如图 13.1 所示。这个解决方案应当能够将各个业务积累的业务能力进行标准化管理，围绕业务需求提供整合的解决方案，确保创新业务能够以不弱于外部竞争对手的效率和速度进行迭代与优化，并充分利用电商平台沉淀的诸多能

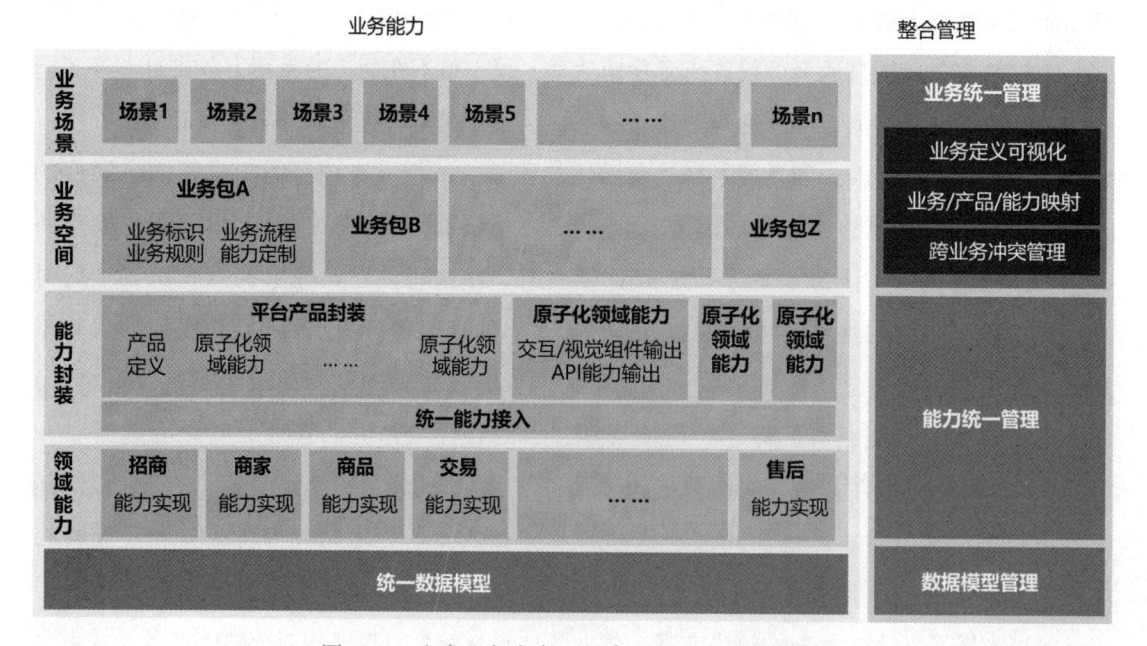

图 13.1 电商业务中台"整合"解决方案示意图

力。这种整合程度与难度远高于领域型数字化中台。领域型数字化中台的整合目标主要是领域内能力的标准化和能力输出形式的标准化，而电商业务中台的整合则是异构系统能力的标准化，且不局限于单一形式的能力输出，而是围绕业务场景提供多样化的能力形式，并站在平台的视角提供统一的管理。

13.2.2 "整合"作为产品架构特性

以整合为核心的解决方案需要产品、技术、运营、组织等层面的支撑才能最大化业务中台架构的作用，在产品架构层面需要考虑的是如何支持中台业务架构，包含了对业务能力的管理、对业务场景的管理、对多层次解决方案的配置管理，以及由此衍生出来的研发过程管理和业务运营。在电商平台的业务体量之下，这套产品架构还要能够支持业务的稳定性等方面的要求。

为了实现这样的要求，电商业务中台的产品架构需要包含：

- 各领域的业务能力；
- 对能力的管理；
- 对能力的配置管理；
- 业务场景(全生命周期)的管理；
- 中台产品的运营支撑(数据、能力全生命周期、平台运维等)；
- 基础设施之间的互通(与数据中台的对接，与风控安全等管理平台的对接)。

这些产品模块之间的协同本质上就是中台架构下各个团队之间的协同：各个领域的能力提供方通过业务中台对接并接受管理，尽管很多业务自己就是能力提供方，但是在中台上依旧需要按照中台规范进行管理；能力使用方基于客户和市场的要求对中台已有的能力进行组装，对中台缺失的能力进行补全，过程中使用中台提供的工具判断自身业务和其他业务之间的关联与冲突；能力运营方对能力和业务进行全面的管理，并根据运营情况提出优化、迭代要求，确保能力在中台上的高效运作；业务中台作为双中台架构中的一部分，还要在数据和数据能力两个层面与数据中台有效对接；业务中台作为管理和业务的枢纽，要对接底层的管理、风控、安全基础设施，确保管理落地，如图13.2所示。

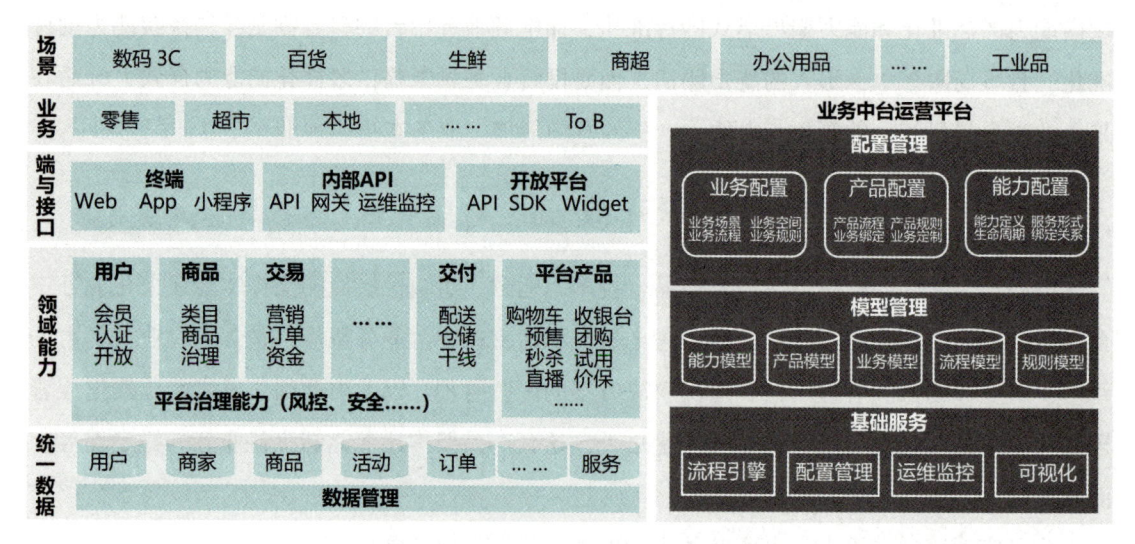

场景	数码3C	百货	生鲜	商超	办公用品	……	工业品		

业务中台运营平台

配置管理

业务配置	产品配置	能力配置
业务场景 业务空间 业务流程 业务规则	产品流程 产品规则 业务绑定 业务定制	能力定义 服务形式 生命周期 绑定关系

模型管理

能力模型	产品模型	业务模型	流程模型	规则模型

基础服务

流程引擎	配置管理	运维监控	可视化

业务：零售、超市、本地、……、To B

端与接口：
- 终端：Web、App、小程序
- 内部API：API、网关、运维监控
- 开放平台：API、SDK、Widget

领域能力：
- 用户：会员认证、开放
- 商品：类目、商品治理
- 交易：营销、订单、资金
- ……
- 交付：配送、仓储、干线
- 平台产品：购物车、预售、秒杀、直播、收银台、团购、试用、价保、……

平台治理能力（风控、安全……）

统一数据：用户、商家、商品、活动、订单、……、服务

数据管理

图 13.2　电商业务中台产品架构示意图

13.2.3 "整合"的运营管理能力

业务能力的整合，并不是单纯靠产品设计可以解决的问题，如果没有与之匹配的运营体系，中台产品提供的能力是无法有效发挥出来的。本书第 10 章介绍了数字化中台的运营体系。在没有中台的时候创新团队需要和成熟业务一起竞争平台团队的相关资源，有了中台的时候依然会有这样的需求，这就需要中台的需求评估和决策机制；在没有中台的时候业务与平台之间有沟通与协同的需求，有了中台依旧需要沟通与协同，只不过沟通与协同的目标和方式都会发生变化；在没有中台的时候平台的价值度量是评估为成熟业务和创新业务做了哪些支撑工作，有中台的时候价值度量还是这些，但是更深入、具体、明确，而且中台的基础设施能够让这种度量更加清晰、有效、准确。

落实在电商平台的场景中，数字化中台的需求评估和决策机制也要服务于"整合"这个核心要求。站在静态视角看中台的需求评估和决策，只要中台和业务团队一同讨论并确认一套各方公认的评估标准和资源分配方式就可以；但是考虑到数字化中台也要持续提升自身的整合能力，这套需求评估和决策标准必须把中台整合能力的持续提升作为一个重要的考量要素——如何在承接业务需求的时候持续提升自身的整合能力。除了前文提到的围绕战略评

估需求优先级和支撑方式，中台团队在运营过程中还要有意识地挑选需求来支持中台自身的发展。比如：某业务并不是集团战略型项目，但是这个项目的需求能够完善中台在实时物流方面的能力，那么中台团队就需要评估是否要投入更多的资源，把这类能力融合到中台的物流能力中；某业务是成熟业务中的一个新的营销能力，业务本身的预期又是在自己的业务场景中使用，但是中台团队通过跨业务的需求收集和分析认为这个营销能力可以用于多种场景，那么中台团队也应当主动投入资源帮助做好营销能力的标准化改造；类似的情况还有很多，不仅是新能力的接入，还包括整体解决方案输出的机制完善，都是在提升中台的整合能力，这些决策的标准需要融入需求优先级评估标准，在工作中灵活地应用。

电商平台业务中的沟通与协同，涉及业务与中台、业务与业务、业务与集团管理和治理体系等多种角色之间的沟通与协同，因此对运营体系的沟通协同机制要求更高，前文讨论了运营体系中关于沟通与协同的通用策略，落实在电商平台业务场景中，有几个场景需要特别关注。

业务与中台的沟通：常规情况下，业务与中台的沟通局限于能力对接与管理、场景的接入和运营，在这个过程中就事论事、对接需求似乎就够了。但是站在整合的视角上，业务与中台的沟通又不能单纯是需求的对接，而是要包含自身对于能力和场景的分析与洞察。比如这个能力是否要做前瞻性的设计以便支持后续整合，这个需求是否要在不影响业务发展的情况下进行调整以便在创新业务中更快速地落地等。在此过程中的沟通不仅是信息交换，而且在影响业务方对于中台的理解和更高效的使用。

业务与业务的沟通：业务与业务之间其实并不会频繁产生沟通，更多的场景是业务 A 的某个改动涉及对公共能力的变更，导致其他业务可能受到影响。对于中台运营来说，需要构建相应的预警、评估、反馈和协调机制，确保相关的变更能够被感知、被评估、被告知，并最终被有效处理。

业务与集团管理和治理体系的沟通：从业务的视角看，集团管理和治理体系最好能够照顾到各条业务线的差异，提供针对性的管控和治理方案，但是从集团的角度更希望有相对统一和一致的管理，中台在其中扮演的角色可以"深"一些，也可以"浅"一些——如果浅层参与，只要扮演好一个信息传达的角色就可以，确保集团的要求能够传递到各方，并通过中台自身的基础能力确保所有管控能够落实在具体的业务场景中；如果要深层参与，中台可以在信息传递的基础上更好地去"整合"各个业务在接收与执行相关要求时所遇到的问题与挑战,以及希望得到的支持,这样中台也能够站在前后台之间更好地建立与业务和集团之间的信任关系。

解决沟通机制的问题后,要围绕中台建设的初衷来度量中台的价值。围绕业务中台,考虑创新业务的交付时间、解决方案的覆盖度等聚焦创新的核心评价方式。如果管控能力是核心关注的要素,可以关注能力、场景的覆盖程度等评价方式,还可以更进一步考察不同能力、场景在整合过程中可用的形式有哪些、覆盖程度如何。

围绕具体业务和架构特性的要求构建运营体系,才能够让业务中台真正发挥其整合能力,为业务提供有效、高效的支撑。

13.2.4 "整合"的中台组织能力

对于电商平台的业务中台来说,有中台产品是基础,有中台产品的运营是合格,而所有这些基础设施的使用都是通过人来完成的,如果没有适配中台的组织,很难让中台产品和运营真正发挥作用。

以电商平台的业务中台为例,以整合为核心特性的业务中台必然带来相应的组织变化,包括人才能力和组织架构都要适配这种新的工作方式。从人员能力要求上看,原本的模式之下,业务团队和业务对口的产品研发团队是支撑业务场景及对应业务能力的关键。在业务团队内部要完成客户洞察、产品设计、运营体系建设以及产品运营基础设施的研发与运维。在这个过程中平台主要提供一些基础电商服务,确保商品、订单、物流等数据被统一管理就可以了,所谓的平台团队更多的是基础服务的提供者。但是这种模式无法支持众多创新业务的需求,于是在中台这种新的模式之下,业务团队承担的工作开始转移到中台团队上。业务和业务产研团队的主要工作更加侧重客户洞察和面向用户的产品设计,并针对业务特性设计业务运营体系,而新的中台团队要对业务的需求和产品设计进行深入分析,评估中台采用怎样的能力与能力配置形成一套完整解决方案,并提供基本的产品运营工具实现对解决方案效果的评估。相较于没有中台的阶段,人员能力要求发生了巨大的变化:业务团队的能力强调面向客户与市场,降低其对底层产品和系统的要求;而中台产品研发团队的能力需求则从单纯的基础服务提供者变成了能力的管理者、运营者,解决方案的设计者和运营者,远超之前的能力要求。

能力要求的变化反映了分工的变化,在分工变化的背后是业务组织方式的变化。原本的平台产品研发组织是类似职能型的组织架构，按照所负责的基础能力不同分拆团队，各自管好自己的自留地就可以；中台对应的产品研发组织架构则更加复杂，如图13.3所示，基础的架构包括按照所负责的能力分拆出来的团队，在这些团队之外还有专门的团队负责解决方案的产出，甚至还有更加细分的解决方案设计与实施两种不同的岗位，以及专门的运营团队负责能力和场景的运营，确保业务中台的整合能力能够持续发展和迭代。

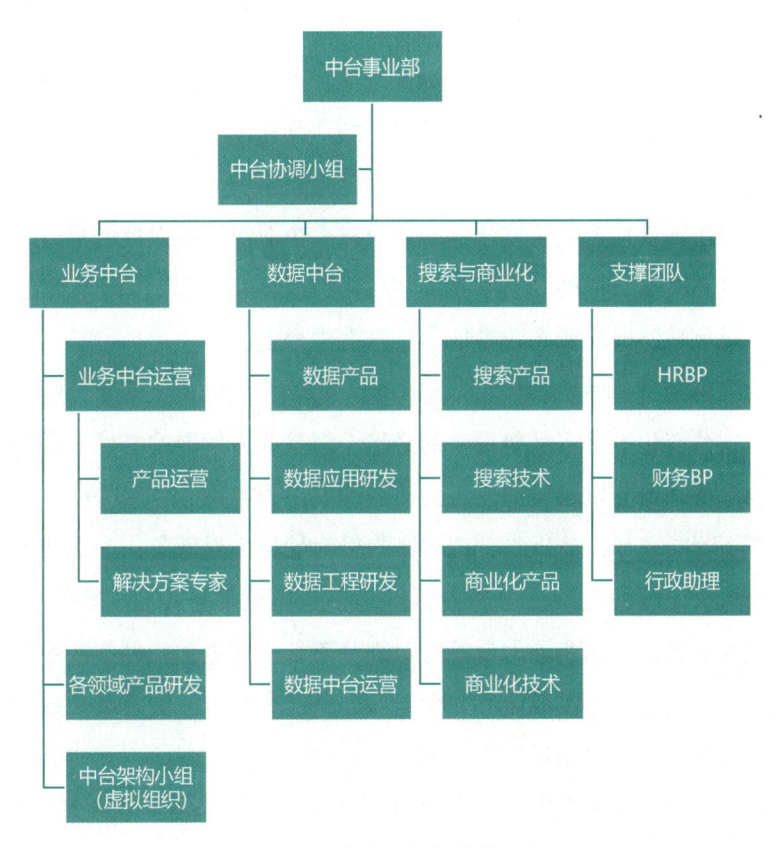

图13.3　中台组织架构的示例

由此可见，单纯围绕"整合"两个字，就需要从业务到产品、从业务到组织进行一系列针对性的设计。中台从来没有一套适配所有团队的模板，而是要深入业务场景之中设计匹配的业务架构，围绕现状做好落地工作。

13.3 "不破不立"——中台架构的演进

电商平台的中台发展引领了行业，电商业务中台的发展变化也牵动着行业内外相关角色的心，从建设中台到"削弱"中台，进而到"拆中台"，围绕中台的一系列变革也让很多从业者感到困惑："中台怎么才火起来就拆了，是不是中台这个模式本身就不对？"其实只要回归电商平台的业务发展，回归业务架构的基本原理，这些困惑并不像看起来那么困难。

中台建设的开启不是因为有了一个新的理论或者方法横空出世、引领行业的发展，而是因为行业的快速发展和创新需求已经无法被现有的产品和平台支持，为了能够整合电商的全链路能力、支持场景中的创新，行业中的几个标杆企业不约而同选择了中台架构。这个选择源于企业竞争的迫切需求、企业数字化基础的成熟、企业组织成熟度的提升，最终都指向了中台架构作为解决方案。所谓的"拆中台"也并没有让中台消失，而是促进电商能力与其他业态的融合，避免强制要求所有业务能力都落在中台上。

中台演进的终局是另一种"拆中台"，即单一的电商业务中台被拆为多个更具有业务特性的中台体系，这种变化不是产品架构上的必然，而是业务发展的必然。随着电商业务逐步成熟，大一统的电商平台会发展得愈发无力，自身份额被各种细分市场的竞争者不断蚕食，电商平台在业务上可能选择以分拆细分市场来有针对性地应对竞争，与之相匹配的业务架构和产品架构也会从大一统的电商业务平台拆解为多个电商业务中台，例如在线零售业务中台、本地服务业务中台、商超业务中台等针对细分市场快速迭代和创新的业务中台，所有这些中台又依托一个基础的统一电商业务中台进行公共能力的沉淀和标准化数据的累积，从而实现业务灵活性和整体效能的相对平衡。

所以，无论是建中台还是拆中台，中台的底层演进逻辑都是从业务的发展和变化出发，衍生出新的业务架构，新的业务架构又推动产品架构和技术架构的持续演化，只有两三个业务的时候，电商基础平台就可以提供支持；有二三十个业务的时候，需要建设电商业务中台；这几十个业务要分拆为几个专门的事业群甚至子公司的时候，需要中台的"集群"才能更有效地支持；到了更远的未来，甚至电商平台这种商业形态都要消失的时候，也会有更适合新商业模式的业务架构与产品架构去支撑。叫平台、中台或者其他名字都可以，只要能够高效支撑业务，就是优秀的架构、优秀的设计。

第14章

关注效能与扩展的中台设计

相较于曾经飞速发展的电子商务行业，大多数数字化转型企业还是遵循各自行业的规律稳步地发展，降本增效在企业经营中是一个更加普适的话题。通过对这个话题和场景的探讨，我们可以收获以下问题的答案：

- 传统行业的数字化转型过程中，数字化中台如何发挥作用？
- 在企业发展和数字化建设的不同阶段，应当分别采用怎样的方式降本增效？
- 降本增效的过程中如何让数字化的价值最大化？

14.1 做不完的服务和持续降低的预算

电商业务中台是针对业务高速发展期提供的一套平衡创新与管理的解决方案。电商企业在数以万计的企业之中相对特殊，毕竟很少有企业能够在 20 年内实现从 0 到万亿市值的飞跃，而降本增效这个话题对于各行业处于各种发展阶段的企业来说都是一个更加普适的话题，数字化中台是否能在企业经营，特别是日常经营中发挥作用？

开始讨论前，首先要区分企业在怎样的发展阶段。不同发展阶段的企业对于"降本增效"这四个字的理解存在巨大的差异，如果把企业简单分成从 0 到 1 的模式验证、从 1 到 10 的规模发展、从 10 到 100 的体系化竞争三大阶段，那么三个阶段的降本增效聚焦在不同的重点上。

在从 0 到 1 的模式验证阶段，经营的核心目标是验证商业模式是否有效。无论是前沿科技的创新产业还是衣食住行的传统行业，模式验证阶段关注的都是从客户到供应链，从业务到财务，关键的产品、渠道、收入成本等要素是否符合预期，这门生意是否能够运转起来，这个阶段降本增效不是锦上添花而是生死攸关的模式验证，这并不是数字化中台支持降本增效的典型场景。

在从 1 到 10 的规模发展阶段，经营的核心目标是依托自身优势快速抢占市场。在这个阶段，企业将大部分精力投入客群扩展、供应链能力建设方面，降本增效会被提及但是其本质是控制成本过快升高，也就是模式验证阶段被证明可行的各种成本、效能指标不能因为快速扩张而恶化。在这个过程中，数字化产品能够帮助企业固化流程、稳定产出，但这也不是数字化中台支持降本增效的典型场景。

在从 10 到 100 的体系化竞争阶段，此时无论是市场红利还是产品红利都已经过去，企业不仅要持续拓展、满足客户需求，更重要的是面对市场上大量同类型企业的竞争。在这个阶段，渠道、产品、技术等方面的优势与差异已经不是决定性因素，持续提升组织能力、通过组织的高效运作实现降本增效才是一个长期解决方案，这个阶段是数字化中台发力的最佳时机。

在企业的不同部门中，降本增效压力最大的部门分别是生产/供应链和服务支撑，但是二者有明显的差异。生产和供应链相关团队的降本增效影响最大的是技术进步，其次是供应商管理和运营，数字化产品在其中的发力点相对有限。服务支撑包括企业对内部和外部的服务与支撑团队，最为常见的是人事、法务、财务、行政，某些行业还有规模较大的客户服务团队或者 IT 服务团队，在特定行业，风控、合规也会承担大量的服务工作。在企业中，这些团队是降本增效任务的主要承接者。因为服务支撑团队在多数公司被定义为成本中心，自身价值很难通过营收体现，于是只能在降成本、提效能上面花心思，几乎每年都会发现团队要承接的服务需求没有降低，甚至还在逐年提升，但是部门预算不仅没有同步增长，甚至还可能持平或者降低。

问题看似很清晰，就是成本要降低，效能要提升，但这只是经营上需要得到的结果，有效的解法需要结合业务的特性来设计。

14.2 短期降本与长期增效

短期降低成本可以通过增强管理来实现，挤压服务工作中"水分"，而要实现长期的降本增效，必须在服务中引入新的能力和新的要素。在数字化时代，最有效的解决方案就是通过数字化产品推动服务流程与组织的重构,通过人工智能技术增加服务能力的供给,无论是自研产品还是采购第三方产品都能够帮助企业达成这个目标。对数字化团队来说,最重要的是把握背后的逻辑,选择适当的方案和路径。

14.2.1 业务精细化与数据精细化

以某大型工程建设集团为例,经过几十年的发展,集团内部逐步发展出工程建设、资产运营、金融服务等多样化的业务,并且在多个重点城市有自己的分公司和办事处。在数字化转型开始之前,集团对不同子公司服务支撑团队的降本增效要求只能通过指标摊派的方式进行管理,前期各个子公司还可以通过强化制度要求、提升管控强度的方式完成降本目标,但是随着子公司业务逐步成熟,越来越多的子公司开始抱怨成本管控目标难以达成。其实有不同层面的解决方案应对降本增效,背后对应三种不同的驱动力——管理、经营、技术,不同层面的解决方案也是不同层面数据的应用,数据应用层面越深,效能提升和管控能力也就越强。

对服务支撑团队的管理者来说,最"容易"的解决方案是通过管理提效,即通过"挤水分"的方式将服务支撑过程标准化、动作执行的要求精细化,减少各个环节的冗余和浪费。以发票报销为例,"挤水分"之前的报销可能是员工想起来自己还有没提交的报销时,就找相应的财务/行政支撑团队要一张报销单,一边问怎么填写,一边在另一张纸上七扭八歪地贴上各种类型的票据,支撑团队总要有个助理"陪着"填单子、贴发票,一位助理忙了一天,也只是收了几十份报销单而已。如何从这个过程中挤出来水分?明确报销提交时间为每周特定时间,将零散的发票报销需求汇集在一起;在提交报销的工位旁边贴好报销单据的填写要求与范例,收单的同事只负责审核,不负责逐条解读说明;周三只接收差旅和加班产生的日常报销,周四只接收团队建设和办公相关的费用,周五接收客户招待和其他类型的费用报销。这样的一组措施包含了服务需求的聚合、服务标准的明确、服务工作的简化以及内部处理难度的降低。从这里可以看出管理提效的本质就是权责清晰、流程清晰、标准清晰。这些改进工作虽然看起来简单,但本质上是对服务工作进行规范和改造,并且在这个过程中势必开始对服务这项工作开始进行数据的记录和度量,即便是简单记录有多少进件、分为哪些类型、处理时长有多少,都是业务数字化的开启,意味着开始把数据用在服务支撑的工作中。

管理提效动作简单，容易见效，但是其提升的空间相对有限。将管理提效发挥到"极致"之后，人均效能可能会比原来高不少，但是管控给团队带来的高压和不便会逐步抵消效能提升带来的价值，即管理提效的边际效用是递减的。这个阶段势必须要引入新的解决方案，即在经营层面进行提效，这个层面上最常用的工具和手段就是流程重构和组织架构调整。

依旧以这家大型集团为例，在每个子公司内部的服务支撑团队效能已经到极限的情况下，是否可以把子公司比较成熟的服务支撑职能整合起来，形成一个共享服务中心？乍一听，似乎只要把这些服务支撑团队合并在一起就能发挥规模优势、提升效能。实际上，组织架构的调整背后是业务流程的一次重构，所谓的规模效应、降本增效并不是因为组织架构变化而发生，需要围绕新的架构设计新的工作方式才会达成效果。共享服务中心之所以能够实现降本增效，依赖于业务的三个核心变化——把所有服务支撑职能聚合之后，现有人力资源在内部重新分配，推动服务的专业化提升；打造公共平台，提升服务效能；集中进行外部采购，获得更有竞争力的服务（包括资源和服务）。原本子公司内部疲于奔命、被动应对服务需求的几人、十几人服务团队在整合之后，就可以形成一个几十人甚至上百人的专业化团队，通过内部前中后台的分工，提升自己在特定领域内的专业程度和工作效能；比如，原来只有2个人在子公司内处理数不清的报销发票，整合之后，全集团可以有10个人完成这项工作，也就有了重塑处理流程的资源，从一个人解决所有问题变成材料整理校验、数据采集、审批、统计分析由不同人员承担。通过流水线提升整体效能，而且从分公司自身的服务变成集团内部的统一管理和运营，横向对比分析各公司的情况。随着共享服务平台整合的范围越来越大，能够更加有效地运用手中的资源和预算，从子公司每年挤出几万块预算采购外部工具变成集中上百万预算建设统一、完善的服务平台，实现业务与数字化产品的更好融合。更大的服务体量带来的另一个优势是面向外部供应商的时候，相较于之前也可以获得更好的采购条件。这种运营提效的实践，本质上是对资源、分工、协作的重新组合，对资源进行集中高效利用，对分工权责进行重新划分，创造性地变革协作方式，降低协作成本。在这个阶段，数字化技术可以伴随业务和组织的重构深入到服务过程之中，不再是简单地统计服务的结果，而是将服务发起、处理、反馈、统计等所有操作节点都数字化，并基于数字化形成对服务更深入的洞察，如图14.1所示。

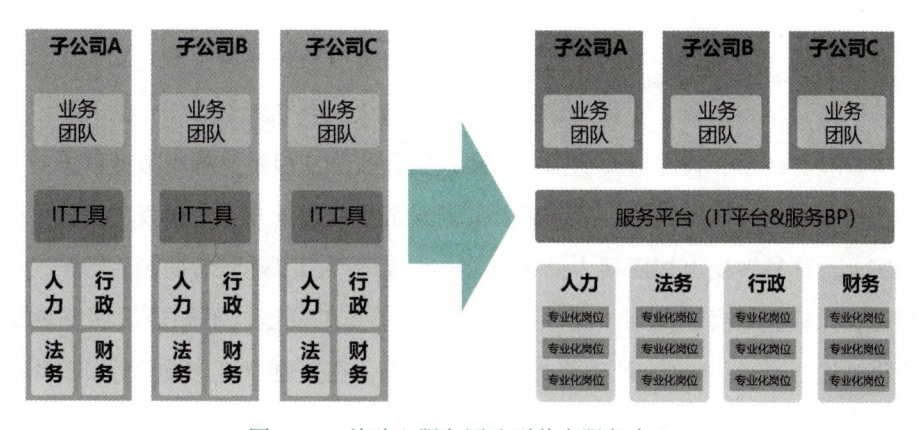

图 14.1　从独立服务团队到共享服务中心

更进一步的解决方案是从人的服务转为机器的服务，即减少服务过程对人的依赖。仍然以报销场景为例，报销的类型繁多，材料也是五花八门，用人来处理的优势是具备一定的"弹性"，能够处理非标准化和规则之外的工作，而如果通过低代码表单与流程设计、基于人工智能的单据识别、基于规则和算法的智能化引擎，就可以将绝大部分标准化、重复性工作由人的处理变成机器的处理，从几十人团队朝九晚五的服务方式转化为数字化产品 7×24 的线上自助服务，从重复性工作中解放出来的资源则可以投入到数字化能力的持续提升和新服务场景的拓展上。最终服务团队的业务模式从单纯"堆人力"解决服务问题转变为线上自助服务与线下服务专家合作的方式，更大的变化是过去几十人的人力密集型组织转变为以线上的数字化工具为触点、以产品运营迭代为主要工作、团队更加精干、服务质量和专业能力持续提升的专业型组织，如图 14.2 所示。

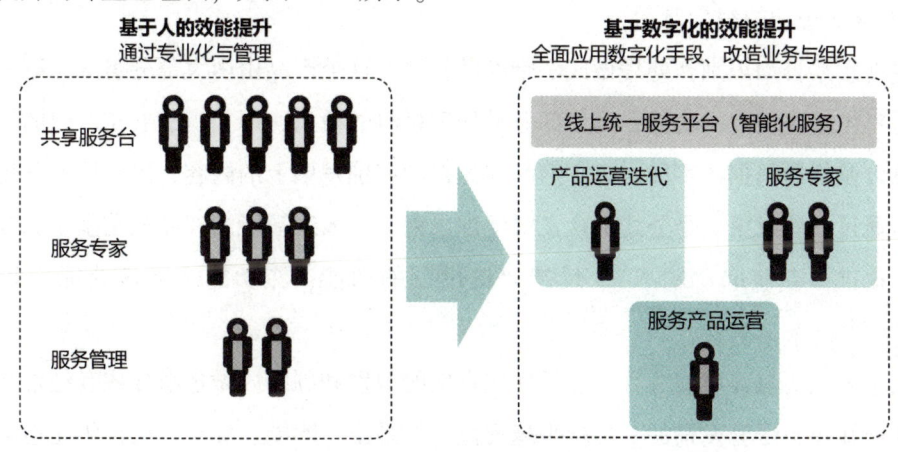

图 14.2　数字化对服务模式的改造

14.2.2 从"人工"到"人工智能"

虽然从管理、经营、技术层面上都可以提升服务效能，但是从根本上变革服务方式和服务能力的手段还是通过技术驱动。从人工服务到人工智能服务并不是一夜之间就可以发生的转变，事实上，这种转变更加依赖人的参与。乍一看，人工智能产品会让人有一种"黑盒子"的感觉，人们把语音、文字、图片和视频扔给了人工智能，不知道里面究竟是走了什么样的流程、经过什么样的处理就得到了一个结果，在打造人工智能产品时很容易没有头绪。

实际上，人工智能产品和相应的能力建设与表单设计和流程优化相比并没有更复杂，只是需要理解几个核心的概念和它们之间的相互关系，下面的公式并不精确，但是能够简化对于人工智能模型的理解：

$$人工智能产品 = 功能 \times 模型$$

$$模型 = 算法 \times 参数$$

$$参数 = 训练过程 \times 数据集$$

理解了这三个公式，就能够理解如何在企业内构建人工智能的相关能力。从顶层到底层，首先要理解的概念是"什么是人工智能产品"。以发票的自动识别和处理为例，在"人工处理"的阶段，需要一名经过培训的财务人员将员工提交的发票进行整理，核对发票信息与员工提交的信息，判断从报销单的形式到填写内容，再到发票单据的匹配是否符合公司的财务规定、是否匹配业务和差旅的真实行为，最终决策是通过还是驳回，并反馈驳回的原因，如图14.3中功能视角所示。

如果把发票自动识别和处理做成一个产品，那么这个产品由两大部分组成：第一部分承载提交材料、接收反馈的功能；第二部分是处理材料的模型，用于识别五花八门的发票和上面的信息以及报销单据的字段内容。产品首先自动识别发票上的内容，提交给财务规则模块判定是否通过，此时第一个公式的含义就浮现出来了。人工智能的产品就是基于业务和产品的需要，提供一套获取"输入"、反馈"输出"的功能，在功能之下是处理这些信息的模型。

第二个公式要解释模型为什么能够完成发票的识别和判断。做过财务或者经常在外跑业务的伙伴会知道，尽管发票的开具越来越规范，但是出一次差、提交一次报销还是会收到六七种不同样式的发票，汇集到公司财务就会是几十甚至上百种不同的发票。模型识别这些发票依赖两个要素，一个是算法，一个是参数。

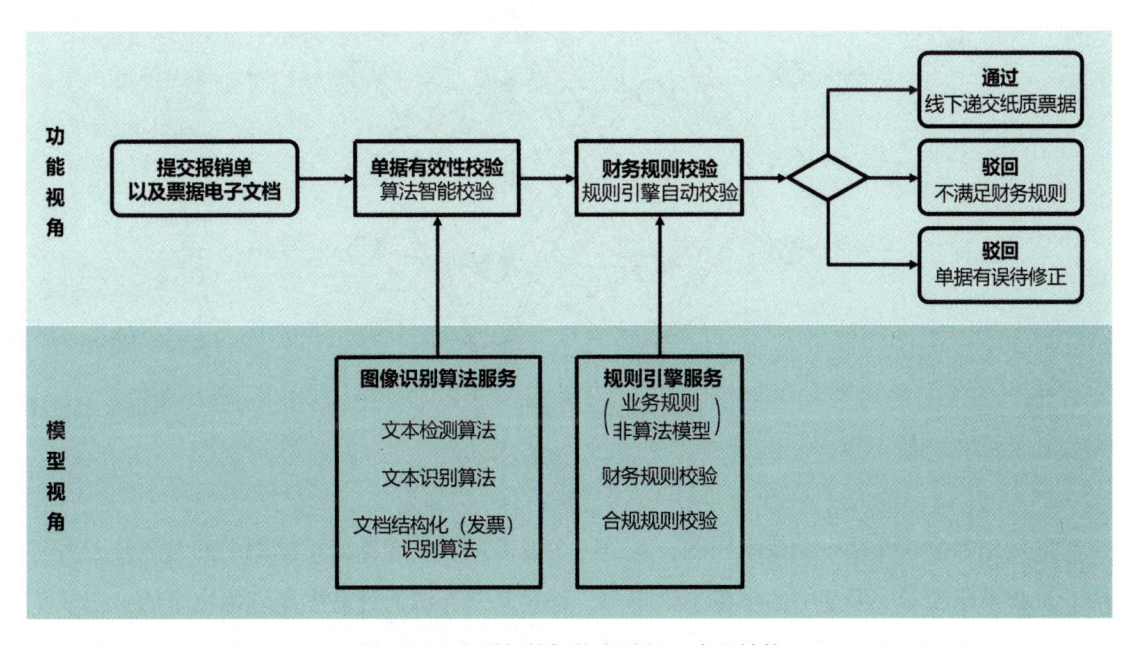

图 14.3　发票报销智能产品的组成和结构

算法可以理解为前面介绍的方法论，识别发票的方法论告诉我们，拿到一张发票的图片之后应该怎样从里面找到文字所在的位置并将图像转化为文字，但是方法论只是一个通用的框架，怎么识别火车票、机打发票、定额发票，并不会从框架中得到答案，能够解决这个具体问题的是模型参数。可以把算法理解成一张复杂的路网，即神经网络，网的一边是要识别的图像，网的另一边是需要得到的答案，即发票上的信息。是否能够得到正确的答案取决于在这个路网上每个交叉路口的判断，如果判断准确就能像走迷宫一样走出正确的路径，即正确的输出。路口的判断规则就来自模型参数，这些参数决定了路网中的每个节点会按照什么规则来进行判断，最终生成发票的相关信息，如图 14.4 所示。这个过程与写产品规则时的"如果-就"（IF-THEN）条件相似，只不过人脑习惯的参数可能只有几个，而模型中的参数是成千上万的，某些模型可能需要数以亿计的参数。最终，整个模型通过参数就能够理解不同类型的发票应该如何识别，有了这些信息，下一步只要把数据给到业务规则进行判断，就能够知道某一张发票是打车票、打车时间是工作日规定的加班时间、金额也没有超过公司设定的差旅标准，从而报销车费。

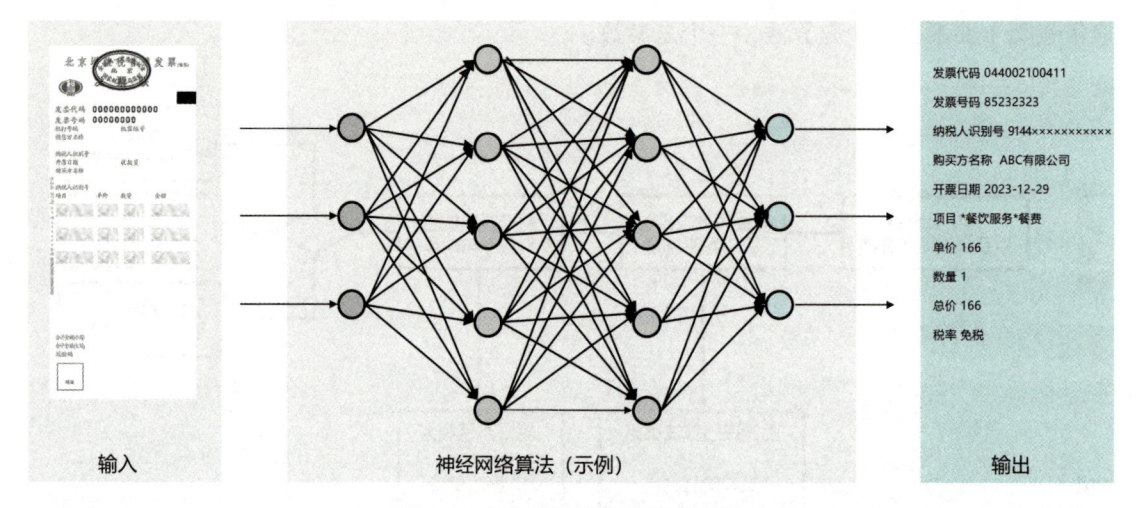

输入　　　　　　　神经网络算法（示例）　　　　　　　输出

图 14.4　模型与参数的关系示意

最后一个公式既是一个技术问题，又是一个业务问题，能够揭示模型中的参数是怎么来的。从技术角度看，模型中的参数不论多少，都是基于算法通过数据集训练出来的：把成千上万张不同类型的发票图片标注清楚，然后扔进算法的那张网里面，通过大量图片的训练让网中的每个节点都知道遇到不同图片如何判断；每次训练都会被评估和反馈，最终当训练的产出质量达到预期要求时，这张网就成为一个合格的发票识别模型。从数字化产品的角度看，需要关注的不是如何调校模型参数，而是如何为模型训练提供高质量的数据，因为好的模型一定是优质的数据训练出来的，如果训练数据质量差，模型的效果也不会很好。这就是为什么在人工智能产品领域流行着这样一句话，叫作"先有人工，才有智能"。在试图构建人工智能的能力过程中，高效地积累优质数据是建设能力的关键，数字化产品经理需要在理解模型生成原理的基础上想方设法在模型训练之前打造好数据生成的机制，包括训练之前的数据采集、分类、标注、审核以及产品上线后的数据收集和反馈。还是以发票识别为例，如果没有提前做好机制建设，就需要在训练之前临时收集成千上万张发票图片，甚至采购其他公司标注好的训练数据，专门安排训练人员人工识别发票中的关键信息并标注，然后通过几轮算法训练得到可用的模型；如果做好了产品和机制的准备，就可以在报销流程的产品功能中预先保存发票图片，引导员工填好相关信息，并且在审核环节完成准确性校验，用不了多久就能在不增加额外成本的前提下，积累一批适配公司实际业务情况的优质训练数据，同时在算法上线之后也可以配套异常监控流程,及时发现和处理算法异常的案例,并积累下来用于算法后续的训练和迭代。图 14.5 以报销流程为例,呈现了业务流程和数据流转之间的大致关系(并不完全按照产品实现),以及业务流程中的数据如何驱动算法的持续迭代。

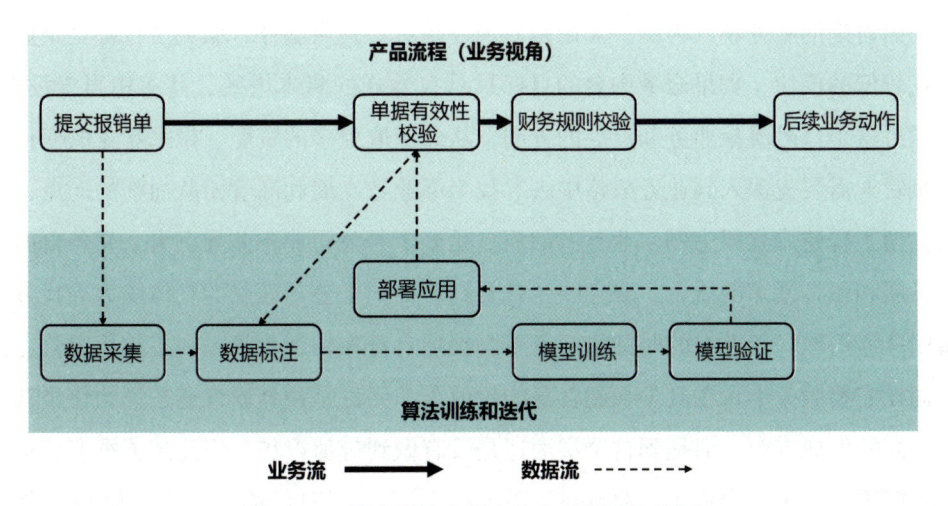

图 14.5　算法训练和数字化产品的迭代机制

所以在数字化产品体系中融合人工智能的能力并没有想象中那么复杂,把算法当成一个相对复杂的规则引擎,构建出一个体系化的数据积累、训练、迭代闭环后,人工智能也就离我们不远了。

14.3　服务重构引导中台设计

业务视角上的降本增效是"理所当然"的,而落实在产品层面上,降本增效要面对各种现实的挑战。从经营上说,提升效能、扩展能力特别正确,但是相关的产品和系统大多处于稳定运营期,日常并不会有充足的资源给到这些系统进行大规模的重构,甚至连日常优化需求可用的研发资源都是紧张的,在这种情况下又应该怎样推动中台的建设?

探索答案的路径仍然在数字化中台建设的框架之中。对于数字化中台来说,首先要回答的问题还是如何建设这个提升效能、扩展能力的中台,要实现什么目标,达成怎样的愿景。对于降本增效的产品来说,跨越这个思维上的瓶颈尤为重要。对于产品和系统的负责人来说,要把"降本增效"转化为企业经营中的具体目标和愿景——通过数字化中台显性地提升人效、提升资源使用效能、减少资源消耗、减少业务过程中的无效和低效环节等，而且不能止于这些泛泛的描述，而是聚焦在当下业务发展中最核心的流程、环节、场景中，体现降本增效的价值。

以前面讨论的服务场景为例，无论是对内还是对外提供服务，服务中台都是企业重视程度相对比较低的模块，如果服务中台的目标只是口号式的降本增效，其实相当于没有目标，并不会通过这个口号凝聚业务和产品的方向，从而获取更多的资源、带来看见的变化。服务中台的负责人需要先深入到业务战略中去寻找当下业务发展和高管团队面临的痛点，以前文提到的大型工程建设集团为例，业务上的痛点是多个子公司业务差异巨大，又各自面临较大的业务发展和预算紧缩的压力，服务中台就要针对不同子公司面临的具体压力寻找方向；公司高管团队需要在一年左右的时间里向董事会展现自身在精细化管理和集约化经营方面的进展，这同样需要服务中台在其中找到自身的价值点。无论是预算紧缩还是集约化经营，都是匹配度很高的发展方向，但是到这个层面还是没有做到价值聚焦，因此到了季度、年度总结时还是只能算降低了多少成本，把哪些零散的工作收到了自己的中台内，得到一个"但求无过"的业绩。

真正有穿透性的目标是要拆解到不同子公司面临的关键问题以及高管团队希望突破的点，如表14.1所示。对于服务中台来说，服务成本的可视化比单纯降低某几个服务的成本更有穿透性；围绕城市运营公司的业务特点推动用工结构的变化比单纯控制招聘成本更有穿透性；配合财务公司在工程建设公司落实预算管理，比管控项目中种类繁多的费用更有穿透性。穿透性的根本并不是把最终那个大而全的指标拆成某个或者几个任务，而是深入到业务之中，围绕业务特点，通过产品切中当前公司在"降本增效"中最大的痛点和要害，让业务方和高管团队都感受到数字化产品工作做得精准、到位。穿透性的关键是通过产品改变业务过程、组织方式中的某个结构，或者提供创新性的业务能力。

表 14.1 对子公司问题的拆解

业务类型	子公司	关键问题和诉求
区域销售公司	上海分公司	服务成本非关键问题
	苏州分公司	服务成本非关键问题
	无锡分公司	服务成本非关键问题
	浙江分公司	服务成本非关键问题

(续)

业务类型	子公司	关键问题和诉求
核心专业公司	工程建设公司	大量外协，财务管理复杂
	城市运营公司	大量临时工，管理难度大，成本波动大
	金融投资公司	竞争激烈但是服务要求高，成本不敏感
服务支撑公司	财务服务公司	提升人效，推进全面预算管理
	人力服务公司	持续降本增效
	行政服务公司	持续降本增效
	IT服务公司	推动集团降本增效并推动数字化渗透

基于这些业务判断，再回归具体的衡量指标，一方面是服务成本可视化覆盖了多少服务类型和服务成本，另一方面是通过数字化的专项工作降低了多少成本。有了这样的目标和指标作为指引，具体的产品工作就有了聚焦的方向，能够聚焦在可视化、用工结构和预算管理上的产品需求就是核心需求，不在这条主线上的需求就是无足轻重的需求。

围绕这样的目标，服务中台的产品架构和蓝图也能够清晰地展现出来，服务中台不能只是帮助各个支撑服务公司把内外部服务聚合起来。单纯的服务聚合不能说没有价值，只是价值容易局限在体验提升而非本质上的效能改善。真正能够实现可控、可迭代、本质性效能提升的产品架构需要能够支持服务成本和效能的全过程监控与管理，支持服务过程的线上化和持续重构，支持人工任务逐步自动化和智能化。基于这样的架构目标，所需的中台能力和产品架构就可以自顶向下设计出来。从能力角度看，服务中台需要基础的服务能力接入、服务编排、服务运营。通过图14.6所示的架构设计能够深度融合各个支撑服务公司的专业服务能力，并通过全面的数据监控和运营来提升整体效能。

要注意这样的架构设计还需要考虑组织自身的能力，不同能力成熟度的组织并非都可以采用同样的设计：对于数字化程度较高的组织，主要策略是将原来分散在不同子公司和数字化系统中的服务能力标准化、统一管理、整合输出；对于数字化程度不高或者刚刚开始数字化转型的组织，就涉及线下服务能力线上化、标准化、集成化等一系列工作。服务中台的落地工作对于哪一类组织都不轻松，数字化程度较高的组织有不错的数字化基础，但是从过往多年积累的"烟囱式"数字化系统向中台整合的过程中，要解决不同类型系统的差异化，谁来定规范、如何遵守规范都是难以绕过的问题；数字化程度不高的公司看似可以绕过前面的难题，从一开始就用中台标准来设计自己的数字化工具与系统，也确实能够通过前瞻性的设计降低后续整合的成本,不过,这类组织逃不掉数字化的基础工作,就是将线下业务线上化,这个过程对于服务的标准化、数字化工具和流程的支持也有很高的要求。

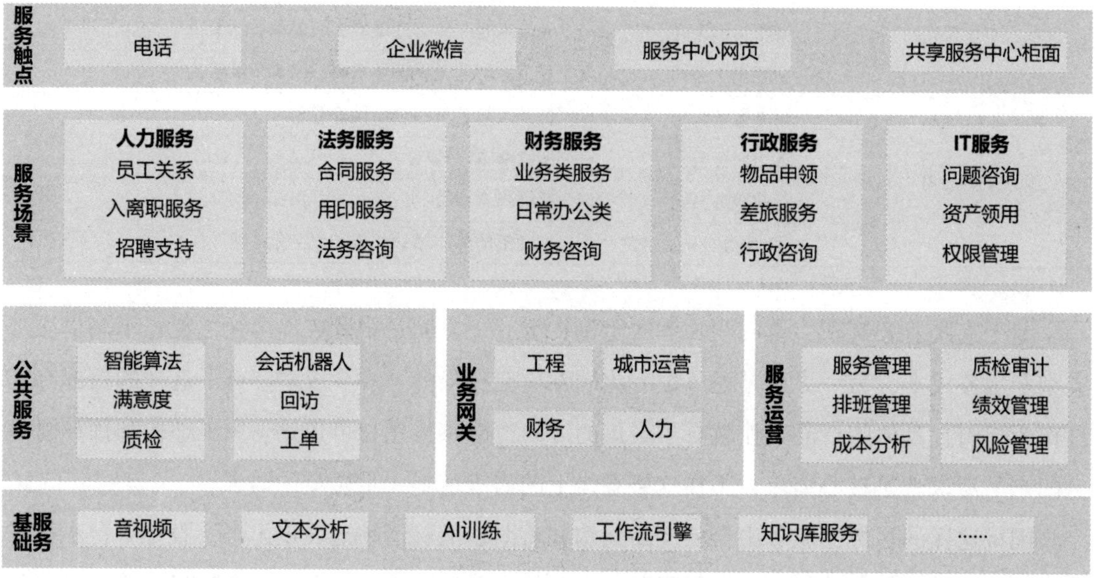

服务触点	电话	企业微信	服务中心网页	共享服务中心柜面	
服务场景	**人力服务** 员工关系 入离职服务 招聘支持	**法务服务** 合同服务 用印服务 法务咨询	**财务服务** 业务类服务 日常办公类 财务咨询	**行政服务** 物品申领 差旅服务 行政咨询	**IT服务** 问题咨询 资产领用 权限管理
公共服务	智能算法 满意度 质检	会话机器人 回访 工单	业务网关	工程 城市运营 财务 人力	服务运营	服务管理 质检审计 排班管理 绩效管理 成本分析 风险管理
基础服务	音视频	文本分析	AI训练	工作流引擎	知识库服务	……

图 14.6 某集团的服务中台架构设计

对于数字化中台的建设者来说,难并不是最大的问题,只要能够凝聚数字化中台的建设方向,构建一张业务与数字化达成共识的架构蓝图,数字化中台就已经成功了一半。

第15章

聚焦经营智能的中台设计

过去几年,数据中台的普及速度比业务中台更快,是不是数据中台更简单、更适合中国的企业?深入探究数据中台的本质,会发现并不是数据中台更简单,而是数据中台所代表的经营管理能力更适合数字化技术渗透其中。但是门槛低不代表难度低,数字化中台的建设者们还是要回答这些问题:

- 数据中台的价值是否仅仅是提升获取、分析和展示的效能?
- 数据中台和业务中台如何产生更大的协同价值?
- 数据中台应当如何落地并持续演进、持续运营?

15.1 真正的"数字化壁垒"

业务中台、服务中台都是通过能力的整合帮助企业实现创新能力、管控能力的提升,进而取得市场竞争中的优势。从商业模式的角度看,这种优势来自业务组织方式的变化。但是中台先行者头上还有一块"乌云"挥之不去——业务中台、服务中台等数字化基础设施,A公司可以有,B公司也可以有,或早或晚都会成为行业标配,就像1913年的福特公司因为首先应用流水线取得了竞争优势一样,之后汽车工业中的流水线就成了行业的标配。与先行者相比,一些数字化后发企业反倒有了某种"优势"——能够选择更成熟、更新潮、在特定领域技术更先进的中台产品,包括业务中台、服务中台和数据中台。对于数字化转型的领导者来说,这是不是意味着中台不需要那么着急,反正早晚都会有?又或者中台也没那么特殊,反正大家都会有?对于这种疑惑,有三个不同角度的回答。

第一是时间或者叫时机。市场竞争不是资源、产品、服务的静态对比,而是持续不断的竞争攻防过程,在这个过程中比对手更早建立优势本身就是有价值的工作,自己在前期建立的优势,对手可能要用上3倍、5倍的成本或者时间才可能追赶上来。

第二是集成。对于业务中台、服务中台来说,尽管每家公司可能都用了中台这个名称,但是中台之中到底包含了哪些功能和服务?这些功能与服务跟企业的业务和组织之间是否能够有效集成在一个完整的业务流程中?答案却不尽相同。中台与业务的集成不是单纯买一套系统,员工学会操作就可以;中台的建设涉及自身业务的分析、抽象甚至重构,只有深入中台设计和建设之中,才可能实现中台与业务的深度集成。和第一点相似,这种工作做得越早,成本越低,如果拖到业务复杂的时候才做中台的抽象和设计,成本就会成倍增长。

第三是经营。前面的章节将主要篇幅用在业务中台、服务中台中,毕竟这些是构成企业竞争力的关键部分。但是企业还有一项关键能力也是中台可以发力的点——经营能力。如何有效地分析、正确地决策、高效地执行,这些和业务、服务一样关系到企业的发展和竞争力提升。这种能力的构建需要企业搭建起经营框架,持续沉淀数据和知识并转化为可控、可迭代的数字化系统。和业务中台、服务中台相比,这种经营能力是更隐性、更难以复制的能力,也是更加坚实的数字化壁垒。

在本章,我们将一起探索如何构建数字化的经营能力,并形成坚实的数字化竞争壁垒。本章通过数据中台与经营中台的比较,帮助读者更加清晰地理解在日常经营过程中如何实现中台理念的落地。

为什么数据中台能够帮助我们理解"经营中台"?首先,数据中台这个名字尽管已经被大众接受,但是从客户视角看,数据中台并不是一个好名字。数据中台是典型的站在产品研发视角上给出的定义,说明这个中台产品主要用于数据的收集、处理、分析,并提供相关的功能、工具。这听起来没什么问题,但是对比业务中台和服务中台,会发现业务、服务、数据这三个词并不在同一个维度上:业务中台解决的是业务整合问题,服务中台解决的是服务整合问题,它们都是从具象的业务场景切入,而数据是一个更底层的要素,数据中台要解决的问题不是数据本身,而是数据上层所面临的问题。仔细分析一下数据中台所提供的各种报表、看板、策略、算法就能够发现,数据中台解决的问题大多是经营层面的问题,包含战略落地过程中的计划到执行(通过报表和看板得以解决)、具体业务场景中经营智能的沉淀和能力输出(通过策略和算法承载)。在传统的数字化概念中,有两个专有名词很恰当地描述了这种能力,即BI(商业智能)和OI(运营智能)——围绕经营分析与决策打造的商业智能,以及围绕业务开展、在业务节点和业务流程全链路上为了提升效能而打造的运营智能。

要仔细拆解企业的经营具体包含哪些工作、面临什么问题，有非常成熟的体系和框架作为参考，本书介绍过的 BPF 框架就是应用在电信行业的一套经营框架。从经典框架中可以看到企业的经营覆盖了多个领域和不同层次的工作。从顶层模块看，经营包含战略规划、产品管理、业务运营、市场品牌、财务、人事、质量与风险等工作，这些模块内的工作又包括从规划到计划、执行等层面的工作。尽管各个模块之间的职能差异明显，但是在实际工作中各自面临的问题又颇为相似：规划缺少框架，决策缺少依据，方法都在脑中，成败要看运气。企业要想解决这些问题，需要在经营的各个环节收集数据、分析数据，让经营能够在数据的引导下稳步推进；更为重要的方面则是把各个经营管理者脑中对于战略和经营的思考、方法、经验、数据沉淀在一套显性的框架中，让经营的能力从人脑迁移到系统和产品中，使之可以沉淀、复用、迭代，让经营能力成为企业和组织的能力，而非某个人或者某几个人的天赋、直觉或者经验。

那么，为什么现实工作中首先出现了数据中台，而非经营中台？并不是因为缺少经营的理论、框架或者工具，主要的阻碍在于企业内部负责经营与负责数字化/IT 的岗位在职能设定和日常工作中都相距甚远：负责经营的人不懂数字化，于是只能催工程师尽快提取各种数据，然后交给经营团队导入 Excel 中进行分析，成熟一些的会选择让工程师把这些数据做成报表；负责数字化的人不懂经营，看着经营负责人整天忙忙碌碌，但是不知道数字化在其中能够发挥哪些核心作用，于是只能在自己的能力范围内尝试去造一个更好用的"锤子"，应付经营团队提出的各类需求。这些更好用的"锤子"就成了数据中台，聚合了数据管理和分析的各种工具，但是缺少企业经营方面的视角，于是这些工具也仅仅是处理数据的工具，而非围绕经营构建的中台产品。

要围绕经营来构建中台能力，需要围绕从战略到落地的四个层面来落实各个领域内的经营能力。

1. 战略规划层面

无论是企业的战略规划还是各个领域的规划，都离不开对行业、客户、市场、竞品的把握，以及从中发现机会的能力。在企业中，这些能力体现为市场研究、用户研究、竞品分析，并最终定位机会与方向，落实在目标设定上。在规模达到万人以上、经营能力比较成熟的企业中，这些工作会由战略部门或者经营分析部门支持；对于中型或者小型企业来说，这些工作主要靠老板或者高管的直觉与经验。从经营中台建设的角度看，中小型企业要把战略规划能力落实在中台上会比成熟企业难，一方面是框架、方法和工具不成熟，缺少基础支持，更重要的一方面是中小型企业并没有足够的动力让高管把这些能力融入到组织能力中，所以尽管战略规划是经营能力的关键起点，但是只有少数企业有条件、有动力把这个能力落实在中台之上。从拍脑袋定战略、体系化研讨定战略到围绕系统持续迭代战略，企业的战略能力或者叫成熟度至少要进化到体系化、系统化的水平，才具备将这些能力数字化、中台化的基础。

2. 业务计划层面

从全局的规划和目标变成一系列可执行的工作和资源是业务计划所要解决的问题，从经营目标到分解测算，从业务方向到重点工作、考核指标、内外部协同以及预算等。与战略规划相比，业务计划工作所需考虑的外部要素或者不确定性要低很多，但是这项工作仍然是"手艺"与"工程"的结合。手艺的部分是从战略规划转向重点工作，把全局的、方向性的目标转化为针对性的重点工作需要人的决策与判断。例如战略上要求提升特定区域，特别是新拓展区域的市场占有率，需要经营管理人员把这一句话转化为"在什么时间和什么地点执行怎样的营销活动"。以及为此，要在组织上提前进行人才的储备，明确在财、物方面需要哪些资源支持，并根据当地情况评估主要的风险和应对的预案。这些工作的拆解不仅要求逻辑清晰，更要考虑当地市场、客户、竞争和内部的职能协同、资源配置、预算约束。所以，这门"手艺"虽然看起来比战略规划范畴更小、事务更具体，但是难度并不低。尽管外部的不确定性因素少了很多，但还是要考虑大量的因素才能做出有效的判断。工程部分则是基于分拆出来的工作制定相应的指标，拆解和配置对应的人员、预算和资源，这部分工作需要大量细致的分解与测算，但是与前面的"手艺"部分相比，这部分工作不需要权衡内外部多维度的影响因素，而是可以在确定性的模型框架内帮助经营管理人员完成大量繁杂的工作，给出参考数值帮助经营管理人员快速完成详细的计划，结合持续的评估与反馈，快速在系统、产品内构建一套从工作到详细计划的数字化模型并获得相应能力。

3. 执行过程的管理和监控

执行过程也就是按照业务计划执行的过程，由于企业内各部门数字化的进展不同，对于业务过程的管理监控很多时候不是由一个统一的内部产品或者系统进行管理，而是分散在各个业务系统内，例如客户关系管理、营销管理平台、供应链管理平台等。从各自领域内部看,这种管理方式很合理,毕竟这些过程的管理监控都有非常强的专业特性,需要紧密结合业务系统来做。但是从经营中台的视角很容易看到一个问题,就是割裂在各个领域的过程管理与监控缺少了跨职能、全业务链路的视角,从而导致每个领域内的经营和管理看似没有问题,但不同领域上下游并不能形成一个完整的经营视图,也不能确保全链路上的效能最优,所以在实际应用中,各家公司又分别选择了主数据、数据中台、数据仓库等不同的方式把这些数据进行了重新聚合,从而形成一个完整的视图并对全过程进行管理和监控。

4. 在具体业务节点或者场景中的经营

这是战略落地执行链路之外的"智能",典型例子是电商场景中的推荐和促销。从功能视角看,这无外乎在特定页面展示一组商品或者与选购相关的内容,但是从经营视角要关注的是采用什么样的策略和方法能够实现推荐效果的最大化或者促销转化率的最优化;如果把视角换到生产和供应链领域,场景也是相似的,生产制造或运输仓储并不是单纯完成对应的工作,而是关注如何通过有效的策略与方法让各个节点内以至于全链路的效能最优。在没有数字化技术之前,这些经营智能通过"经验萃取"等方式进行提取和沉淀,并转化为工具、技巧或者 SOP[⊖]。有了数字化技术的加持,企业获得了另外一种可能——将原本沉淀在业务专家、销售精英脑中的直觉、技巧变成了自动化、智能化的算法和引擎。通过智能算法与引擎,企业经营过程中那些具体场景内的策略和技巧就不再专属于某个或者某几个特定的专家,而是能够通过算法引擎提供给所有人或者对应的业务系统共享。更重要的是,这些算法和策略能够在使用的过程中通过持续的反馈实现迭代,而且这种迭代可以是 7×24 全年无休的,这种迭代比员工的成长速度更快,过程更可控。

当企业的经营能力落实到这些具体的经营过程和场景之中后,企业的数字化壁垒也就愈发坚实了。这种坚实的壁垒不是因为比别人多上了一套或者几套业务系统、中台产品,而是整个公司的经营体系能够随着业务发展持续更新和迭代,整个公司的经营效能可以持续提升并且始终代表着公司智慧的最高水平;这种壁垒不是来自一个或者几个功能,而是源自对经营数据和过程的持续管理、积累、分析和优化,以及对应的一系列机制和流程,要远比业务中台、服务中台这种"显性"的产品和系统更难以追赶。

⊖ SOP,Standard Operating Procedure,标准作业程序。

15.2 经营的数字化

从上面的讨论中可以看到经营数字化的本质就是将经营中的知识、技巧、策略和能力沉淀在系统中。在实际执行过程中会面临复杂多样的选择和经营过程中的不同挑战。结合企业数字化的发展阶段，可供选择的解决方案与适合企业的解决方案之间存在不小的差异，考虑企业数字化的发展阶段和四层经营能力，就能看到图 15.1 这样的组合。

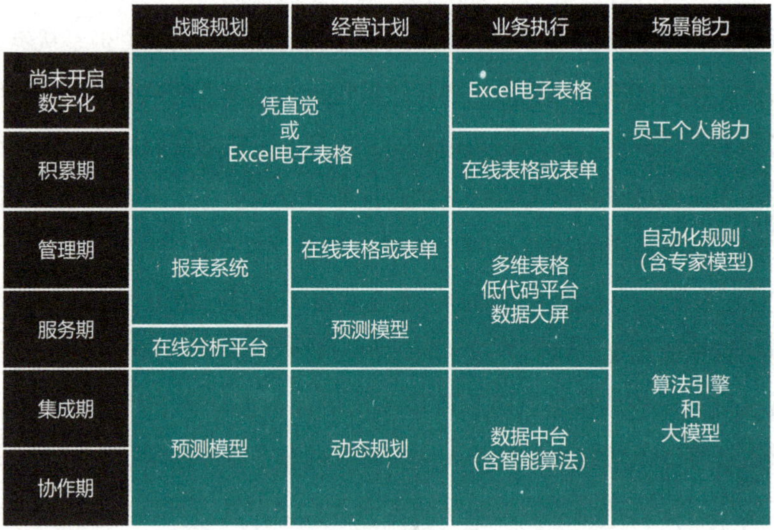

	战略规划	经营计划	业务执行	场景能力
尚未开启数字化	凭直觉或 Excel电子表格		Excel电子表格	员工个人能力
积累期			在线表格或表单	
管理期	报表系统	在线表格或表单	多维表格低代码平台数据大屏	自动化规则（含专家模型）
服务期	在线分析平台	预测模型		算法引擎和大模型
集成期	预测模型	动态规划	数据中台（含智能算法）	
协作期				

图 15.1 经营数字化与解决方案矩阵

从这个矩阵中可以发现，对同一类运营数字化问题，不同发展阶段的企业可以选择的解决方案有明显差异：缺少数字化基础设施的企业并不适合短时间内上一套复杂的数据中台产品，反而是 Excel 和在线表单更能够帮助企业实现轻量化、快速迭代，通过不断调整报表上采集和分析的数据探索出自身业务运营的关键要素和指标，沉淀成为一套适合业务特性的运营框架；随着数字化水平持续提升，企业所能使用的解决方案也有了更多选择，从相对传统的报表、在线分析到快速发展中的数据中台产品和智能模型都可以应用在业务场景中，这其中的关键是业务体系应该采集什么数据（运营知识）、能不能持续高效地采集到这些数据（数字化基础）、是否能够基于这些数据形成洞察与决策（智能），最终形成一套可以迭代的体系

（经营中台体系）。

　　Excel和各种在线表格是很容易被忽略但非常基础的经营工具。首先，表格让线下没有被采集、没有被数字化系统覆盖的业务数据能够有效地线上化；其次，当数据被设计为表格的时候，就意味着企业各个层级的经营管理者开始"抽象"自己的业务和经营了，进而推动业务和经营的标准化。实践中，老板让销售团队提交客户汇总表的时候，销售团队就要从埋头跑客户、陪吃饭转变为思考"客户信息除了一个公司名称之外还要汇总点儿什么？"这类问题，以及名称、区域、规模、意向、销售阶段、关键人、跟进次数等，这张表就是推动销售运营的基础。老板让门店管理提交门店的报表时，门店的经营管理者就需要抽象门店经营的关键要素，从财务营收到坪效计算，从货品数量结构到动销情况，这张表就是门店运营的基础并指引后续开店/闭店和营销活动安排。老板让各个部门提交下个季度的业绩目标时，各个团队就要从干多少算多少转变为对业务进行分析和预测，盘点自己手里的各种资源是否匹配，将从业绩目标到过程指标、从财务预算到人力预算等信息都盘点清楚，这张表就是提升经营管理成熟度的基础。经过这样的持续优化和迭代，散布在不同角色脑中的"模型"就被显性地呈现在了表格中，随着表格越来越多，对于经营的理解就越来越全面和深入，为后续的自动化和智能化打下了知识层面的基础。

　　更容易被感知的数字化经营工具是各种自动化报表和数据大屏，它们与表格的本质其实是一样的，都是信息的汇总和展示，主要的差别在于自动化报表意味着业务流程和经营体系已经完成了基础的数字化改造，数据能够便捷地进入报表系统。自动化报表和数据大屏的出现还标志着企业的报表开始形成一套完整的体系，报表背后的数据采集、整合、治理能力可以支撑运营的需求。进一步的在线分析工具扩展了数据的应用场景，让数据不仅仅服务于日常的汇总展示，还能够应对一些定制化的分析和探索工作。

　　以多维表格和低代码工具为代表的数字化工具其实并不应该作为数字化经营工具放在这个矩阵中，因为这两个工具不是单纯的经营工具，而是包含了业务流程数字化与数据应用的整体解决方案。通过这种高度灵活的工具支持业务团队把业务流程和业务数据快速迁移到线上并且低成本地使用起来。如果单纯从功能视角和经营视角看，这两类工具并不比报表和大屏更"高级"，但是站在数字化的角度，这两类工具是非常优秀的"业数一体"（业务、数字化一体）的工具，这类工具在初始就是将业务流程与数据当作一个整体来设计的，任何业务流程和经营动作的底层都是一个或者多个数据表，并且这些数据表能够被简单地集成和应用，无论是数字化成熟度高的企业还是刚刚开始数字化转型的企业都可以低成本地使用这些工具，是一个成本低、收益高的好选择。此外，由于这类工具对研发能力要求低，很多场景下这些工具是业务团队自己开发的，一定程度上还培养了一些既懂业务又懂数字化的专业人才，也是一个额外的收益。

围绕经营的测算和预测工具在数据应用上走得更远，不仅局限在已有数据的汇总、分析和展示上，而是通过一定的模型和算法综合前面积累的关键要素与经营数据进行短期或者长期的预测。辅助经营管理者在行动前和行动中进行决策，最常见的是经营周期开始前的静态预测以及过程中的滚动预测。尽管预测未必都准确，但是有预测、有计划、有反馈和迭代的企业，其成熟度和应对变化的能力要远超不做预测的企业。

从经营数字化的视角来看，所谓的算法就是把原来需要人脑"权衡"多种因素才能做出的决策转化为机器可以采集到数据并综合多种因素形成决策判断的"规则"。只不过，随着算法能够获得的数据越来越多，决策的方式越来越超出常人所能理解的简单规则。对于经营管理者来说，算法底层的数学原理是什么并不重要，重要的是什么样的算法适合什么样的场景，以及在特定的场景中怎么推动算法达到预期的效果并持续优化和迭代。从当前算法应用的实践可以看到与运营相关的算法主要有围绕效能提升的算法、围绕转化率提升的算法以及综合多目标实现经营价值最大化的算法。围绕效能提升的算法通过整合业务链路各个节点上的行为数据，应用动态规划为主的算法持续提升整个链路上的效能，典型应用场景是供应链领域中围绕收转运派效能构建的算法；围绕转化率提升的算法则是基于客户画像、商品/服务的特性和具体营销场景数据，通过推荐、排序算法实现所谓"千人千面"的效果，为客户寻找匹配度更高的商品/服务；综合多目标的算法要考虑经营中不同角色的诉求差异，实现整体经营价值的最大化，典型的就是出行服务的派单算法，一方面要确保打车用户的用车体验，让好司机、距离近的车辆提供服务，另一方面又要平衡供给侧，即司机的营收分布，确保新老司机都能够拿到让他们可以继续努力工作的收入，此外还要考虑如何让平台的抽佣金额尽可能高，用算法的语言来讲，就是多目标的最优化。

通过这一系列的数字化工具，企业可以根据自身的需求和数字化发展阶段构建一套完整的数字化经营体系。最典型的路径是先完成分散的、各个业务系统的数字化改造，然后引入数据产品的服务商进行数据治理和集成，建设数据大屏和在线分析等标杆应用，之后再结合业务发展推动智能化的改造；随着数字化产品和工具不断完善，现在有一个更快捷的路径，即直接采购数据中台产品作为数字化运营的基座。以此整合其他业务系统整体提升企业的数字化经营能力，但是这条路径对企业自身的经营成熟度和数字化程度都有一定要求：如果经营成熟度不够，数字化中台产品上线之后会出现"杀鸡用牛刀"的问题。比如，花了上千万预算，最终就得到几个简单的报表给到老板。如果数字化程度不足，则会出现数据中台难以落地的问题，比如售前资料上说得天花乱坠，但是用了一年还没有完成业务系统的对接。企业数字化转型负责人不仅要听外部供应商分享的各种最佳实践，也要对自己企业的现状有清醒的认识。对于数字化转型初期的企业或者部门，多维表格和低代码工具这些看起来不起眼的数字化工具可能是更加适合的数字化切入手段，让业务能够快速、轻量级地感知到数字化的价值，并打造出标杆案例，让经营数字化被各类管理者接纳。

总而言之，经营数字化与业务中台、服务中台相比更不"显性"，但是这种能力对于企业的持续发展又非常重要，数字化团队需要能够让业务管理者、经营管理者意识到这个能力的重要性，具体用数据中台还是多维表格并不是核心，围绕经营的价值快速融入，打造标杆案例并尽可能覆盖到经营相关的所有业务链路才是关键。

15.3　经营中台的规划与落地

经营中台的落地不直接"侵入"业务流程，所以不会遇到业务中台和服务中台常见的流程改造阻力，但是经营中台也有自身的难点，即前文提到的经营知识与智能的提取。

为了实现经营中台沉淀经营能力、提升经营效能的目标，需要构建一个能够持续沉淀业务知识、持续迭代的产品架构。与前文讨论的架构设计不同，经营中台很难脱离业务系统独立存在，最典型的经营中台解决方案就是所谓的"业务+数据双中台架构"，如图15.2所示。从概念层面可以看到，双中台的本质是以业务中台(含服务中台)支撑业务场景中所需的各种作业能力，以数据中台(即经营中台)支撑经营管理和业务所需的经营能力，在两类中台之间构建一个反馈和控制的闭环。所谓的闭环包含了两个部分：一部分是业务中台将业务流程和场景中产生的数据按照数据治理的相关要求统一存储，以便于经营中台进行有效处理、分析和训练；另一部分是业务中台配合经营中台提供场景内的经营能力，并且经营中台内的业务规则可以对业务中台提供的能力进行一定的管理。

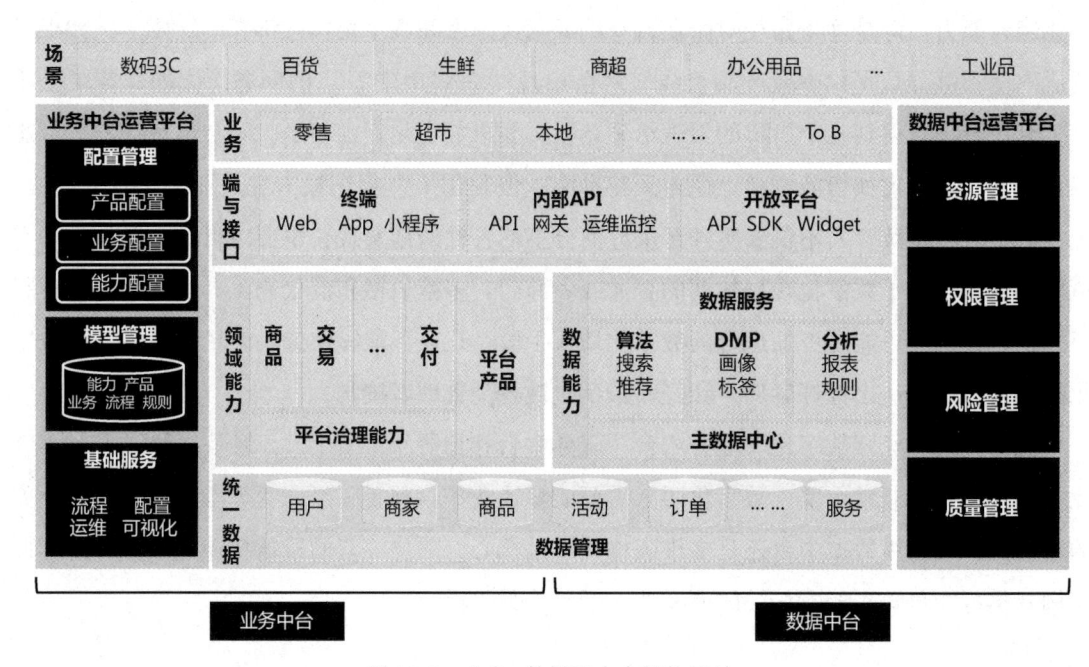

图 15.2 业务+数据双中台架构设计

这个结构简单明了，但是并非每个企业都可以直接拿来使用，或者说大部分企业在当前的数字化发展水平上不适合使用。不适合的原因不是架构本身不好，而是实施这个架构的成本超出很多企业所能承受的范围。第一大成本是业务中台/服务中台的建设，在前文中已经做了讨论；第二大成本是业务中台数据与经营中台的对接，特别是业务中台对不同业务系统的数据模型与标准的统一和整合，有了业务上的数据模型与标准，经营中台各种采集、分析和训练工作才有更好的基础，这个工作无论是业务中台团队承担还是交给经营中台的底层数据服务，都有很大的工作量；第三大成本是经营中台与业务中台的集成，如果经营中台的作用只是数据采集和展示，那么并没有过多的集成工作，但是经营中台发挥作用的关键就是深度融入业务和场景，要提供分析决策的支持，要能够对过程进行管控，以及更重要的，要沉淀场景内的经营智能并推动复用与迭代，这些工作需要双方对业务进行深入分析，逐个场景分析并最终确定集成的标准与规范，所需投入的时间和资源不逊于前面两类工作。

对于缺少数字化基础设施与能力，或者暂时没有资源支撑这种重量级架构的企业，双中台不是一个短期最优解，围绕业务和经营的痛点快速搭建独立的经营中台会更为现实。

独立的经营中台的设计也要遵循从业务到产品的设计逻辑,企业通常要解决这样几类典型的经营问题:

- 构建全局经营视图,能够快速定位问题并取得各方共识。
- 对业务链路进行全局的计划和管控,实现降本增效。
- 针对场景内的策略,构建一套完整的反馈与迭代机制,快速提升策略的效能。

图 15.3 所示的这套中台架构就是战略落地和场景支撑的一套经营中台参考架构。架构落地过程中的关键模块和推进节奏有不同的选择和差异。对于中台的建设者来说,上面提到的这几类经营问题分别对应不同的角色和解决方案:①构建全局的经营视图通常是高级管理者的需求,目的在于整合企业各业务和职能的资源,确保战略方向统一、落地过程可管控。这类问题最有效的方案是各类报表和数据大屏的建设,为高级管理者提供管理的工具和抓手。②对业务链路进行计划与管控是企业经营者和中层管理者的重要工作,其核心目的是通过计划和管理确保企业的经营过程可控,从而实现结果的可控。针对这类问题的解决方案涉及两类数字化产品的协同,一方面是在经营中台的计划与管理产品中维护完整的业务计划,另一方面在于连通经营中台和业务系统,让业务运行中的关键节点、关键数据能够被经营中台持续收集和分析,分析、判断执行过程中存在的问题和机会并及时进行控制、调整。③场景中经营策略沉淀非常多样化,并且看起来并不像经营中台"理应"做的工作,因为大家

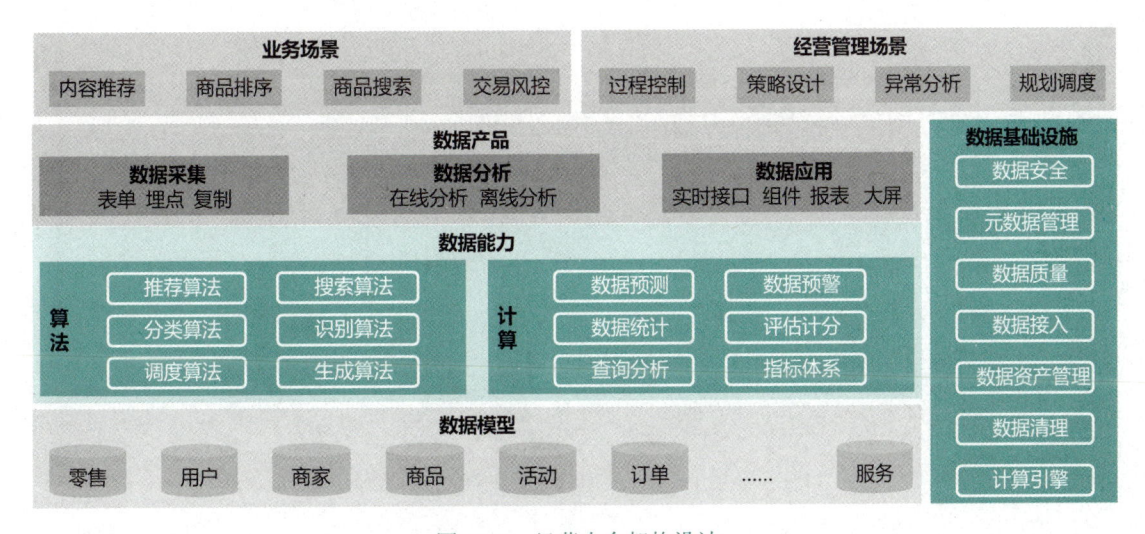

图 15.3 经营中台架构设计

习惯把场景中的经营策略归结为业务流程和作业所使用的"算法",而非经营的知识和技巧。实际上,这些知识和技巧是企业能够在持续经营中取得优势的重要能力,需要借助经营中台的建设把这些隐形的知识与技巧转化为若干被清晰定义的"策略"或者"算法"。比如客户运营场景中如何对客户进行分类、市场推广过程中如何分配营销预算并持续优化、生产过程中如何平衡效率和库存成本等。这些策略和算法可以放在业务系统中,也可以放在经营中台。放在业务系统中更容易被业务团队接纳,会减少很多落地的阻力,而放在经营中台能够被企业更加统一地管理,并通过一套完整的评估体系进行持续度量、优化和迭代,在适合的场景中推动策略的扩展和复用,最终形成覆盖全业务场景的策略与算法能力,由经营中台统一管理和优化,让企业的经营从战略到场景被完整覆盖,不再依赖于特定的几个人或者角色。

从熟悉的"数据中台"概念到本章讨论的经营中台,核心是视角的变化,从做功能支持业务到直面经营问题设计解决方案,由此带来的是架构的选择和推进路径的变化。中台的建设者站在任何一个视角下都能开展自己的工作,但是两种视角的"主动性"有着巨大的差异,站在经营的视角上,数字化团队能够围绕问题持续扩展自身所覆盖的业务领域并构建新的能力,在过程中与经营管理团队深度合作,持续创造显性的业务价值。

第 4 篇
数字化中台产品团队打造

　　数字化中台的规划、设计和研发、迭代是数字化中台建设的核心工作，而这些工作能否按照管理层和中台建设团队预期的方式落实则取决于数字化中台产品团队是否能够具备从战略到落地的能力。在本书的第4篇，笔者从组织和个人两个角度探讨数字化中台需要什么样的组织和什么样的产品经理来推动落地。通过本篇的阅读，希望读者能够收获以下问题的答案：

- 数字化中台建设面对哪些组织问题？需要怎样的方式来应对？
- 数字化中台的产品经理与其他产品的产品经理有哪些异同？
- 数字化中台的产品经理如何持续提升中台产品能力？

第16章

数字化中台产品团队的组织形态

由于企业所在的行业不同、规模不同、数字化发展的战略和阶段不同,因此数字化中台建设投入的资源和团队的配置也有巨大的差异,如何围绕业务发展和中台建设的需求找到适合自身的组织形态是中台建设负责人必须面对的问题。通过本章的阅读,读者可以回答以下问题:

- 数字化中台建设过程中,组织面对哪些挑战?
- 可以选择哪些组织形式支持数字化中台的建设?
- 数字化中台建设过程中,组织如何高效协同?
- 数字化中台建设需要怎样的领导者和特质?

16.1 数字化中台需要什么样的组织

对于大多数从专业技术岗位成长起来的数字化人才和管理者来说,组织是一个稍显陌生的领域,与计算机这种确定性的机器相比,由人组成的组织并不容易操控和管理,但是所有数字化的工作都需要人和组织来承担,因此组织的能力也至关重要。

从架构的层面看,组织的设计和运作与业务架构、产品架构的设计和运作是相似的,清晰地定义问题、设计解决方案就能够帮助数字化中台构建一个匹配的、高效的组织设计。

16.1.1 标杆企业的中台组织方式

什么样的组织和组织架构适合数字化中台建设和持续运营?这个问题不需要从零开始寻

找答案，无论是互联网的标杆企业还是传统行业数字化转型的标杆企业都花费了巨大成本对此进行探索。在此我们选择三家标杆企业的实践来探索中台组织的"理想形态"，三家企业都是行业内数字化中台的标杆，A 公司为平台电商企业，B 公司是涉及多种差异化业务的互联网集团公司，C 公司是传统的快消品公司，图 16.1 为三家公司和数字化中台相关的组织架构设计。A 公司有专门的中台事业部承接中台建设的职责，这个团队和前台团队的关系是平行的，中台事业部聚合电商、数据、搜索等横向支撑能力，为前台业务提供整合的服务，向中台事业部的管理者汇报。在组织架构图之外，A 公司还有一个公司层面的集体决策机构——"经营管理委员会"，使得中台负责人可以直接和业务负责人一起从全局视角来发现并思考中台团队与业务可以怎样连接与协作。B 公司并没有隶属于集团的中台事业部，但是在有明确中台需求的子公司中组建了全职能的中台产研团队，同样实现了专门团队承接，整合提供服务。相比之下，C 公司要特殊一些。C 公司有专职的首席信息官（CIO）负责整个集团的数字化工作，但是数字化中台的建设仅是首席信息官（CIO）若干重点项目中的一个，因此 C 公司没有实体的中台团队，而是拥有一个中台项目组，核心人员是从 IT 团队和业务部门抽调到项目组内的，以半年为一个周期。通过图 16.1 可以直观看出不同组织架构之间的差异。

  三家企业在业务类型上差异明显，在组织架构设计上也有巨大的差异，从中可以探索这些设计背后的侧重点：

  首先，A 公司与 B 公司作为互联网企业，清晰地体现了中台战略即业务战略、业务战略指导组织架构设计的思路，中台的重要性直接体现在了组织架构设计上，也就意味着中台建设得到了公司层面的背书；相对应的中台战略目标和资源也就有了基本保障。C 公司作为数字化转型中的传统企业，选择的路径与大多数传统企业类似，并不会一开始就投入大量的人力物力构建实体组织，而是通过项目组的方式抽调不同部门的骨干力量组成虚拟项目组来推动数字化中台的建设。这种方式能够有效控制中台建设在组织层面的风险，同时也要面对虚拟组织的常见挑战。例如，这些短期借调参与项目的成员在绩效目标上未必可以全身心投入到项目工作中，尽管其中大多数成员都是原岗位上的骨干人才，但是未必具备中台建设所需的数字化专业能力，所以在应对数字化中台建设的过程中会出现一定程度的不适应、不匹配。

  其次，无论是上面提到的哪一种组织形式，中台都有唯一承接方，避免"责任除 2 等于 0"

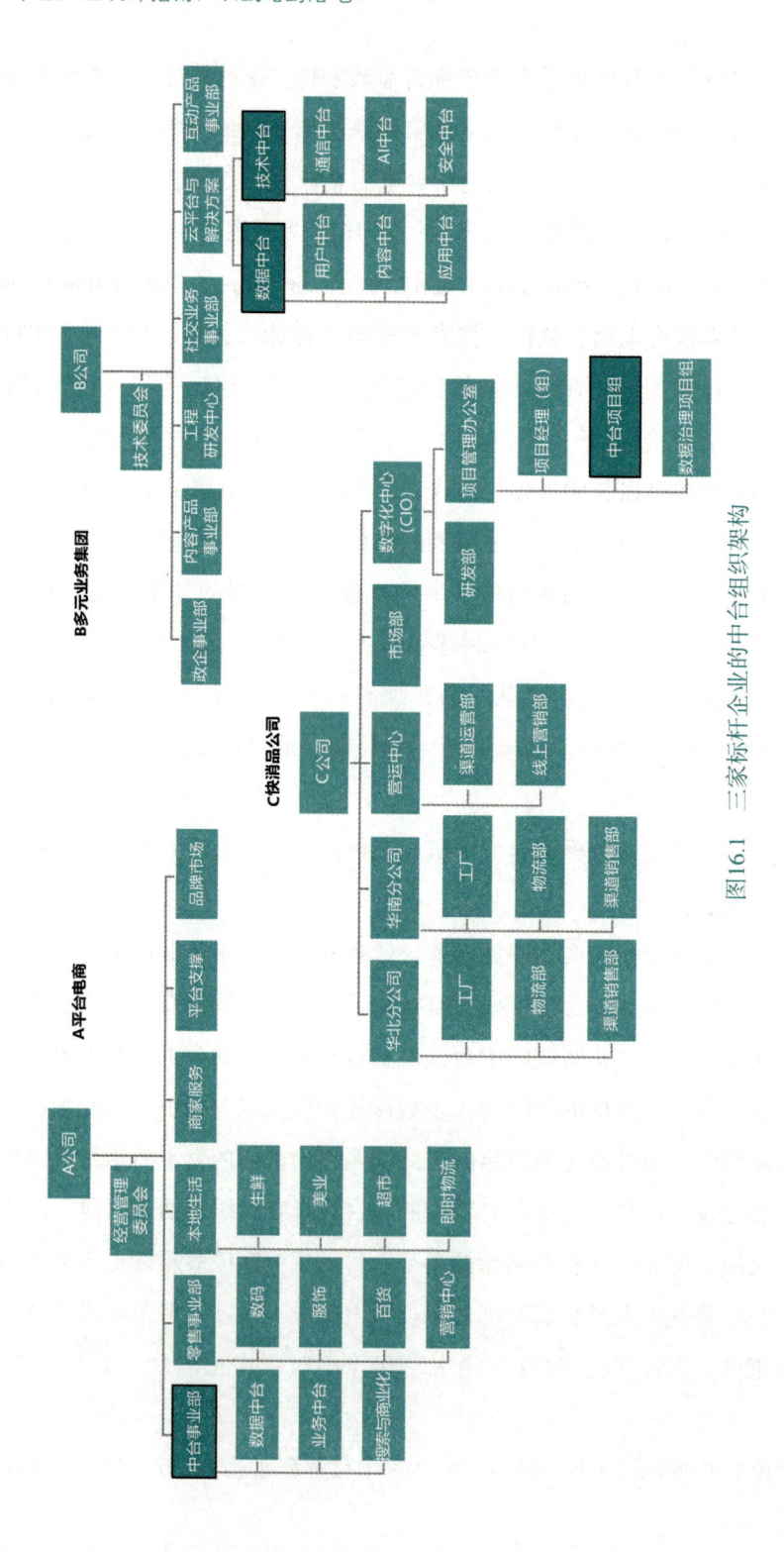

图16.1 三家标杆企业的中台组织架构

的管理问题。这类问题在具体场景中有两种常见的表现。一种情况是把中台建设的工作分拆给不同团队负责，但是缺少唯一的责任人或者团队，似乎每个团队都参与了中台建设，但是没有任何一个团队和个人为最终结果负责。例如公司建设经营中台时需要经营分析、市场营销、销售运营和数字化等团队的参与，名义上由"数字化团队牵头，经营分析团队整体支持"，但是团队之间并不存在明确的隶属关系，于是只有数字化团队的项目经理整天忙着催各个团队的进度，但是业务团队都在按照自己的业务方向和节奏安排工作，和数字化团队的唯一交集就是在需要写产品文档、画原型、抢资源的时候才会找上门来。另一种情况是公司在中台战略的引导下同时开启多个中台项目，每个中台项目都有独立的团队承接，但是没有一个居中规划与协调的负责人和团队，导致每个中台采用独立的方法论和设计理念，最终公司有了好几个中台，但是各个中台之间并不能高效协同，也谈不上整合。对于企业的高级管理者来说，让更多团队参与到数字化转型的工作中是有价值的，但是这个过程中权责利的设计和管理对于结果产出有着重要的影响。

再次，无论是 A、B 公司的实体组织还是 C 公司的项目组，组织设计的时候都把中台建设相关团队与业务团队放在平行的层面之上，避免中台建设团队隶属于某个特定业务，从而便于推动跨业务领域的能力整合，发挥"1+1>2"的效果。这个设计看起来平平无奇，实际上是在应对数字化中台建设中的风险。从前文的讨论中可以了解到业务中台的建设和运营离不开核心业务的支持，搞定核心业务才能确保数字化中台可以扎实落地，所以中台建设的过程中有大量的工作和资源都与核心业务有紧密的关联，这本身并不是问题。但是在组织设计过程中某些中台团队与对应业务做了太强的绑定设计，如绩效共享和绑定，甚至还会通过组织架构和汇报线设计强化两个团队的协同，这就会带来一个副作用：中台团队逐渐变成了专属于核心业务的 IT 支持团队。一旦形成这种态势，随着时间推移，组织内部的各方也会自然而然地认为中台就是给核心业务搭建的，最终导致中台不是企业的中台，而是某个业务自己的中台，失去其整合平台的价值。

那么，什么样的组织设计有助于建设一个能够支撑中台战略的中台组织？这个问题的答案分成三个部分：①这个组织架构的设计来自顶层设计；②这个组织架构的设计考虑了中台能力的沉淀和累积；③这个组织架构的设计有助于中台与前台协作。

答案的第一个部分解释了权责利来自哪里，第二个部分解释了中台能力来自哪里，第三个部分解释了组织设计的原则是什么。组织设计一方面是为了更好地调动资源实现业务目标，另一方面是对现有权责利的重整。中台产品经理本身不需要成为一位人力资源专家，但是可以站在中台产品的视角理解如何构建团队才能有效地建设中台，理解中台团队因何存在，在中台项目开始之后要面对哪些来自团队内外部的挑战和可以获取哪些资源，以便更好地建设中台、运营中台。

16.1.2 透视组织形态，推动持续演进

似乎只要围绕中台战略综合考虑当前数字化发展的阶段和组织现状，就能够设计出一套组织架构，支持中台从战略到落地。但是在实践中，组织架构也是随着业务发展和中台的建设在持续演进。例如行业中最常被研究的阿里巴巴中台组织，其发展路径是淘宝技术部—共享业务平台事业部—业务平台事业部，即从一个业务团队的平台产品研发团队到专门的平台团队，再到专门的中台团队这样一条发展路径；而腾讯的中台团队是从SNG（腾讯云部分）发展到CSIG（整合云和行业方案），其间有两次大的组织架构升级，逐步聚焦在中台能力输出上；在互联网标杆企业之外，众多数字化转型过程中的传统企业到现在也没有专门的数字化中台团队，但是其IT团队和IT供应商体系也在有力地支撑数字化中台的建设。

很难有一张"放之四海而皆准的中台组织架构图"能够解决中台组织设计的所有问题，因为即便使用同样的组织架构，每家企业的优势资源和优势能力也不一样，"用一张图走天下"的方式无法适配差异巨大的中台组织。所以，寻找一个适合自己组织的架构才可能发挥组织的能力，避免在团队搭建阶段出现问题。

在选择组织形式之前，可以把目光先放远一些，看看所谓的组织架构到底是什么。组织架构通常是指一个组织的整体结构，是在企业内部组织资源、搭建流程、开展业务、落实管理的基本要素。除了业务形态非常单一的生产、销售、服务型组织会采用所谓的直线型组织架构外，现在需要多职能协作的公司一般都会基于职能型组织架构、产品线型组织架构这两种基础架构来设计适合自己业务的组织架构。职能型组织架构基于专业职能将员工分组，优势在于组内的专业度和效能可以不断优化，组内人员的专业发展路线相对清晰、可控，在业务环境变化不大的情况下，职能型组织架构可以兼顾专业服务效率和人才发展，最典型的就是财务、法务这样的专业团队，劣势是在面向多业务或者直接面向客户的场景中的服务体验和整体效率未必理想。产品线型组织架构也称为事业部型组织架构，主要特性是围绕某个产

品或者独立业务配齐所需的所有职能，快速响应客户、市场的需求变化；优势是极大地减少了内部资源协调工作从而实现了快速响应；劣势是在大多数情况下会出现集团层面的人员配置冗余，全局人效不高，而且如果对应产品线、事业部的规模不够大，就会导致某些边缘职能的人数较少，难以吸引优秀人才加入，现有岗位的人才能力提升和人员保留都有障碍。图 16.2 可以帮助读者理解这三种基本的组织架构的设计、形态与特点。

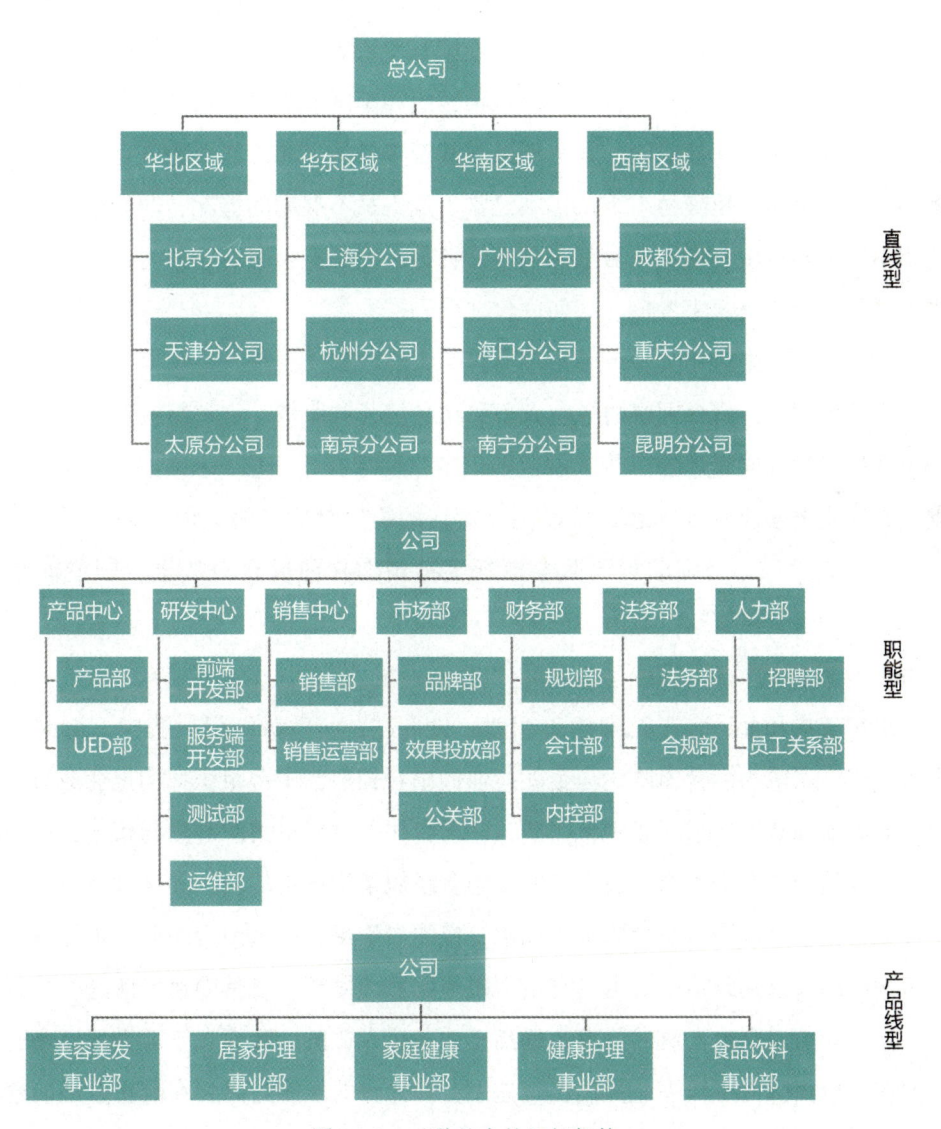

图 16.2 三种基本的组织架构

不过，在现实中，高级管理者通常会对基本的组织架构进行改造，构建一个专业能力强、客户响应快、资源浪费少的组织。所以，我们会看到矩阵型组织架构、前后台组织架构以及中台组织架构等衍生的组织架构。一般来说，这些组织架构从逻辑上都能实现降本增效、响应快的效果，但是回到现实中还是要关注这几种组织架构存在的潜在风险。

1. 矩阵型组织架构

矩阵型组织架构通常作为职能型组织架构的补充，在原有职能之上把人员通过类似项目的方式进行横向串联，确保各个职能在项目中都有专人支持，以便减少沟通工作，而这些人在组织上还是隶属于职能团队的，所以虚拟项目组和矩阵型组织的设计思路在一定程度上是一致的，都是让一个人承担职能、业务两条线甚至多条线上的工作。矩阵型组织架构存在的问题有两个：一个是在矩阵型组织架构中经常出现人员不够用的情况，职能团队的几个人分在十几个不同的项目中，哪个项目都照顾不好；另一个是在年底考核的时候，难以决定由项目负责人还是职能负责人来考核、如何评价才公平。

2. 前后台组织架构

前台指业务团队，后台提供财务、人事、法务等公共服务。这种结构是产品线型组织架构的一个变种，把面向管理的职能从前台抽出来，便于在集团层面控制人、财、物等资源。这种组织架构主要解决管理问题，可以顺畅运行的前提是后台服务能力强，要么服务标准化，要么后台能力强，否则前台团队会消耗大量精力在前后台对接上，影响前台业务的开展。

3. 中台组织架构

中台组织架构和前后台组织架构很相似，只不过在前后台组织架构中，面向管理的财务、人事等职能团队为后台团队。与金融行业的中台相似，中台组织架构把业务有共性依赖的部分专业职能团队拆出来形成中台团队，让前台团队可以更关注客户与市场，而不是把精力放在基础设施和公共服务的建设上，所以中台组织架构面临的问题和挑战有三点：一是中台的支撑能力是否可以满足前台要求，如果支撑能力不足，那么中台团队极可能成为全公司发展的瓶颈，陷入永远跟不上、也没有余力跟上的恶性循环；二是中台团队是否具备业务抽象能力，这个能力对中台人员的要求是远高于业务线人员的，挑战在于能做好这个工作的人为什么要在中台团队而不转去业务线；三是中台和前台的职能边界划在哪里合适，这远比前后台组织架构复杂得多。

组织架构的选择和设计与产品设计很像，都是基于需求、能力去建能力、找形式，设计方案也会受到各方质疑，组织设计要能在现有条件下尽可能逼近组织战略需求，关键都是在设计过程中考虑业务的发展和团队的能力。回到前面提到的三种中台组织，再来看组织架构设计问题，似乎每个设计都有自己的优势和劣势，组织需要持续演进才能高效实现中台建设的目标。这个持续优化演进的过程通常会经历这样四种状态中的一个或者两个，如图 16.3 所示。

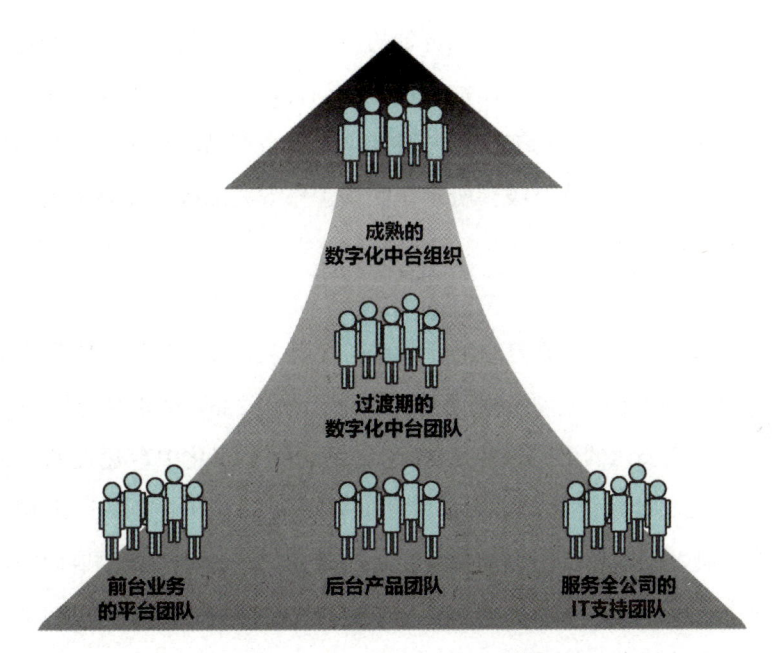

图 16.3　中台团队的演进过程

1. 前台业务的平台团队

前台业务的平台团队通常指的是公司内某一条产品线或者某一个事业部所属的平台产品研发团队。这种团队承接中台工作通常是因为团队随着业务发展已经到了比较大的规模，单纯做平台或者后台工作价值感比较低。虽然在技术能力上比前台团队要高，但是经常受到内部和外部对团队价值的挑战，所以这种团队更希望自己的工作不限于所谓的后台或者平台。中台建设有利于发挥这种团队对业务的理解和平台建设的能力，这种平台团队欠缺的是公司授权从前台业务中抽身出来建设企业级平台，以及能够覆盖多业务的抽象和设计能力，还有从当前业务扩展到多个业务的平台服务能力。挑战是全方位的，原来业务线内部成熟的协作流程会被迅速打破，需求的优先级评定方式会发生改变，产品和系统的设计与实现方案也要按照中台建设的思路做，工作方式基本也会发生全面改变，前台业务的平台团队需要巨大的转型。

2. 后台产品团队（特别是面向管理的后台）

在向中台团队演进的时候，这种团队更容易适应自己在公司内的角色变化，无非是原来作为后台产品团队对接前台业务，而现在要作为中台团队对接前台业务。对接的业务方、对接流程到工作方式似乎都变化不大，只有负责的产品变了，这就是最大的变化。后台产品团队通常是面向日常运营和管理的，工作重点在流程、管理、合规等方面，而中台产品是为前台设计的，要考虑如何面对业务的变化和差异性，对后台产品经理来说，产品经理能力模型中的需求分析和设计能力要整体升级，所以无论是工作方式的改变还是个人技能的更新都是重大的挑战，都不容易。

3. 服务全公司的 IT 支持团队

前面两种组织形态通常出现在互联网企业中，业务和产品研发团队有深度绑定关系，甚至是互联网企业中那种"数字化业务即数字化产品"的关系（业务本身就是提供数字化产品/服务的），而服务全公司的 IT 支持团队则是传统企业数字化中台建设的典型起点，其中又有大量企业的 IT 支持团队没有自己的研发团队，或者只有几个负责运维脚本、营销活动等低复杂度工作的研发工程师，更多的数字化产品开发工作是由外部供应商完成的。处在这个阶段的数字化中台团队所面临的挑战不止于数字化中台本身的建设，还包括两大方面：一是自身产品规划与设计能力的提升。作为支持团队的时候，团队并不需要深度介入业务链路和业务场景，能够从业务一侧接收需求，按照与外部供应商的约定转换成需求文档发给供应商即可，对过程的管理也主要集中在项目的进度、资源和成本上。但是数字化中台建设很难靠这样的协作方式推进下去，数字化中台的建设不只是完成业务的某个功能需求，还有对业务的整体规划与设计。如果不深入业务，就无法完成这个工作，即便是聘请外部咨询公司或者专家深入参与到这个过程中，也同样需要内部的 IT 团队具备分析、评估、判断、决策的能力。前文"锦瑞食品"的案例能够为大家呈现这种挑战。二是与外部供应商关系的转变。作为支持团队的时候，外部供应商更多扮演外包研发资源的角色，按照确定的需求进行研发测试和部署，并按照工作量计算费用，而数字化中台建设要面临需求复杂度高、产品持续迭代，甚至变更原有产品需求和设计等挑战，原有的外包模式很难适应这样的业务与产品需求。考虑到某些企业的数字化中台是多个中台、多家供应商共同开发的，其复杂度更是超出互联网企业的自研模式，这种情况下对于 IT 团队的能力要求就更加严格。

4. 过渡期的数字化中台团队

从上面这三类组织形态出发，围绕业务战略和中台战略做出一定的适配和调整之后，数字化中台团队会迎来第一个"雏形"。通常，这个数字化中台团队已经在组织层面上被确定为中台建设的主要责任方，而且在人员结构和资源上与之前相比都有了更加完善的配置，"看起来"已经能够支持数字化中台的建设工作了。但是笔者单独把这个状态分拆出来就是为了提醒中台的建设者，在真正推动中台的第一个迭代落地前，任何一个看起来完整的中台团队都是非常脆弱的，这个过渡期的团队只是有了一个大致的方向，但是规划是否清晰、人员能力是否充分、资源配置是否合理，其实都还没有得到验证。在实践中，大概率会遇到这样一些典型的问题：大家知道要做数字化中台，但是每个人脑子里面想的中台都是不一样的；看似每个职能都有人在对应的岗位上，但是任务压下去之后发现不会做或者做不到位；中台团队招了不少人，但是有些人忙得团团转，而有些人竟然闲着没事做；前面看着很空闲的岗位刚做了人员调整就赶上任务高峰，又变得人手不够了，等等。这些问题各有各的原因，有些在战略层，有些在规划，有些与节奏和资源的安排有关，但归根结底是这个团队还没有完整把一个迭代运行下来并复盘迭代，也就是没有"打过中台的仗"。但是，这个阶段能够帮助团队认识自身问题并驱动优化和调整。

经过了多样化的起点和手忙脚乱的过渡期，数字化中台团队才会逐步成型，这个中台组织是一个内部专业化、对外服务化的组织。内部专业化，是指让成员专注在专业领域内提升能力和效率，并转化为数字化中台的产品和服务；对外服务化是通过相对统一、高效的方式持续提升业务接入效率，类似于内部的解决方案专家，帮助新业务快速了解中台能力、对接中台产品。

结构、能力、协作是在中台组织架构演进过程中要考虑的核心要素。数字化中台的管理者需要像医生一样保持对组织的观察和诊断，围绕工作中出现的实际问题判断组织短期、中期、长期要构建的能力，以及调整的结构和优化的协作机制，最终引导业务中台的建设。

16.2 数字化中台组织的协作

如果把组织架构定义为中台组织的静态结构，那么协作就是中台组织的动态变化。在数字化中台建设过程中，一方面要通过权责利的划分与机制确保内部协作的顺畅有效，另一方面要选择匹配的策略与方法管理外部供应商的工作与协作，实现双方的共赢发展。

16.2.1 数字化中台自研团队的内部协作

在数字化中台团队内部，协作是中台产品团队和自有研发团队之间的考验，因为要面对一个一个具体任务做出判断和决策。在中台组织的协作过程中会遇到很多问题，特别是以下几种：

- 在业务上没有对需求达成共识就直接抛给中台团队。
- 需求边界不清晰。
- 中台团队需要对需求大量改动。
- 需求可以做，但是项目周期不匹配。

在需求的分析、设计、实现、交付方面都有和中台协作的问题。虽然问题类型不多，但是对中台产品的考验不少，中台产品经理要能够借助业务判断力、项目管理能力、组织能力共同应对这些问题。

实践中的协作原则有三个：产品共建、利益共享、生态共治。因为不做产品共建就缺少利益绑定，不做利益共享就没有中台价值，不做生态共治就难以持久。中台的健康成长需要这三个要素。为什么说这样的协作关系是"健康"的？原因在于中台组织架构不是按传统的前后台划分的，不是由后台提供标准化的职能服务即可，中台组织是为前台业务提供支撑的，要踏入原来属于业务的边界去提供支撑和服务。这种长期的、高侵入性的合作方式只有两个发展方向：一个是随着业务稳定并逐步退化到类似于前后台组织架构那种基于标准化服务的合作关系，另一个是面对业务的不确定性和持续变化形成非常深入、互信的合作关系，这种关系不只需要形式上的协作，还要让人财物绑定起来、权责利均衡起来。

中台建设者心中多少会期待数字化中台的一个理想状态——有一个边界清晰的中台组织，这个组织完全使用自身的资源对公司的能力进行沉淀和扩展，同时为业务线提供支持，不需要业务团队提供资源参与共建。这并非不可能实现。但是如果把自己换位到前台负责人的角度思考，在业务持续变化的背景下，当有产品建设的需求时会把哪些工作交给与自己划清边界的"外包"团队做？理性的选择是业务的关键模块一定要自己做，把通用的和支撑的模块交给外包团队做，这样才能确保业务节奏不出问题。在前台团队做出这种选择后，中台的能力沉淀就只能等业务系统成熟或者稳定之后才由中台组织从前台复制一份到中台产品中，并转化为其他业务可以复用的模块。中台产品对于公司来说更像能力的归档管理，而非沉淀者和输出者，中台团队也会在一次次"外包"项目结束后真的成为"外包"团队，只能做前台不想干的工作和非核心的模块。

所以协作的三个原则是破解上述困局的关键，产品共建才能让各方有责任建中台，利益共享才能让各方有动力建中台，生态共治才能让各方有方法管中台。在实践中，会遇到不同的问题，可以采用不同的方法来应对。

1. 在业务上没有达成共识的需求让中台团队做

中台团队对需求的判断和前台团队并不完全相同。中台团队要考虑需求本身是否有客户价值（偏重于前台的产品思维），更重要的是要考虑需求的商业价值和平台价值（偏重于战略和管理的产品思维）。这时，我们不用特别在乎这个需求在业务上获得了大家的认同还是有争议，要重点关注的是这个需求是不是适合放在中台做、这种能力是不是可以被其他业务场景复用、这种能力是不是为公司提供了核心价值。如果答案是无法复用，并没有提供核心价值或者提供的只是支撑功能，那么从道理上来说，这个需求就不适合放在中台做；反之，有价值的能力即便当下的业务并不着急使用，中台团队也应该把需求承接下来，把能力沉淀下来。中台产品经理要摆事实、讲道理，把过程中的考量和原则呈现给业务团队。

2. 需求边界不清晰，可以协调短期方案

在中台团队和前台团队协作的过程中，分不清新场景和新能力应该由谁来承接是正常情况，比如电商生鲜业务需要与前置仓相关的能力，在中台还没有对应能力可以输出的时候，到底是前台业务自己先做，还是等中台设计好了提供给前台，在现实中没有一个非黑即白的划分方式，判断的方法和前面的场景一样，要考虑这个能力是否需要放在中台、是否构成核心价值。这之后考验的是前台团队和中台团队的协作能力与信任关系，在业务推进不受影响的前提下，既可以从前台开始做，也可以从中台开始做，可以由前台团队出资源在中台上做，也可以由前台团队自己做，甚至由中台团队出资源在前台系统做。只要双方达成这个功

能未来需要沉淀在中台的共识，那么短期的方案都是可以接受的。唯一要避免的就是长期由一方出人出力解决问题，单方出力的协作模式最终必然是中台团队成为受害者，会使中台团队快速变成外包团队。

3. 需要中台产品做较大改动时，要以业务发展为前提

对于创新业务，有可能对原有的中台产品模型带来挑战。对于这种挑战，一方面可以通过更好的业务建模和架构设计来解决，另一方面，如果真的遇到中台模型与架构无法支持的场景，要在确保业务发展的前提下设计解决方案。如果功能本身不复杂，那么可以由前台团队自建，或者中台团队临时支持，后续再融合。对于大型的变动，要迅速向部门负责人汇报，以确定是否需要专门的项目组负责。

4. 需求可以做，项目周期不匹配时，要有选择地放弃

在遇到这类问题时，考虑放弃项目管理三要素"时间、质量、成本（资源）"中的一个。时间通常是不能放弃的，于是问题简化为是放弃质量还是放弃成本。当然，质量和成本的含义很广泛，可以缩减功能、降低可用性、增加人力等。方法总比困难多，关键是在解决问题的过程中提升协作能力。

协作三原则随着组织架构的持续演进和调整还会不断被挑战，但是可以把每次挑战都看作对共建、共享、共治原则的一次迭代机会，持续强化共识。

16.2.2 数字化中台与 IT 供应商的协作

大多数数字化转型中的企业，并不像互联网企业一样有全职能的自有研发团队，这些企业尽管规模也不小，但是受到业务形态、发展阶段和预算的限制，普遍只有一个以日常运维为主的 IT 团队，少数企业有十来人的自研团队负责部分系统的二次开发或者营销活动的简单研发工作。这种组织配置难以支持数字化中台以及后续产品和服务的建设，所以外部供应商成为数字化中台建设的重要支撑力量。

遗憾的是，数字化中台建设工作与传统的 IT 团队基于业务需求采购某个独立产品或者系统相比，其复杂度有着数量级上的差异，并且数字化与自身战略、业务的融合程度、关联程度也更深。尽管在选择供应商的时候供应商一遍一遍强调自己有理论、有案例、有人才、有资源，但是依然逃不过数字化转型企业建中台的尴尬局面——由一群懂业务不懂中台产品的人管理一群懂中台产品但是不懂企业现状的人。

在实践中，选择和管理数字化服务的供应商需要考虑三个层面和四类角色的需求。三个层面分别是高管视角的规划层、经营和管理视角的协同层以及过程管理视角的项目层。四类角色是企业的高管、中台管理者、外部供应商，以及自有研发团队。在规划、协同、项目层面，需要关注的要素如下。

- 规划层：明确总体目标、拆解任务、匹配合适的外部供应商、完成合约的设计与商务谈判，这是数字化中台所有参与方能够"共赢"的基础。清晰有效的规划和设计并不一定能够直接带来完美的结果，但是能够为后续工作的顺畅推进打下基础。
- 协同层：项目的前中后期和各个迭代中所包含的任务、所面对的问题并不是均匀分布的，外部供应商，特别是多个供应商并行开展工作的时候，其投入也是动态变化的，如何让各方能够在一个良好的协作环境中快速推进，对于项目整体的沟通、协同机制是有要求的，如果单纯把任务分包但是不注意其中的协同，很容易出现各方相互抱怨、推诿的问题发生，轻则影响项目进展，重则可能导致冲突加剧甚至工作无法进行的情况。
- 项目层：在具体项目和工作的管理上，如何落实计划达成预设目标和产出，一方面考验的是传统的项目管理工具与方法，另一方面考验的是项目执行层面的伙伴们是否能够考虑不同角色的诉求，在时间、工作、预算等条件的约束之下找到合适的策略。

四类角色在数字化中台建设中的诉求无外乎以下几个方面。

- 高管：基础要求是交付中台建设结果，在此之上中台的标杆案例、成本管控、日常运营效果都是其考虑的因素。
- 中台管理者：在完成建设任务的基础上，成本、预算可控，运营效果达标，内外部协同顺畅都是加分项。
- 外部供应商：单个供应商关注的主要是财务表现以及标杆案例；多个供应商之间则会有些隐性的考虑，比如是否相对公平、后续合作机会有多大等。
- 自有研发团队：作为中台建设的非主力但"嫡系"的团队，核心是在过程中有价值呈现，有成长机会。

因此在具体的实践当中有这样五个原则，能够帮助大家决策与判断。

第一，明确数字化中台以及企业数字化的整体管理与责任在自己身上，不能把数字化的主导权显性或者隐性地交给外部供应商。企业自己主导时判断的依据是企业需求和业务价值，而外部供应商主导时不免会更多考虑售卖更多产品、服务，无论在沟通中讲得多么有理有据，都应当避免主导权旁落带来不确定性和不可控性。举个简单的例子，零售企业需要提升对门店员工的管理，减少缺勤问题，站在甲方视角很可能只要强化店长管理要求，严抓考勤即可，但是站在外部供应商视角，这就是一个新工具、新系统的销售机会，这种偏好的不同并非专业能力的差异，而是立足点的差异，应当尽可能避免。

第二，企业不要低估数字化的难度。由于企业的数字化人才很多来自内部培养和提拔，或者从行业中引进，其视野偏重于内部，会认为很多工作是"自然而然"的，但是外部供应商有不同行业不同企业的实施经验，对于数字化中台建设背后的业务问题、组织问题和潜在风险有更全面的了解。所以企业的数字化中台负责人需要避免"上线一套系统解决几个问题"的思维惯性，而是开放地学习外部框架与方法，对业务、组织、人才进行全面的分析，形成完整的规划并细致拆解，这样才能避免在过程中不断变更方案与需求。而且这个工作并不能百分百通过外部供应商的支持来解决，因为外部供应商也并没有足够的驱动力做出"完美"的规划，所以需要企业数字化负责人自己重视起来，担当起来。

第三，不要高估外部供应商的能力，特别是之前没有合作过的供应商。大多数供应商的信息来自宣传、营销、包装过的案例，即便这些供应商有标杆企业、标杆项目的背书，也极少会完全实现企业的预期；即便有背景的专家，他们也未必懂中小型企业；即便有领先的技术，也可能成本更高；即便有标杆企业案例，也未必适合我们的业务；即便有身经百战的团队，也未必能直接安排在我们的项目中。这里并非否定外部供应商，而是要去除供应商的滤镜，正视供应商也是一个需要盈利的企业，也有优势、劣势、资源、约束。作为数字化中台建设的负责人，客观、全面了解供应商才能有效发挥优势、规避风险。

第四，重视自有产品和研发能力的成长。具体包括两类能力——从业务战略到数字化中台，再到落地的规划和执行能力，以及数字化产品的研发能力，特别是技术研发能力。无论企业内部的自有研发团队规模有多大，只要是决定了要持续深入做数字化建设的企业，都需要有自己的数字化产品和开发能力，其中产品的规划与设计能力通过本书的学习可以逐步构建起来，而技术研发能力需要在实践过程中有意识地训练和提升。在实践中常见的难点是企业的薪酬预算不足以招聘互联网的头部技术人才，同时自有研发团队在当下的薪酬激励体系下动力也不强，给自身的定位就是简单的服务与支撑，始终处于埋头干活和修修补补的状态，领导总觉得团队本应可以多做一些工作，但是团队的惯性则是挑着边边角角的工作来做，大一些的项目下意识给到供应商。所以如果要让数字化的进程更顺畅、更可掌控，自有研发团队的成长是不可或缺的，而且需要有意识地培养内部骨干。对于企业来说，性价比最高的是培养其中的架构人才，而非一线研发工程师。一线研发工程师可以通过多种方式来补充，包括招聘、外包等，但是懂业务、懂产品、懂技术的架构人才很难从外部获取。如何培养这样的架构人才？首先，一方面要提升能力，一方面要创造机会，避免让人才埋没在低价值的重复工作中，要从偏后端的技术研发逐步向前走向业务场景、走向对需求的分析、走向对产品设计的评审和迭代，进而通过归纳与抽象提升自身的架构设计能力；其次，要创造机会从单纯完成需求走向前期规划，让骨干人才能够接触业务战略、理解业务规划、引导架构设计甚至外部供应商选择与谈判。这样的架构人才能够整合各方面的信息与需求并有效转化为技术语言、技术设计和工作任务。这种人才在数字化中的价值远超出单纯的研发工程师。

第五，用运营思维而非交易思维来管理外部供应商。所谓交易思维，是作为甲方采购供应商的服务，供应商交付一个系统和配套的服务，对于简单的、独立的任务，这种方式是相对高效的。随着数字化本身的持续深入，以数字化中台为代表的数字化项目复杂度更高，而且很多涉及多家供应商的并行协同或者相互依赖，此时以单纯的交易思维管理供应商不足以支持这类工作的有效落地。从做"一锤子"买卖到进行长周期复杂项目的管理，需要将外部供应商当作数字化工作中一个重要的组成部分强化运营起来，这种运营与平台企业管理商家和供应链的原则非常相似，即以供应商的高效产出为主要目标，以供应链的稳定、健康、可持续为长期任务，按照类型和发展阶段的不同实施差异化的策略。一般来说，对于外部供应商，可以根据其能力所覆盖的业务领域，按照核心系统供应商（业务核心系统及解决方案）、通用产品供应商（财务、办公和人力等通用产品）和支撑系统供应商（简单工具或定制化功能模块）来进行初步的分类。根据这些供应商自身的发展阶段、规模以及与企业合作的深度，可以划分为培育期、成熟期和退出期。在运营的过程中选择不同的策略、工作和资源来引导、培育供应商，才能够确保健康、长期且有效的合作关系，参见表16.1。

表 16.1　不同外部供应商的常见运营策略

供应商分类	阶段		
	培育期	成熟期	退出期
核心系统	小型疑难任务验证供应商实力，建立信任 逐步导入核心系统相关任务	负责整体解决方案的承接和其他供应商的整合	保持现有系统的维护，逐步停止新增需求 与新的核心供应商共同完成交接或者切换
通用产品	创新产品验证，建立合作关系	提供单个领域内的完成产品/方案	逐步停止新增需求 切换到新的供应商
支撑系统	小型任务验证对方的技术能力和服务投入度	建立稳定的需求处理流程和可预测的资源需求	减少需求 新增任务给到新供应商

通过对内的规划和对外的管理，数字化中台的负责人才能够更好地发挥外部供应商的价值，共同完成数字化相关的各项工作，并与外部供应商建立健康的协作关系，实现深度合作、共同发展、平等共赢。

16.3　数字化中台的领导者

笔者在服务各行各业数字化转型企业的过程中，非常深刻地感受到数字化中台和对应业务的成败极大程度上取决于管理者、领头人。这些人塑造了整个组织的风格、特色，所以在讨论数字化中台组织的过程中必然要探讨中台管理者的特性，从而帮助大家判断自己的组织是否具备了数字化中台建设所需的管理者特质，或者说领导力。数字化团队需要了解数字化中台需要怎样的领导力，也要通过有效的方式来完善、提升现有组织内关键角色的领导力，正如前文提到的，数字化中台的成败归根到底是人的成败，是领导者的合格与否。

16.3.1　数字化中台领导者的四个角色

数字化中台团队需要的领导力，要回归具体的场景和角色来讨论，中台领导者所面对的场景和承担的角色非常多样化：通过数字化中台支持和推动业务的发展，此时是业务伙伴；有效组织中台团队，带领团队攻坚克难、拿结果、促成长，此时是团队领导者；关注重点工作和重点项目，协调内外部资源，推动重点工作的落地，此时是工作推动者；内部挖掘资源，外部整合供应商，少花钱，多办事，此时是统筹者。优秀的数字化中台领导者是这四个角色和所对应领导力的集合体。

作为业务伙伴，中台管理者一方面要能够从业务出发为中台建设定好方向；另一方面要建立和业务之间的良性关系。如何定方向在本书中已经深入讨论过，站在领导力的视角需要额外关注的是"破局能力"。特别是在中台建设的初期，破局能力是中台管理者必备的能力，要求管理者能够全面地看到业务中存在的各种问题：不是单纯地"看到"，而是贴近一线直接感知到问题背后的症结是什么，并从纷繁的问题中找到当下"应当"而不仅仅是"可以"突破的点。要不要建设中台，从哪里开始建设，建设中台会带来怎样的结果，可以像杠杆一样撬动多少业务产出，对这一系列问题的回答都有赖于中台管理者的破局能力。"既要……又要……还要……"可以是领导者对团队的高标准要求，但领导者的内心必然要有"一定要"，不能在开局就眉毛胡子一把抓，没有聚焦的中台建设很难把路走长走远。另外，中台管理者要关注中台建设中的另一个重要利益干系人，即前台业务的负责人。前台业务的负责人在中台建设过程中有很大概率会影响前台业务的资源、进度安排，中台团队在自身能力建设之外需要频繁且深入地与前台团队合作，此时前台业务负责人与中台管理者对战略的共识和大局观就是实现合作双赢的关键。如果前台业务负责人只看自身的业务目标、进度、资源，那么大概率会对中台团队提出各类"不可能完成的任务"——不仅要完美且平滑地支持业务发展，还要为了保证业务进度做一些重复开发、不可复用的补丁。如果前台业务负责人与中台管理者能够权衡最终业务和中台整体的高效产出来设定目标、寻找方案，就可能在业务可接受的范围内找到一个全局最优的推进方案，使得中台建设周期和业务迁移速度真正得到提升。这不仅依靠项目管理的能力，更依赖优秀中台管理者的持续沟通。作为业务伙伴，这个伙伴的内涵是"懂业务"与"会协同"。

作为团队领导者，要基于数字化中台的建设目标打造一支能够面对挑战的中台建设团队。对于大多数从专业岗位成长起来的中台领导者来说团队管理也非易事。在中小型企业中，数字化中台团队的建设难点通常是关键人才和关键能力的缺失，由于企业规模的限制和人才结构的差异，中小型企业完全不能像互联网标杆企业那样打造一个从产品到技术、运营、项目管理的全职能、高专业度的团队，特别是中台建设所需的产品架构与技术架构人才几乎无法从外部获取，要么是薪酬水平差异过大，要么是与人才的发展路径不能有效匹配。这种情况下，中台领导者需要争取更好的资源支持和吸引优秀人才，更重要的是能够独具慧眼,从内部快速识别、挖掘和培养,并通过团队能力的组合形成优势互补的中台团队。以前文讨论的锦瑞食品为例,作为传统行业企业,其数字化团队只是从基础运维、少量二次开发起步,逐步具备独立系统的设计与开发能力,但是团队能力与数字化中台所需的能力还是有明显的差距。此时通过外部专家、供应商的导入以及内部业务人员的充分参与,辅之以精心设计和优化的协作方式,最终也可以打造出足以支撑中台建设工作的团队。大型企业的组织专业化程度显然更高,人才梯队的厚度也更好,随之而来的"副作用"是其"部门墙"也更重。在搭建中台团队的时候会发现,所谓的数字化专业人才并不少,但是横跨业务、数字化、组织的数字化通用人才和管理人才并不多;而且大型企业的业务更复杂,能够理解复杂业务并将其转化为中台架构设计的人才更为稀缺,在外部市场也很难获取具备这种能力的人才。于是大型企业的中台领导者也免不了在特定的场景下去承担部分工作,因为中台的建设不能等着人才到位,中台领导者是这项任务的第一负责人。

要解决团队建设中遇到的困难和阻碍,中台领导者可以参考这样五个步骤来设计和推动中台团队的建设:第一步是明确中台的发展方向和工作范围;第二步是拆分对应的工作并转化为对人员能力的要求;第三步是结合当前组织中的人员能力和结构情况,将人员能力要求与岗位进行匹配,无论是专人专岗、借调、兼任、招聘,还是引入外部顾问与咨询公司,都是可选的能力来源;第四步是以充分发挥成员的能力为目标,制定内外部的协作机制,包括但不限于共创会、共识会、规划会、沟通会以及周例会等方式,让各方的能力可以凝聚在中台建设这个大方向之上;第五步是要形成一个专职于中台建设、强有力的核心小组来负责决策与推动。通过这样的过程,能够初步搭建起一个可用的中台团队,在这个基础之上,中台领导者依然要在中台建设的全过程持续关注团队的状态,建立成员之间的信任、默契并达成一个又一个目标,这样的团队才有真正的战斗力。

作为工作推动者,面对中台建设中的一系列重大挑战,中台领导者要能够带领团队解决所遇到的业务难题、工程难题和组织难题。尽管团队中可能有各个领域的专家与骨干,但对这些问题最终负责的依然是作为中台建设第一责任人的中台领导者。其中典型的问题有四种。第一是方向、目标的确认。尽管本书中反复强调并用不少篇幅介绍中台的战略与目标设定和拆解,但是现实中的中台建设不只是理性的业务分析与设计,还有组织内的不同角色和对应的利益关系,开工之后再找方向和"感觉没问题"是中台经常遇到的挑战,并时常因此导致项目成员的犹豫不决与畏首畏尾。这个问题只能由中台领导者来解决,甚至在自己也无法得到准确答案的情况下也要能够做出决策，毕竟错误的决策还有优化调整的机会，而不做决策就会始终卡在这里。第二是关键部分的规划与设计。在这个环节，中小型企业的主要挑战是某些疑难问题的攻关，团队成员没见过这种问题在大公司中台化的场景中是如何解决的，容易陷入固有的思维模式中找不到突破性的解法，此时需要中台领导者结合自身经验和内外部资源，帮助团队来跨越疑难问题。而大型企业面对的挑战则是如何确保关键部分的规划与设计在落地过程中不走形、不变样，大型企业不缺解决难题的人，因为人多、业务与组织复杂，导致规划与设计时不时就会偏离战略方向，因此需要中台领导者在规划和重要设计方案定稿前深入其中，确保方向不走偏。第三是关键资源和工具。除了显性的人财物等资源的配置，一些关键资源和工具的调配也离不开领导者的支持。比如，经营中台的建设过程中不仅需要数字化团队的资源，还需要业务、运营或者经营分析团队的持续投入并配合各种数据产品的设计与验证，某些产品还需要对之前采购的工具进行解读与分析，并采购更加匹配经营中台的第三方工具或者产品。对于这种工作，中层或者基层员工可以去沟通，但是整体的协调离不开中台领导者，只有中台领导者才能更好地跨团队、跨职能协作。第四是工作方式与标准。在前面那些显性的、容易感知的资源之外，还有一种不易察觉的难题：团队的工作方式，包括分工、协作、产出物和标准等。中台团队虽然是围绕中台新组建或者新任命的团队，但是其很容易沿用过往的工作方式和固有的思维，而中台领导者要清晰地认识到中台建设就是创造未来的基础，以及探索未来工作模式和协同模式的机会，所以不仅要"解难题"，还要优化"解题方式"，持续推动工作方式的转变。突破这四类难题，才能更好地推动中台建设工作快速、有效地进行。

  作为内外部相关方的统筹者，中台领导者要解决信息、资源、节奏上的诸多问题，在互联网标杆企业中统筹和协同的问题相对简单，主要集中在中台团队与业务之间的统筹协同，但是数字化转型企业中各方统筹的难度因为外部供应商的广泛参与而复杂起来。中台领导者要在信息层面统筹：业务信息到中台的及时同步、中台信息到供应商的选择性分发都是信息层面要进行统筹管理的，哪些信息要及时送达、哪些信息要选择性分发取决于这些信息是否能够引领各方高效行动；中台领导者要在资源层面统筹：内部资源要匹配整体规划，更需要应对外部资源的统筹，考虑预算、进度、供应商利益平衡、合作关系的维护；中台领导者要在节奏上统筹：业务、产品、自研团队、供应商，各方的工作节奏都不尽相同，业务要按照客户与市场的节奏来进行，产品和自有研发团队可以敏捷地开展迭代，而外部供应商则要考虑任务类型、商务条款和财务约束来控制研发周期。这三个不同的"齿轮"如何同步运作是对中台领导者的考验,这不单纯是项目经理的工作,换言之,不是项目经理能够给出最优解法的工作。项目经理是在确定性的任务、预算下统筹项目的安排,而中台的领导者要基于整体规划、面向长期、面向全局最优化来解决内外部统筹问题,一方面需要中台领导者细致地分解和规划,另一方面也需要及时、有效地应对各种问题和变更,动态调整方案与设计。

中台的领导者能够胜任其中任何一个角色都可以成为企业的中流砥柱,但同时要确保每个角色都不差才能交付一个让各方满意的数字化中台,在任何一家公司这都是难做的岗位。也正因为如此,更需要有意识地培养潜在的领导者。

16.3.2 数字化中台领导者为什么稀缺

数字化中台领导者所扮演的这四种角色也正是其如此稀缺的核心原因。作为一个懂业务、懂管理、懂专业、懂统筹的领导者,如果想要这四种角色和对应的职能由一个人承担起来,并不容易实现。在笔者经历过的数字化中台项目中有这样卓越的领导者,但是更多的情况下企业内部没有现成的人才能够承担这么重要且繁杂的工作。

之所以存在这种窘境,一方面是因为中台管理者身上所肩负的责任很多,要培养这种能力并不容易,另一方面则是因为这个岗位并不是一个成熟的岗位。与CTO(首席技术官)和CIO(首席信息官)相比,这个岗位介于高级管理者和中层管理者之间,既要有战略视角同时能够推动战略落地,又要有专业能力同时能跳出专业的局限。在过往的人才和岗位模型中,没有哪个人才是按照这种模型被培养和训练的,所以,数字化中台领导者的稀缺也就不是意料之外的事情了。

应对这个问题的标准解法是明确人才画像,在外部市场上寻找优秀的数字化人才,但挑战在于这类人才不仅企业内部稀缺,在市场上更为稀缺;另一种解法是内部选拔和培养,而挑战在于培养周期以及能够提供的资源支持未必足够;还有一种更加容易落地的解法是通过数字化中台团队的领导班子来解决这个难题,把懂业务、懂管理、懂专业和懂统筹的领导者汇聚在这个核心团队中。

在这样的一个领导班子里,核心领导者不需要成为"全能战士",但是要具备团结核心团队、引领中台发展的能力。同样,这也不是一个典型的数字化专业管理者的能力模型和培养方向,因此中台领导者即便有了团队的支持和加持,也需要强化三方面的能力。

1. 业务分析和整合能力

传统数字化管理者的强项在于技术方案或者解决方案的设计和推动，但是对于业务本身的分析能力更多是靠常识或直觉。在数字化中台的建设过程中，数字化领导者要有意识地学习业务战略框架、业务流程与相关的常识，最关键的是能够站在能力整合的视角从中提取出可以整合赋能、抽象复用的业务能力或者业务智能，以推动中台的建设。这个能力的建设不是一蹴而就的，需要在日常经营和平台建设的过程中打磨相应的能力，让管理者能够体会到业务什么情况下可以分拆、什么情况下能够整合。

2. 组织、协同和统筹能力

传统的数字化管理者的管理视野是向内的，核心工作是组织数字化团队内部的资源来交付业务需求，可以说是"内部的乙方"，尽管也会涉及外部供应商协作与管理，但偏重的也是项目的过程管理。在数字化中台建设过程中的组织协同和统筹需要从过往的内部视角转换为全局视角，从业务、产品研发和组织的视角来思考问题。事实上，这个理论框架非常简单清晰，困难之处是数字化领导者自己定位和思维的转换，是否能够逼着自己"向前多走一步"，甚至是在组织内重新定义自己的工作，这需要领导者拥有细致的谋划和变革的勇气，去承担更多风险、追求更大的价值。对于组织来说，除了现有数字化领导者的培养，还需要有后备人才的准备，毕竟这个转身也不是百分百成功，而组织的数字化转型则要百分百成功。

3. 跨职能团队的管理能力

传统的数字化管理者擅于技术管理和项目管理，数字化中台作为业务和数字化融合的一种新形态，要求中台的团队不局限在需求承接和交付上，还要强化产品能力、提升运营能力。与技术和项目管理相比，产品和运营的管理与业务的关联程度更高，也有更多不确定性，其人才的画像和特性和技术人员相比也有显著差异，不少领导者要面对领导力，特别是领导风格升级的挑战，需要进行情境领导力、贝尔宾团队角色等方法的学习和实践，才能够从容面对不同岗位的跨专业员工，并推动团队发挥最大的效能。

这些能力的构建不是凭空产生的，需要在明确的能力模型引导下，驱动团队和管理者尽早开展平台化、中台化的实践，持续积累能力、经验并推动认知的转换才能实现。这个过程很少会一帆风顺，期待中台建设者能够通过学习外部的经验和教训，尽快通过这段崎岖难行的成长道路，早日成为有能力、有意愿、最终有结果和价值产出的优秀中台领导者。

第17章

数字化中台产品人才的成长

数字化中台的建设就是企业数字化能力的一次升级和跨越，这种跨越的背后也是数字化人才，包括产品、研发、运营等一系列角色能力的提升。回归本书所关注的数字化产品层面，优秀的数字化产品需要具备数字化能力和产品全生命周期管理能力的产品人才规划、设计、交付、运营并持续迭代。那么，如何培养数字化产品人才，产品人才自身又如何成长，是必须要回答的问题。通过本章的讨论，笔者尝试回答以下问题：

- 在数字化时代，产品人才的机遇有哪些？
- 在数字化时代，产品经理的能力模型是怎样的？
- 在数字化时代，产品经理的发展路径是怎样的？
- 在数字化时代，产品人才如何持续成长？

17.1 数字化对产品经理的挑战和机遇

数字化的浪潮是一场能够改变一代人的巨大变革，为数字化人才带来了职业发展的重要机遇，但是在现实工作中，笔者看到众多数字化人才"坐在金山上饿肚子"，没能抓住数字化进程中涌现出来的各种机遇。事实上在数字化的进程中，数字化团队中的专业人才和数字化转型过程中的各位参与者都能够找到足以改变职业发展路径的机会，关键在于从日常工作的琐碎事务中跳出来，看到更高的维度和更宽广的空间，从而发现机会、把握机会。

17.1.1 产品人才面对的挑战

细致的读者可能已经发现，本章在描述产品人才的时候在"产品人才"和"产品经理"

两个名词之间做了切换。这种切换的背后是数字化转型过程中企业所面对的真实挑战。互联网标杆企业所谓的数字化产品人才就是组织内部的产品经理，这个岗位从互联网发展早期就明确了下来。但是对于传统企业来说，数字化过程中的数字化产品并不一定由产品经理负责，甚至某些企业就没有产品经理这个岗位，在这些企业中，数字化产品的规划、设计等工作可能由研发出身的 IT 负责人或者项目经理负责，也可能由业务出身的业务骨干或者数字化接口人负责，还有可能由空降到公司的大厂产品经理负责，也有刚毕业的应届生在承担相关工作。这些岗位上的产品人才有些会成为专职的产品负责人或者产品经理，也有些人还是会坚守在自己的专业和岗位上兼职负责产品相关的工作。所以在本章的讨论中，数字化过程中产品相关的机遇、挑战和成长等相对普适的话题，会以产品人才来指代这样广泛的群体；在讨论产品能力模型和职业发展的过程中则会聚焦在专职产品人才身上，也就是产品经理这个岗位的职能上。

回到本节的话题，在数字化时代，产品人才究竟面对怎样的挑战？这其实是一个答案并不那么清晰的问题，因为人人都知道有挑战，但是很少有人站在产品人才的视角上细致盘点过。特别是产品人才在没有数字化概念的时候就在做各种信息化系统，有了数字化概念之后还是做这些看起来相似的系统，更是感受不到所谓"数字化时代的挑战"，毕竟不管什么时代，工作似乎都是"接需求、做功能"。事实上，数字化的机遇是互联网、移动互联网、人工智能之外最具有确定性也最适合产业内的伙伴们去把握的一次产业变革机会。每一次机会都伴随着挑战而来，对于已经参与到这个变革中的产品人才来说，可以从产业、企业和个人三个层面来盘点清楚其中的挑战，才能更好把握机会。

数字化重组了行业内的要素，改变了行业的运作方式和竞争格局。用现实中的案例能够帮助读者朋友更好理解这句话背后的含义。以上市公司贝壳集团为例，贝壳集团的前身是链家连锁房产中介，可以说是一个有上千年历史的传统行业。在数字化时代，贝壳集团不仅让房产中介的工作数字化了，更是通过数字化重建了一个平台型的业务模式，并且把业务从房产的买卖延伸到了房屋装修。这个过程是如何发生的？是管理层基于对行业未来的判断，决定从过去几十年二手房中介靠"吃"买卖差价的模式转变为通过专业服务促成交易并收取交易佣金的模式。在这个过程中，需要通过数字化的系统解决销售过程的标准化和管理、房源的采集和管理、不同角色员工的绩效管理和激励、店面管理、客户服务、员工培训与考核等问题，要实现的战略目标是业务流程的标准化、中介能力的现代化、企业管理的标准化、公司经营的平台化。产品人才在这个过程中有两种选择，一种选择是过往所习惯的"接需求、做功能"，无功无过，跟着业务的发展走下去；另一种选择是融入战略转型的过程中，深入思考业务在每个阶段需要解决什么关键问题、数字化产品在其中能够贡献什么价值。与前一种选择相比，后面这条路走起来会更"痛苦"，因为思考得越多，就会发现自己对业务的了解不够充分、对战略的理解不够深入、对内部的约束和外部的竞争把握不足。所以产业层面的数字化蕴含着巨大的机会，能够在其中成功走出来的产品人才有机会与企业一起成为行业的领军者，但是也面对巨大的挑战，需要产品人才能够持续颠覆和迭代自己的思维模式和专业能力，转换到业务的视角上去理解战略、拆解战略并有目的地设计产品、实现业务价值。站在现在看过去，有很多优秀的产品人才脱颖而出，但是有更多的产品人才错失了这样的机会，经历了波澜壮阔的产业升级，却没能磨炼出对战略和业务的理解。

　　企业层面的数字化不像产业数字化那样翻天覆地，但是与我们的日常工作有更清晰、更强烈的连接。企业数字化通常关注两个重点：相对普适性的经营能力提升和相对个性化的优势能力建设。我们所熟悉的CRM、ERP、财务、数据类产品大多聚焦在经营能力上，而业务中台和各类围绕企业核心生产、服务链路的产品则注重企业优势能力的沉淀和提升。以另一家标杆企业梦洁家纺为例，线下门店的经营管理直接影响其经营结果，但是家纺这个品类又有自身的特点——消费低频、门店能够展示的品项数量有限，在遇到外部环境影响导致进店客流断崖式下降的情况时这个问题就愈发凸显。梦洁家纺的数字化团队深入到业务场景和关键角色导购人员身边，定位了门店经营的核心痛点——客流少、来了未必能转化、走了难以再触达，从痛点出发快速构建了会员权益体系，帮助导购人员把线下的客户通过权益转到线上；提供了私域运营工具，帮助导购人员从线下几分钟的沟通变成线上可以长期进行的用户运营；扩展了线上商城赋能门店，让导购人员不再只是卖货架上的商品，更能够卖线上全品类的商品，并且有选择地开展门店直播帮助扩展销售场景，最终实现了获客、促活、转化、复购的持续提升。在这个过程中，梦洁家纺并没有提出超越时代的新概念，也没有领先行业的新技术，而是深入业务、深挖需求，把产品工作落实到每一个门店，扎实帮助导购出业绩，就实现了超出行业水平的经营结果。这虽然看起来并不难，但是对于数字化产品人才来说依然是一种挑战，要求数字化产品人才不能够坐在办公室里被动等待业务需求，而是要走进业务中发现需求；不能单纯地构建一个数字化产品，而是思考在什么时间、面向什么人群、提供什么产品、取得怎样的业绩产出；不能将把产品交付到业务作为终点，而是围绕产品的运营结果持续监控优化，让产品能够真落地、真有产出。这些要求虽然看起来没有行业数字化那么高端，但是能够做到的数字化产品人才依旧不多，因为这个过程本质上就是数字化产品人才深入业务、理解业务并与业务深度连接的过程。

在个人层面，数字化产品人才和传统意义上的产品经理到底有什么差异？如果单纯看工作内容，无外乎接需求、做功能、完成产品的交付工作，在十年前甚至更久以前的产品经理做的就是这些工作。数字化的核心差异或者说挑战在于数字化产品人才不是"支撑型"的角色，而是企业数字化转型中的关键分子，不仅要完成产品的设计和交付，还要站在数字化视角上推动业务数字化以及基于数字化的业务转型。所谓业务数字化，就是将现在的业务流程和各类业务能力以数字化的方式承担或者管理起来，CRM 对营销的数字化、WMS 对仓储的数字化、经营中台对经营能力和体系的数字化都是这个概念之下的典型代表。而基于数字化的业务转型则是对数字化产品人才的独特要求（或者说更高要求），需要数字化产品人才能够站在数据角度上分析当前的业务对象、业务流程应当如何通过数字化的方式表达、实现并有效度量，之后基于度量寻找优化的空间与机会，思考在众多数字化工具中哪些更能够、更适合推动业务的效能提升、质量改善、灵活性和稳定性增强等，通过对各类业务能力的深入分析，把我们习以为常的、依赖人的能力模型和依赖纸笔的流程标准转化为数字化的工具和系统，让这些能力、流程、标准完成线上化，可度量，并且能够以数字化的方式快速整合、低成本复制，改变原有业务的运作模式。对于数字化产品人才来说，单纯的整理需求、画流程图和原型图无法推动这些改变的发生，能够将业务抽象为数据模型、流程模型、规则和算法模型，将交付和运营抽象为指标体系、策略模型，这才是数字化时代产品人才的核心素养。

当下其实并不缺少单纯的功能型产品人才，更大的挑战来自行业、企业、个人层面的思维方式、业务能力、数据能力。但也正是因为有了这些挑战，数字化产品人才才有更大的发展空间。

17.1.2　产品人才的数字化机遇

数字化时代为不同背景的伙伴打开了多样化的机会大门，企业的数字化产品人才就来自不同的背景，可以简单划分为三类：一类是从企业传统 IT 团队成长起来的数字化产品人才，以项目经理、技术主管和需求分析师为典型代表；一类是从业务条线成长起来的数字化接口人，某些企业中也称为 ITBP（IT 业务伙伴）；第三类是从互联网产品经理转身到传统行业的数字化产品经理。这三种数字化产品人才在数字化时代所面对的机遇也有差异。

对于从企业 IT 团队中成长起来的数字化产品人才，数字化提供的机遇是这一类人才能够从过往的职能团队、支撑型团队定位中突破出来的关键。他们逐步渗透到核心业务中，通过与业务团队共同规划、设计、实现、交付、运营关键的数字化产品与系统，让企业内部的业务伙伴看到数字化团队对业务的重要性，以及数字化转型对业务发展和转型的关键作用。如果没有数字化浪潮的推动，是很难靠个人努力实现这种转变的。但是对于数字化产品人才来说，这种机遇也是对个人的巨大挑战，因为伴随着这种机遇而来的是全新的能力要求，正如前文所呈现的，单纯接需求、做功能的能力模型是无法支撑业务数字化工作的，具备对战略的理解、对业务的理解、对流程的重构、对数字化的升级能力，才能够在数字化转型过程中把握机遇提升自己。

对于从业务条线中成长起来的数字化产品人才，数字化提供的机遇是让这类人才具备了另一条发展的路径和可能。以营销岗位为例，传统的人才发展路径就是在基层做好营销工作，在做好业绩的基础上有机会成为主管、经理，之后伴随着业务的发展抓住机会成为营销总监，之后通过内部轮岗或者领导赏识逐步进入高级管理团队，是一个金字塔型的单线成长路径；而在数字化转型过程中，一个年轻的营销专员可能因为平时喜欢新技术、新玩法，甚至单纯喜欢在新媒体上拍短视频而成为团队内部的数字化接口人，这个机会打开之后，成长的路径就一下多样化起来。如果擅长收集和归纳，可以强化自身的需求收集和分析能力，成为业务与数字化之间的沟通桥梁，之后可以在营销岗位和专业数字化产品岗位之间进行选择；如果擅长抽象和设计，可以强化自己的规划与架构能力，这类人才无论是做业务团队的经营管理还是做数字化产品的架构专家都有很大的成长空间；如果擅长数据分析与建模，可以选择成为一名业务分析师或者在数字化转型过程中成为数据产品、经营产品的负责人，这种岗位需要业务、数据和数字化产品三方面的综合能力，只要能够站在这个位置上，就是企业中最稀缺的人才之一。所以对于业务背景的数字化人才来说，数字化开启了职业发展的另一条路径，当传统的路径有些"拥挤"的时候能够选择另一条路，甚至是另一条捷径。

对于从互联网行业或者其他数字化原生企业转身到传统行业的数字化产品经理来说，数字化的机遇则等同于切换了自己的职业发展路径，虽然从岗位名称上看还是产品经理，但是行业背景和能力要求都发生了巨大的变化。相比较之下，互联网行业在过去 20 多年的高速发展，本质上是互联网渗透率快速提升带来的人口红利或者流量红利，于是互联网企业的业务和产品都更多偏重在面向终端消费者的场景上，产品经理的能力要求也侧重于终端消费者或者用户的需求洞察与体验设计。在过去 20 年，这种行业发展趋势和产品经理的能力模型是相匹配的，同时也给互联网产品经理带来了超出其他行业的回报，随着互联网渗透率基本稳定，这种高速发展也走到了一个平台期；而数字化的发展本质上是数字技术在各个行业的渗透推动了行业升级与转型，这个过程没有互联网发展那样迅速，但是其过程更持久、内在价值更加深厚，所以对于数字化产品经理来说，从互联网到数字化的转身是从"走得快"转身到"走得远"。同时通过阅读前文的内容读者也能体会到数字化不是单纯的数字化产品和系统的设计，更加重要的是数字化产品与业务发展、业务现状和团队能力的深度融合，并在这个过程中通过产品经理的技能、经验和思考实现整体产出的最大化。相较于互联网产品经理所擅长的用户需求洞察与体验设计，数字化对产品经理的战略思维、业务分析、数据思维和交付能力有着更高的要求。

无论是拓展了发展空间还是增加了职业选择，抑或是切换发展路径，数字化都真真切切地为数字化人才提供了可以选择的机会，我们置身其中，要做到的就是通过能力的提升把握住这个机会。

17.2 数字化中台产品经理的能力模型

回到数字化中台建设的核心角色——数字化中台产品经理上，数字化中台产品经理需要找到自己在整个数字化过程中的定位与价值，通过自己的产品通用能力、中台建设与运营能力和行业分析能力扎实推动数字化中台的规划与落地，在这个过程中积累经验、提升认知、升级能力，推动业务的发展。

17.2.1 数字化中台产品经理的职责与角色

在回答数字化中台产品经理的职责与角色"是什么"之前要澄清数字化中台产品经理"不是什么"，这有助于我们区分互联网公司定义的产品经理、数字化中台产品经理和其他与之相关联的概念。

从本书中反复提到的对业务和战略的理解开始。数字化中台产品经理需要深入理解业务和战略，那么，数字化中台产品经理应当是业务专家吗？在业务团队甚至产品研发团队内部，数字化中台产品经理都很少被当作业务专家，对业务理解的深度和对细节的把握都不如前台同事。那么，中台产品经理就是不懂业务的产品经理吗？显然也不是。在中台建设过程中可以看到，中台产品经理在战略层面要理解业务，在架构设计上要能看到全局，在系统设计和功能设计中要梳理业务场景进行设计，在日常运营治理中更要提炼一套业务、产品的方法论来评估优先级，分析设计方案，这样看来，肯定不能说中台产品经理不懂业务。中台产品经理需要怎样懂业务、懂到什么程度，可能是更需要澄清的问题。在笔者看来，中台产品经理要比前台产品经理更"懂业务"的关键点在于：第一，中台产品经理不局限在单一业务和场景中，中台产品经理相对其他角色能够站在更加全局的视角上通过多业务、多场景的分析和设计，站在中台视角对业务进行分类抽象，把握企业级能力在不同场景中应用的侧重点，以支持业务战略的达成；第二，中台产品经理基于自己在领域内的持续积累，能够比前台业务人员和前台产品经理更了解企业在这个领域的沉淀、优势和不足，能够从特定领域的角度来评估业务决策是否充分发挥了企业的优势。所以，中台产品经理的"懂业务"不是对业务本身或者业务细节更懂，而是站在企业和数字化中台视角懂业务的共性，懂业务的差异，懂领域能否支持业务成功。

同样重要的还有规划和架构能力。那么，数字化中台产品经理是架构师吗？中台产品经理在中台的建设过程中必定要承担架构工作，无论是参考模型的选择还是基于参考模型构建适合自身的架构，中台产品经理在其中都要发挥自己的作用，但是我们要明确中台产品经理主要承担哪些架构工作。首先，中台产品经理是业务架构专家，要能够"引导"前台业务专家一起澄清和描绘前台业务是如何运作的，以及未来可能、应当如何运作；其次，中台产品经理要主导产品架构(应用/信息系统架构)的设计，而不是与技术架构混在一起，产品架构设计不仅会影响后续的技术实现，还会影响产品和服务的输出方式、后续的运营治理，甚至中台组织架构的设计。在技术架构上，产品经理要做的更多是参与、了解和验证，看技术架构是否正确地实现了上面两层架构设计的要求。最终产品经理凭什么能够完成这些工作？靠的是对行业和领域参考模型的选择和理解，对架构设计方法的掌握。

对于接收需求和处理需求这种产品经理的本职工作来说，数字化中台产品经理和前后台产品经理又有哪些异同？需要分成两个阶段来看这个问题：在中台建设阶段，中台产品经理的需求来自"组织"，或者说整个"企业"，中台产品经理要站在公司视角、商业视角来分析和设计；在中台运营治理阶段，中台产品经理的需求直接来自前台，中台产品经理需要支持前台的业务发展，但需要从企业视角判断这个需求的重要性、可行性和实现方式。所以，我们可以看到中台产品经理无论是做自己的平台建设还是接收前台需求，出发点都是一致的——从企业角度评判如何更好地支持业务发展。

对于产品运营工作来说，数字化中台运营的目标就是实现数字化中台价值的最大化。中台产品经理如果要实现中台价值的最大化，就离不开中台的运营，对中台的运营不仅包括产品运营迭代，还包括一系列评估决策体系、沟通协作体系、度量体系的建立。只有体系化的运营才能确保围绕提升整体效能、质量和创新能力不断优化中台。在这个过程中，数字化中台产品经理唯有从一开始就带着运营的理念和运营团队协作，才能够把整套体系建立起来，也唯有全过程地实践这套体系和理念，才能确保中台真的能够达到最初设计时所期望的效果。

所以，回到最初的问题，中台产品经理是什么，到底承担怎样的职责，扮演什么角色？笔者倾向于如下描述：中台产品经理是让中台价值最大化的负责人，需要通过自身对业务、平台的理解，规划并设计中台目标与架构，平衡业务与中台价值设计产品，并与前台、中台的运营和研发同事一起确定中台的产品、服务和运营的原则与体系，在中台的建设、持续迭代和运营治理中落实这些原则。

17.2.2 数字化中台产品经理能力模型

数字化中台产品经理能够完成自己的职责、贡献价值，依靠的是前面提到的中台建设方法，以及自己对业务、平台的思考。一方面要设计符合企业现状和目标的架构、产品设计和体验设计，另一方面要让数字化中台在使用过程中能够得到准确的度量、持续的迭代和有效的治理，最终推动业务的发展。因为中台涉及的层面和领域比较广泛，一个单一的能力模型无法覆盖对中台产品经理多样化的要求。表17.1用矩阵来描述中台产品经理应具备的能力。

表 17.1 中台产品经理的能力模型

能力类型	产品经理	资深产品经理或产品专家	产品总监及以上
产品通用能力	(1) 具备前中后台产品的设计能力 (2) 具备基础的项目管理能力	(1) 通晓前中后台产品的设计，可以提供完整的产品方案 (2) 能够进行产品线的规划，配合运营人员制订实施计划	(1) 对行业趋势和发展有清晰的认知和洞察 (2) 能够从不同维度理解问题并找到突破口 (3) 能够从业务、组织上寻找撬动点推动整体变革

(续)

能力类型	产品经理	资深产品经理或产品专家	产品总监及以上
中台建设能力	(1) 了解数字化中台相关方法论 (2) 在指导下推进中台子域内模块的设计和实现 (3) 能够按照既定的原则对接多业务需求，采用匹配的方案输出平台能力并推动产品迭代	(1) 能够熟练使用数字化中台建设的方法论 (2) 能够依据业务发展阶段设计相匹配的运营治理机制	(1) 能够基于企业战略综合运用数字化中台建设的方法论确定数字化中台的架构愿景、方法、路径，并推动跨领域和跨职能协作 (2) 能够从业务和组织的视角构建中台的长期运营和治理体系
特定行业/业务分析能力	—	抽象行业本质，形成适合企业特性的分析框架，并引导中台和业务的配合	以中台为基础，以方法论为工具赋能业务，推动公司的战略落地

从矩阵中可以看到数字化中台产品经理的能力按照两个维度划分：一是数字化产品经理本身所处的岗位或者层级，另一个维度是数字化中台产品经理需要具备的能力。

产品总监及以上：数字化中台的具体工作基本上以产品总监为上限，关于数字化中台产品的战略和组织工作主要在产品总监这个层面落地，所以不用向上再做细分。产品总监的第一个职责是跨领域看中台，要从整个企业而不是某个具体领域的角度来推动中台建设。相比较之下，产品专家要从领域内看全局，而产品总监要从全局看领域。产品总监的第二个职责是打通战略、设计和实现。对于产品专家来说，懂战略是加分项；对于产品总监来说，懂战略是必选项。对管理者的水平和定位有个比喻是"头部-腰部-腿部"，高级管理者作为头部负责定战略，总监和高级经理作为腰部负责战略的落地，经理和主管作为腿部负责具体策略的执行。换言之，产品总监的职责就是把虚的战略转化为具体的目标、策略和行动计划，并确保策略的有效性和行动计划的可落地性。

资深产品经理或产品专家：在数字化中台建设的过程中，产品专家负责领域内的分析和设计，是建设中台的骨干。中台产品专家要确保领域的产品设计、运营治理能够满足企业级的能力建设要求，要懂业务、懂平台、做架构、做设计，在这个过程中把握业务的本质、分析平台优势和劣势、寻找适配的架构、确定设计原则。

产品经理：在中台建设过程中，产品经理特别是功能型产品经理，更多承担场景收集整理、模块内的产品设计等具体工作；数据或者算法型产品则围绕特定场景的数据或者算法需求构建针对性的解决方案。在中台建设完毕进入运营周期后，中台产品经理主要对接前台需求，提供解决方案。在这个层面上，中台产品经理和后台产品经理的职责没有非常明显的差异，主要的差异体现在工作的内容和方法上。

在技能层面，数字化中台产品经理需要掌握三类能力：第一类能力是产品经理，特别是传统意义上的互联网产品经理的产品通用能力；第二类能力是中台建设与运营的通用能力；第三类能力是特定行业/业务的分析能力。这三类能力聚合在同一个岗位上，因此数字化中台产品经理不是单个岗位，而是一个完整的职能团队。

产品经理的通用能力包括基础的需求分析、产品规划、产品设计、项目管理、数据分析和产品运营能力，无论是面向消费者(To C)还是面向企业(To B)的产品经理都需要这方面的能力，只是侧重点有差异。面向消费者的产品经理在分析需求的时候通常面临的是一个具备独立感知、决策和执行能力的用户，针对生活、工作中特定场景问题的解决，对应的产品规划、设计和运营能够在某个或者几个需求点解决用户核心痛点是成功的关键；面向企业的产品经理面临的则是一个组织，组织内的感知、决策、执行通常都是由不同角色、不同职能的人承担的，他们之间存在着多样化的关系和协作，所应对的也不是单个或者几个简单场景，需要能够提供实现组织特定目标的端到端解决方案，产品规划设计既要满足组织的要求，又要保证不同的利益干系人都能在最终的产品和服务中得到自己可以接受的方案。在这个过程中，从需求分析、产品设计、开发实现到后续的运营是所有产品经理都需要具备的能力，初级的产品经理侧重于产品设计，岗位层级越高，越偏重于战略、规划和运营。

中台建设与运营的通用能力本质上还是产品经理的需求分析、产品规划、产品设计、开发实现、运营的能力，在数字化中台这个大背景下有了更具体、场景化的要求。例如中台产品经理需要有对企业架构框架的理解和掌握、对不同行业参考模型的了解和选择、架构设计的应用能力以及平台产品运营治理体系的建设能力。这类能力过往更多地集中在咨询领域或者少数头部高技术企业，在数字化时代，这种能力需要快速复制到各个数字化转型企业中，目前仍然是一种相对稀缺的能力。

特定行业/业务的分析能力是数字化中台产品经理根据自身行业特征和企业的竞争优势积累和沉淀出来的方法论，可以帮助产品经理从纷繁的需求中找到关键要素和分析路径，框架性地理解需求，全面地评估需求，有重点地解决需求。电商、教育、内容、健康等不同的行业都需要中台产品经理找到适合自身行业的框架,指引中台建设、日常运营治理。

尽管数字化中台在不少企业已经逐步落地生根,但是这个矩阵和其中的能力标准对于很多数字化中台产品经理来说还是一个相对较高的要求,在招聘中很难以此为标准来筛选人才。对企业来说,现实的做法是从业务、产品、IT等不同团队、不同背景的人才中开放选拔,在工作中一边建设和运营数字化中台,一边参考矩阵中的内容和标准推动数字化产品经理有目标地进行学习和提升能力。

17.3 数字化中台产品经理的成长与发展

对于每一位投身于数字化转型的产品经理,特别是数字化中台产品经理来说,整个职业生涯就是学习与成长的过程,唯有学习和成长才能为业务持续带来价值,为自己赢得更大的发展空间。

17.3.1 数字化中台产品经理的成长

前面探讨了数字化中台产品经理的定义和能力模型,以及这个能力模型对中台产品经理的意义。笔者在产品经理岗位上工作了十几年,其间经历了几家不同规模、不同行业的企业,作为数字化转型的顾问,也服务了几十家不同行业的领先企业,总结这十几年的经验可以发现,数字化中台产品经理既有产品经理的普适性要求,也有这个岗位特有的发展路径。结合自身的经验与体会,以及对大量数字化产品人才的观察,对数字化中台产品经理有以下两条建议:业务是起点和终点;方法论是骨架,业务是肌肉。

1. 业务是起点和终点

这句话对几乎所有产品经理都是成立的,而非单纯针对中台产品经理,不过,数字化中台产品经理的侧重点不同。广义的产品经理入行时的工作可能偏重于前台业务,也可能偏重于中后台,抑或是商业、搜索、算法、数据等特殊的领域,但是从产品经理的本质出发,任何一位"有理想"的产品经理都不会满足于仅仅接需求、做设计,而要以产品为抓手构建完整的价值链。

产品经理是一个"宽进窄出"的职业,所谓"宽进"指的是在成为产品经理之前大家的职业背景五花八门,有刚毕业就入行的,有从运营人员、研发人员、设计师、客服、业务人员转行的，也有老板转行做产品经理的，不论在做产品经理之前是什么职业，都有成功转行的案例。这个职业有非常大的包容性，似乎只要有某一方面特长，甚至只要有一个"产品改变世界"的情怀就能做产品经理。另一个现象是，产品经理向上发展成为产品高管的人非常少，很多优秀的产品经理在证明了自己在产品设计方面的能力之后，就努力转型做业务负责人或者创业当老板。这个逻辑很正常，因为优秀的产品经理不会仅仅满足于设计一款产品，之后让别人来运营，他们的内心有种力量推动他们站出来承担更大的责任，创造更大的价值，于是产品经理的职业路径呈现出一个倒立的树形结构，即"宽进窄出"。成为业务负责人是产品经理最值得骄傲的"终点"。

对于中台产品经理来说，这个问题会更聚焦。可以思考这样两个问题：一位优秀的中台产品经理应该从哪里来？一位优秀的中台产品经理应该到哪里去？你会发现答案惊人的一致：一位优秀的中台产品经理应该从业务中来，这样的产品经理才能理解前台要什么、知道如何组合中台的各种能力帮前台业务发展；一位优秀的中台产品经理应该到业务中去，用在中台工作中积累的视野、方法、经验反哺前台业务，这样才能突破自己的发展瓶颈，为企业带来更大的价值，同时也让自己获得成长。如图17.1所示，从前台业务到中台、从中台到前台业务的"知识流动"意味着中台的组织也能保持活力、持续前进和探索。

图 17.1　前台与中台的知识流动

2. 方法论是骨架，业务是肌肉

很多年轻的产品经理付费参加线上和线下的各种培训，明明授课的老师都是行业中有着丰富经验和优秀成绩的专家，但是真正让大家在培训后有翻天覆地变化的其实少之又少，为什么？套用教育领域的"知识、体系、解构、传授、练习、检核"框架，一项技能从学习到应用是一条非常长的链路：老师需要在授课前能够构建出一个完整且自洽的体系，针对学员的特点把体系解构并重建为一个教学单元；在授课中，老师要能够根据学员状态的变化动态地调整授课方式，把教学内容传递给学员；最后，最重要的是学员还要把自己接收的知识消化吸收后，通过练习形成自己的知识体系和技能。

产品经理经过多年的实践和沉淀，有了一个相对稳定的知识体系，特别是在互联网标杆企业中沉淀的方法和套路还是比较完备的，通过授课老师的解构和传授，大多数学员能够体会到产品经理的知识和技能体系大概是什么样的，但是这种知识不是技能。这种知识就像人的骨骼一样，你了解得越多，你的骨架就越完整、越高大，但是一副骨架是没有力量的，力量来自骨架上的"肌肉"。肌肉的增长不是书籍和培训能够实现的，而是在日常工作的一个又一个业务需求、案例的处理中有意识地训练出来的。

在日常工作中，经常见到这3类产品经理：第一类产品经理特别"好学"，掌握了很多业内经典的方法与框架，并且始终关注前沿发展，不断学习新的知识和套路，但是在处理问题的时候总让人觉得他们眼高手低；第二类产品经理非常擅于解决问题，特别是有业务背景的产品经理经常讲不出方法、套路，但是知道这么做可以解决问题；第三类产品经理是前两者的结合，在遇到问题的时候能给出有效的解决方案，还可以说出这是什么类型的问题，可以套用什么模型和方法解决，可能带来什么样的影响和结果。笔者把第一类产品经理比喻成"大竹竿"，有高度但是没力量；把第二类产品经理比喻成"小肉墩"，力量很大但是无法在更高的层面上发挥能力；只有第三类产品经理是能够全面、健康、持续发展的"运动员"，既有高大的骨架又有发达的肌肉。而数字化产品经理的成长过程就需要像第三类产品经理这样，既有方法论的高度，也有业务和中台沉淀下来的力度。

对于数字化中台产品经理来说，方法论的学习和业务实践的积累同等重要，在建设中台时会使用各种框架、方法，从战略到产品、从业务到组织，数字化中台产品经理要掌握的方法实在太多，也容易引导中台产品经理不自觉地走向方法论专家的路径，慢慢地失去业务敏感性和对业务实践的追求。但是缺少业务磨炼的方法论是没有力量的，无法发挥中台方法论的作用,除非期待未来的自己成为内部或者外部的咨询专家,否则只关注方法的数字化中台产品经理无法走向数字化行业、企业和职业上最高的那个"终点"。

17.3.2 数字化产品经理的能力跨越

在笔者看来,只要遵循以下几个原则,探索适合行业的产品方法论并不复杂:

1)永远相信在自己之前就已经有了行业的理论和方法,只是自己还没看到。

2)如果第一条真的找不到,就在可类比的行业中寻找。

3)如果第二条还找不到,就从通用的方法论出发,基于自己积累的案例和经验进行总结和归纳。

4)没有任何一种理论适用于所有场景,所以任何理论都需要面向实际进行解构和改造。

5)所有总结出来的方法论都应当经历上百次练习和检验,并持续迭代。

例如,在2006年做社交网络服务(Social Networking Services,SNS)业务的时候,这个产品形态出现的时间并不久,我们对于如何做好SNS也是摸着石头过河。而读了国外的一些专业资料后,笔者发现有很多学者研究社交网络,这些研究引导我们把重心放在"网络、节点、关系"这些要素上,形成了适合SNS产品分析和运营的框架。在电商领域也类似,用通用的需求分析方法也可以分析面向用户和企业的需求,但是效率和可靠性不高;其实传统零售业已经有了一套简单的"人货场"思考框架。

对于产品经理来说,方法论"骨架"有很多,但更需要在自己的行业内应用、重构这套方法,练出自己的"肌肉"。SNS领域的方法论要考虑在校园、职场、通用网络中如何适配,零售行业的"人货场"方法论则要考虑在不同渠道、不同场景中如何精细化使用,教育行业要面对不同的学生群体,考虑如何把自己的学科能力构建起来,推广出去形成品牌。

对于数字化中台产品经理来说,一方面要理解企业架构、产品设计、产品运营等成熟方法,另一方面要结合自己行业的特征寻求适合自身的方法论,并且用大量的业务实践去磨炼。这也恰巧是这份工作有趣的地方,因为中台或者企业架构给产品经理的不只是一套IT领域的方法论,而是一套关于企业、组织、战略、优势、治理的方法论。从专业岗位转到管理岗位、从内部的产品专家到外部的数字化转型顾问,之前学习的企业架构和治理方面的方法论又能够帮助自己适应从业务到管理、从大公司到中小型公司的多样化场景,帮助我们成为一个管理者，一个创业者。对于数字化中台产品经理来说，无论是中台方法论的提炼还是业务方法论的构建，相信都会在你的成长道路上成为那个有价值的点，或早或晚串联出你人生的光彩。

期待本书能够为各位伙伴未来的成就添一块砖、加一片瓦，为数字化转型这个历史性的机会提供一份微小的助力。